应用型本科旅游管理专业精品系列规划教材

导游实务

主　编　汪东亮　胡世伟
副主编　敖源岭　陆依依

北京理工大学出版社
BEIJING INSTITUTE OF TECHNOLOGY PRESS

版权专有　侵权必究

图书在版编目（CIP）数据

导游实务/汪东亮，胡世伟主编. —北京：北京理工大学出版社，2016.10.（2016.11重印）
ISBN 978-7-5682-3024-7

Ⅰ.①导…　Ⅱ.①汪…②胡…　Ⅲ.①导游-高等学校-教材　Ⅳ.①F590.63

中国版本图书馆CIP数据核字（2016）第207983号

出版发行 / 北京理工大学出版社有限责任公司	
社　　址 / 北京市海淀区中关村南大街5号	
邮　　编 / 100081	
电　　话 /（010）68914775（总编室）	
（010）82562903（教材售后服务热线）	
（010）68948351（其他图书服务热线）	
网　　址 / http：//www.bitpress.com.cn	
经　　销 / 全国各地新华书店	
印　　刷 / 三河市华骏印务包装有限公司	
开　　本 / 787毫米×1092毫米　1/16	
印　　张 / 15	责任编辑 / 王晓莉
字　　数 / 355千字	文案编辑 / 王晓莉
版　　次 / 2016年10月第1版　2016年11月第2次印刷	责任校对 / 周瑞红
定　　价 / 33.00元	责任印制 / 李志强

图书出现印装质量问题，请拨打售后服务热线，本社负责调换

出版说明

用创新性思维引领应用型旅游管理本科教材建设

市场上关于旅游管理专业的教材很多,其中不乏国家级规划教材。然而,长期以来,旅游专业教材普遍存在着定位不准、与企业实践背离、与行业发展脱节等现象,甚至大学教材、高职高专教材和中职中专教材从内容到形式都基本雷同的情况也不少见,让人难以选择。当教育部确定大力发展应用型本科后,如何编写出一套真正适合应用型本科使用的旅游管理专业教材,成为应用型本科旅游专业发展必须解决的棘手问题。

北京理工大学出版社是愿意吃螃蟹的人。2015年夏秋,出版社先后在成都召开了两次应用型本科教材研讨会,参会的人员有普通本科、应用型本科和部分专科院校的一线教师及行业专家,会议围绕应用型本科教材特点、应用型本科与普通本科教学的区别、应用型本科教材与高职高专教材的差异性进行了深入探讨,大家形成许多共识,并在这些共识基础上组建成教材编写组和大纲审定专家组,按照"新发展、新理念、新思路"的原则编写了这套教材。教材在四个方面有较大突破:

一是人才定位。应用型本科教材既要改变传统本科教材按总经理岗位设计的思路,避免过高的定位让应用型本科学生眼高手低,学无所用;又要与以操作为主、采用任务引领或项目引领方式编写的专科教材相区别,要有一定的理论基础,让学生知其然亦知其所以然,有发展的后劲。教材编写组最终确定将应用型本科教材定位为培养基层管理人才,这种人才既懂管理,又会操作,能为旅游行业广为接纳。

二是课程和教材体系创新。在人才定位确定后,教材编写组对应用型本科课程和教材体系进行了创新,核心是弥补传统本科教材过于宏观的缺陷,按照市场需要和业务性质来创新课程体系,并根据新课程体系创新教材体系,譬如在《旅行社经营与管理》之外,配套了《旅行社计调业务》《旅游线路的设计与开发》《旅行社在线销售与门店管理》等教材。将《饭店管理》细化为《前厅服务与管理》《客房服务与管理》《餐饮服务与管理》,形成与人才定位一致的应用型本科课程体系和教材体系。与此同时,编写组还根据旅游业新的发展趋势,创新了许多应用型本科教材,如《乡村旅游经营管理》《智慧旅游管理与实务》等,使教材体系更接地气并与产业结合得更加紧密。

三是知识体系的更新。由于旅游业发展速度很快，部分教材从知识点到服务项目再到业务流程都可能已经落后了，如涉旅法规的变更、旅游产品预订方式的在线化、景区管理的智慧化以及乡村旅游新业态的不断涌现等，要求教材与时俱进，不断更新。教材编写组在这方面做了大量工作，使这套教材能够及时反映中外旅游业发展成就，掌握行业变化动态，传授最新知识体系，并与相关旅游标准有机融合，尽可能做到权威、全面、方便、适用。

四是突出职业教育，融入导游考证内容。2016年1月19日国家旅游局办公室正式发布了《2016年全国导游人员资格考试大纲》（旅办发〔2016〕14号），大纲明确规定：从2016年起，实行全国统一的导游人员资格考试，不指定教材。本套教材中的《旅游政策与法规》《导游实务》《旅游文化》等属于全国导游资格考试统考科目，教材紧扣《全国导游资格考试大纲》，融入了考证内容，便于学生顺利地获取导游证书。

为了方便使用，编写体例也极尽人性化，大部分教材各章设计了"学习目标""实训要求""小知识""小贴士""知识归纳""案例解析"和"习题集"，同时配套相应的教学资源，无论是学生还是教师使用都十分方便。

当然，由于时间和水平有限，这套教材难免存在不足之处，敬请读者批评指正，以便教材编写组不断修订并至臻完善。希望这套教材的出版，能够为旅游管理专业应用型本科教材建设探索出一条成功之路，进一步促进并提升旅游管理专业应用型本科教学的水平。

四川省旅游协会副会长
四川省导游协会会长　陈乾康
四川省旅发委旅行社发展研究基地主任
四川师范大学旅游学院副院长

总 序

随着高等教育迈向大众化发展的趋势，人才培养逐渐由重理论、重学术向重实践、重能力转变，强调职业素质、职业技能与职业能力的培养，注重培养适宜时代发展需要的应用型人才。旅游管理作为一门应用性极强的学科，在探索应用型本科的专业建设、课程体系重构、教学手段革新、教学内容丰富等方面走在前列，对其他专业向应用型本科转型具有引领示范性作用。

2015年10月国家旅游局、教育部联合出台了《加快发展现代旅游职业教育的指导意见》，其中指出要"加强普通本科旅游类专业，特别是适应旅游新业态、新模式、新技术发展的专业应用型人才培养。"在当今时代背景下，本套"旅游管理专业应用型本科规划教材"对推动普通本科旅游管理专业转型，培养适应旅游产业发展需求的高素质管理服务人才具有重要的意义。具体来说，本套教材主要有以下四个特点：

一、理念超前，注重理论结合实际

本套教材始终坚持"教材出版，教研先行"的理念，经过了调研旅游企业、征求专家意见、召开选题大会、举办大纲审定大会等多次教研活动，最终由几十位高校教师、旅游企业职业经理人共同开发、编写而成。

二、定位准确，彰显应用型本科特色

该套教材科学区分了应用型本科教材与普通本科教材、高职高专教材的差别，以培养熟悉企业操作流程的基层管理人员为目标，理论知识按照"本科标准"编写，实践环节按照"职业能力"要求编写，在内容上凸显了教材的理论与实践相结合。

三、体系创新，符合职业教育要求

本套教材按照职业教育"课程对接岗位"的要求，优化了教材体系。针对旅游企业的不同岗位，出版了不同的课程教材，如针对旅行社业的教材有：《旅行社计调业务》《导游业务》《在线旅游销售与门店管理》《旅行社产品设计》《旅行社经营与管理》等，保证了课程与岗位的对接，符合旅游职业教育的要求。

四、资源配备，搭建教学资源平台

本套教材以建设教学资源数据库为核心，制作了图文并茂的电子课件，从方便教师教学，还提供了课程标准、授课计划、案例库、同步测试题及参考答案、期末考试题等教学资料，以便于教师参考；同步测试题中设置了单项选择题、多项选择题、判断题、简答题、技能操作题及参考答案，便于学生练习和巩固所学知识。

在全面深化"大众创业，万众创新"的当代社会，学生的创新能力、动手能力与实践能力成为旅游管理应用型本科教育的关键点与切入点，而本套教材的率先出版可谓是一个很好的出发点。让我们一起为旅游管理应用型本科教育的发展壮大而共同努力吧！

教育部旅游管理教学指导委员会副主任委员
湖北大学旅游发展研究院院长

前　言

本教材根据"应用型本科既注重理论基础知识又强调实践操作能力"的原则，结合导游实务实际操作的需要，兼顾全国导游资格考试要求，以导游服务流程及接待服务能力技巧为出发点，就导游实际工作开展的要求设定了相关章节。每章设置有学习目标、实训要求等模块。本教材注重引导学生充分发挥其主体作用，循序渐进，巩固和掌握导游实务的相关知识和综合技巧，实现学习和实践工作的真实衔接。

本教材共八章，分别是导游概述、团队导游服务程序、散客导游服务程序、游客个别要求的处理、旅游故障的预防与处理、导游人员的带团技能、导游讲解技巧和导游业务相关知识。本教材在内容上兼顾全国导游资格考试《导游业务》科目的考点要求，全面覆盖相关知识要点，并结合导游实际工作的技能要求设定了"案例解析"环节。本教材体系完整新颖，内容实用全面，可读性强。

本教材由汪东亮（成都理工大学工程技术学院）、胡世伟（成都理工大学工程技术学院）负责全面规划和统稿，具体编写分工为：胡世伟撰写第一章、第七章，汪东亮撰写第二章、第三章，陆依依（云南农业大学）撰写第五章、第六章，敖源岭（成都理工大学工程技术学院）撰写第四章、第八章。

本教材为高等院校旅游管理专业教学用书，也可作为全国导游人员资格考试培训教材，还可以作为旅游从业者的自学用书。为方便广大师生，本教材赠送电子课件、教学案例、课程标准、同步练习及参考答案。

本教材在编写中参考了众多专家学者的论著、借鉴了一些网络教学资源，在此，向相关作者表示诚挚的感谢。由于编者水平有限，教材中难免存在错误或不足之处，恳请读者朋友批评指正。

编　者
2016 年 4 月

目 录

第一章 导游概述 (1)
第一节 导游服务 (1)
一、导游服务的产生与发展 (1)
二、导游服务的概念 (4)
三、导游服务的性质、地位与作用 (6)
第二节 导游人员 (10)
一、导游人员概述 (10)
二、导游人员的职责 (13)
三、导游人员的从业素质 (14)
四、导游人员职业道德 (18)
五、导游人员的基本礼仪规范 (21)
六、导游人员的修养 (22)
七、导游人员的行为规范 (23)

第二章 团队导游服务程序 (28)
第一节 地方陪同导游服务程序 (28)
一、服务准备 (28)
二、接站服务 (30)
三、赴饭店途中的导游服务 (32)
四、住店服务 (33)
五、陪同游客用餐和购物 (33)
六、参观游览服务 (34)
七、送站服务 (35)
八、善后工作 (36)
第二节 全程陪同导游服务程序 (36)
一、准备工作 (36)

二、首站接团服务 …………………………………………（37）
　　三、酒店内服务 ……………………………………………（38）
　　四、核对商定日程 …………………………………………（38）
　　五、各站服务 ………………………………………………（38）
　　六、离站、途中、抵站服务 ………………………………（39）
　　七、末站服务 ………………………………………………（40）
　　八、善后工作 ………………………………………………（41）
第三节　出境旅游领队服务程序 ……………………………（42）
　　一、准备工作 ………………………………………………（42）
　　二、做好团队行前说明会 …………………………………（42）
　　三、办理中国出境手续 ……………………………………（43）
　　四、办理国外入境手续 ……………………………………（43）
　　五、安排境外旅游服务 ……………………………………（44）
　　六、办理国外离境手续 ……………………………………（44）
　　七、办理中国入境手续 ……………………………………（45）
　　八、回程时有关事务的处理 ………………………………（45）
第四节　旅游景区讲解服务程序 ……………………………（46）
　　一、旅游景区讲解员的基本素质 …………………………（46）
　　二、旅游景区讲解员的服务准备 …………………………（47）
　　三、旅游景区讲解服务要求 ………………………………（48）
　　四、乘车（乘船）游览的讲解服务要求 …………………（50）
　　五、游客购物时的服务要求 ………………………………（50）
　　六、游客观看景区演出时的服务要求 ……………………（50）
　　七、讲解活动中的安全要求 ………………………………（50）

第三章　散客导游服务程序 …………………………………（58）
第一节　散客旅游概述 ………………………………………（58）
　　一、散客旅游的概念 ………………………………………（58）
　　二、散客旅游服务的类型 …………………………………（59）
　　三、散客旅游的特点 ………………………………………（61）
　　四、散客导游服务的特点和要求 …………………………（61）
第二节　散客旅游服务流程 …………………………………（62）
　　一、接站服务 ………………………………………………（63）
　　二、参观游览服务 …………………………………………（64）
　　三、送站服务 ………………………………………………（66）

第四章　游客个别要求的处理 ………………………………（72）
第一节　处理游客个别要求的基本原则 ……………………（72）
　　一、符合法律原则 …………………………………………（73）
　　二、合理可行原则 …………………………………………（73）

三、公平对待原则 …………………………………………………（73）
　　四、尊重游客原则 …………………………………………………（73）
　　五、维护尊严原则 …………………………………………………（74）
第二节　餐饮、住房、娱乐、购物方面个别要求的处理 ………………（74）
　　一、餐饮方面个别要求的处理 ……………………………………（74）
　　二、住房方面个别要求的处理 ……………………………………（75）
　　三、娱乐活动方面个别要求的处理 ………………………………（76）
　　四、购物方面个别要求的处理 ……………………………………（77）
第三节　要求自由活动和转递物品的处理 ………………………………（78）
　　一、应劝阻游客自由活动的几种情况 ……………………………（78）
　　二、允许游客自由活动时导游人员应做的工作 …………………（78）
　　三、游客要求为其转递物品的处理 ………………………………（79）
第四节　游客其他个别要求的处理 ………………………………………（79）
　　一、要求探视亲友活动的处理 ……………………………………（79）
　　二、要求亲友随团活动的处理 ……………………………………（80）
　　三、中途退团的处理 ………………………………………………（80）
　　四、延长旅游期限的处理 …………………………………………（80）

第五章　旅游故障的预防与处理 ………………………………………（89）

第一节　旅游故障的类型与处理程序 ……………………………………（90）
　　一、旅游故障的含义与类型 ………………………………………（90）
　　二、旅游故障处理的基本原则 ……………………………………（91）
　　三、旅游故障处理的主要程序 ……………………………………（93）
第二节　漏接、空接、错接的预防和处理 ………………………………（94）
　　一、漏接的预防与处理 ……………………………………………（94）
　　二、空接的原因及处理 ……………………………………………（96）
　　三、错接的预防及处理 ……………………………………………（96）
第三节　旅游活动计划和日程变更的处理 ………………………………（97）
　　一、旅游团（者）要求变更计划行程 ……………………………（97）
　　二、客观原因需要变更计划和日程 ………………………………（97）
第四节　误机（车、船）事故的预防和处理 ……………………………（98）
　　一、误机（车、船）事故的原因 …………………………………（98）
　　二、误机（车、船）事故的预防 …………………………………（99）
　　三、误机（车、船）事故的处理 …………………………………（99）
第五节　遗失的预防和处理 ………………………………………………（99）
　　一、证件、钱物、行李遗失的预防 ………………………………（99）
　　二、遗失证件的处理 ………………………………………………（99）
　　三、丢失钱物的处理 ………………………………………………（101）
　　四、行李遗失的处理 ………………………………………………（101）

第六节　游客走失的预防和处理 …………………………………（103）
　一、游客走失的预防 ………………………………………………（103）
　二、游客走失的处理 ………………………………………………（103）
第七节　游客患病、死亡问题的处理 ……………………………（104）
　一、游客患病的预防 ………………………………………………（104）
　二、游客患一般疾病的处理 ………………………………………（104）
　三、游客突患重病的处理 …………………………………………（107）
　四、游客因病死亡的处理 …………………………………………（108）
第八节　游客越轨言行的处理 ……………………………………（109）
　一、对攻击和诬蔑言论的处理 ……………………………………（110）
　二、对违法行为的处理 ……………………………………………（110）
　三、对散发宗教宣传品行为的处理 ………………………………（110）
　四、对违规行为的处理 ……………………………………………（110）
第九节　旅游投诉的处理 …………………………………………（111）
　一、旅游投诉产生的原因 …………………………………………（111）
　二、旅游投诉的处理 ………………………………………………（113）
第十节　自然灾害事故及重大传染疾病的预防与处理 …………（115）
　一、自然灾害的类型 ………………………………………………（115）
　二、重大自然灾害的应对措施 ……………………………………（116）
　三、重大传染疾病的应对措施 ……………………………………（117）
第十一节　旅游安全事故的预防与处理 …………………………（118）
　一、交通事故 ………………………………………………………（118）
　二、治安事故 ………………………………………………………（119）
　三、火灾事故 ………………………………………………………（120）
　四、食物中毒 ………………………………………………………（120）
　五、溺水事故 ………………………………………………………（121）

第六章　导游人员的带团技能 …………………………………（128）

第一节　导游人员带团的特点、原则和模式 ……………………（128）
　一、导游人员带团的特点 …………………………………………（128）
　二、导游人员带团的原则 …………………………………………（129）
　三、导游人员带团的模式 …………………………………………（129）
第二节　处理工作内容与环节的技能 ……………………………（130）
　一、正确引导游客购物 ……………………………………………（130）
　二、向游客推荐好的附加旅游项目 ………………………………（131）
　三、灵活调整行程，改变游览时间和路线 ………………………（131）
　四、选择合理的工作位置 …………………………………………（131）
　五、给游客摄影停留的时间 ………………………………………（131）
第三节　与游客交往的技能 ………………………………………（132）

一、了解游客的心理 …………………………………… (132)
　　二、调节游客的情绪 …………………………………… (135)
　　三、激发游客的游兴 …………………………………… (136)
　　四、引导游客观景赏美 ………………………………… (137)
　　五、提供个性化服务 …………………………………… (140)
　第四节　与其他相关环节协作的技能 ……………………… (140)
　　一、导游人员与领队的协作 …………………………… (140)
　　二、导游人员与司机的协作 …………………………… (142)
　　三、导游人员与全陪或地陪的协作 …………………… (142)
　　四、导游人员与旅游接待单位的协作 ………………… (143)
　第五节　重点游客的接待工作 ……………………………… (143)
　　一、对儿童的接待 ……………………………………… (143)
　　二、对高龄游客的接待 ………………………………… (144)
　　三、对残疾游客的接待 ………………………………… (145)
　　四、对商务游客的接待 ………………………………… (146)
　　五、对宗教界人士的接待 ……………………………… (147)
　　六、对探险游客的接待 ………………………………… (147)

第七章　导游讲解技巧 ………………………………………… (153)
　第一节　导游语言基本要求 ………………………………… (153)
　　一、导游语言的准确性 ………………………………… (154)
　　二、导游语言的逻辑性 ………………………………… (155)
　　三、导游语言的生动性 ………………………………… (156)
　第二节　导游口头语言表达技巧 …………………………… (159)
　　一、口头语言的基本形式 ……………………………… (159)
　　二、口头语言表达的要领 ……………………………… (160)
　第三节　导游态势语言运用技巧 …………………………… (162)
　　一、首语 ………………………………………………… (162)
　　二、表情语 ……………………………………………… (162)
　　三、目光语 ……………………………………………… (162)
　　四、服饰语 ……………………………………………… (163)
　　五、姿态语 ……………………………………………… (163)
　　六、手势语 ……………………………………………… (164)
　第四节　导游交际语言常用技巧 …………………………… (166)
　　一、称谓的语言技巧 …………………………………… (166)
　　二、交谈的语言技巧 …………………………………… (167)
　　三、劝服的语言技巧 …………………………………… (167)
　　四、提醒的语言技巧 …………………………………… (168)
　　五、回绝的语言技巧 …………………………………… (169)
　　六、道歉的语言技巧 …………………………………… (170)

第五节　导游讲解的原则和要求 ……………………………………………… (171)
　　一、导游讲解应遵循的原则 ……………………………………………… (171)
　　二、导游讲解应符合的具体要求 ………………………………………… (173)
第六节　实地导游讲解常用技法 ……………………………………………… (174)
　　一、概述法 ………………………………………………………………… (174)
　　二、分段讲解法 …………………………………………………………… (175)
　　三、突出重点法 …………………………………………………………… (176)
　　四、问答法 ………………………………………………………………… (178)
　　五、虚实结合法 …………………………………………………………… (179)
　　六、触景生情法 …………………………………………………………… (180)
　　七、制造悬念法 …………………………………………………………… (181)
　　八、类比法 ………………………………………………………………… (182)
　　九、妙用数字法 …………………………………………………………… (182)
　　十、画龙点睛法 …………………………………………………………… (183)

第八章　导游业务相关知识 ……………………………………………… (189)

第一节　旅行社业务知识 ……………………………………………………… (189)
　　一、旅行社的类型及其业务 ……………………………………………… (189)
　　二、旅游产品 ……………………………………………………………… (191)
第二节　入出境知识 …………………………………………………………… (192)
　　一、常规入出境手续 ……………………………………………………… (192)
　　二、入出境应持有的证件 ………………………………………………… (192)
　　三、海关手续 ……………………………………………………………… (196)
　　四、边防检查、安全检查和卫生检疫 …………………………………… (198)
第三节　交通知识 ……………………………………………………………… (201)
　　一、航空客运 ……………………………………………………………… (201)
　　二、铁路客运 ……………………………………………………………… (206)
　　三、水路客运 ……………………………………………………………… (210)
第四节　货币、保险知识 ……………………………………………………… (212)
　　一、货币知识 ……………………………………………………………… (212)
　　二、保险知识 ……………………………………………………………… (214)
第五节　旅游卫生保健、安全知识 …………………………………………… (216)
　　一、旅游卫生保健常识 …………………………………………………… (216)
　　二、旅游安全知识 ………………………………………………………… (218)
第六节　其他知识 ……………………………………………………………… (219)
　　一、国际时差 ……………………………………………………………… (219)
　　二、摄氏温度、华氏温度换算 …………………………………………… (220)
　　三、度量衡换算 …………………………………………………………… (221)

参考文献 …………………………………………………………………………… (226)

第一章 导游概述

学习目标

了解导游服务的产生与发展。
了解导游服务的概念、现代导游服务的特点，熟悉导游服务的性质、地位与作用。
了解导游人员的报考条件，熟悉导游人员的定义、分类。
了解中国旅游行业核心价值观，掌握导游人员职业道德规范的基本内容。
掌握各类导游人员的职责、从业素质及礼仪规范要求。
掌握导游人员应有的修养以及在工作中的行为规范。

实训要求

通过本章的实训任务，使学生了解和熟悉导游人员的职责、从业素质，掌握导游人员的服务礼仪规范。

本章知识要点

第一节 导游服务

一、导游服务的产生与发展

导游服务是旅游服务的一个组成部分，是在旅游活动的发展过程中产生的，随着旅游活动的发展而发展。

（一）古代旅行活动

在人类历史上，人类有意识地外出旅行是由于产品或商品交换引起的，即第三次社会大分工使商业从农牧业和手工业中分离出来，出现了专门从事商品交换的商人。正是他们在原始社会末期开创了人类旅行活动的先河,他们以经商为目的,周游于不同的部落之间。显然,在这个时期,导游服务还没有产生。

(二)商业性导游服务的产生

世界公认的第一次商业性旅游是1841年由英国人托马斯·库克组织的。托马斯·库克,1808年11月22日生于英格兰德比郡墨尔本镇,家境贫寒,十岁辍学从业,做过帮工、木工、诵经人等。出于宗教信仰的原因,他极力主张禁酒。1841年7月初,在离他居住的莱斯特城不远的拉夫伯勒要举行一次禁酒会。为了壮大这次禁酒会的声势,托马斯·库克在莱斯特城张贴广告、招徕游客,组织了570人从莱斯特前往拉夫伯勒参加禁酒会。他向每位游客收费1先令,为他们包租了一列火车,做好了行程的一切准备,使这次短途旅行十分成功。这次旅行成为公认的近代商业性旅游活动的开端。

小知识 **托马斯·库克的创业史**

1845年托马斯·库克放弃了木工的工作,开始专门从事旅游代理业务,成为世界上第一位专职的旅行代理商。他在英格兰的莱斯特城创办了世界上第一家商业性旅行社,"为一切旅游公众服务"是它的服务宗旨。1846年,托马斯·库克亲自带领一个旅行团乘火车和轮船到苏格兰旅行。旅行社为每个成员发了一份活动日程表,还配置了向导。这是世界上第一次有商业性导游陪同的旅游活动。1865年托马斯·库克与儿子约翰·梅森·库克成立父子公司(即通济隆旅游公司),迁址于伦敦,并在美洲、亚洲、非洲设立分公司。此后,托马斯·库克又组织了到法国等地的旅游活动。1872年他亲自带领一个9人旅游团访问纽约、华盛顿、"南北战争"战场、尼亚加拉大瀑布、多伦多等地,把旅游业务扩展到了北美洲。这次环球旅行声名远播,产生了极大的影响,使人们"想到旅游,就想到库克"。此外,托马斯·库克在1892年还创造性地发明了一种流通券。凡持有流通券的国际旅游者可在旅游目的地兑换等价的当地货币,即旅行支票,更加方便了旅游者进行跨国和洲际旅游。

后来,欧洲、北美诸国和日本纷纷仿效托马斯·库克组织旅游活动的成功模式,先后组建了旅行社或类似的旅游组织,招募陪同或导游,带团在国内外参观游览。这样,在世界上逐渐形成了导游队伍。第二次世界大战后,大规模的群众性旅游活动崛起并得到发展,使导游队伍迅速扩大。现在,几乎世界各国都拥有一大批数量不等的专职和兼职导游队伍。

(三)中国导游服务发展概况

中国导游服务始于1923年,发展至今,前后共经历了四个阶段。

1. 起步阶段(1923—1949年)

同欧美国家相比,中国近代旅游业起步较晚。20世纪初期,一些外国旅行社,在上海等地设立旅游代办机构,总揽中国旅游业务,雇中国人充当导游。1923年8月,上海商业储备银行总经理陈光甫先生在其同人的支持下,在该银行下创设了旅游部。1927年6月,旅游部从该银行独立出来,成立中国旅行社,其分支社遍布华东、华北、华南等15个城市。与此同时,中国还出现了其他类似的旅游组织,如铁路游历经理处、公路旅游服务社、浙江名胜导团等。社会团体方面也相继成立了旅游组织,如1935年中外人士组成中国汽车旅行社,1936年筹组了国际旅游协会,1937年出现友声旅行团、精武体育会旅行部、萍踪旅行团、现代旅行社等。这些旅行社和旅游机构承担了近代中国人旅游活动的组织工作，同时也出现了第一批中国导游人员。

2. 开拓阶段（1949—1978年）

新中国成立后，我国旅游事业有了进一步发展。第一家旅行社"华侨服务社"于1949年11月在厦门筹建，12月正式营业。1954年4月15日，中国国际旅行社在北京西交民巷4号诞生，其后又在各地设立分支社，主要负责接待外宾，为外国人来华旅游提供方便，但不承担自费的接待任务。从1960年开始，随着我国国际关系的改善，西方旅行者逐年增多，我国的旅游事业有所开拓和发展。1964年6月，国务院批准成立"中国旅行游览事业管理局"，并将其作为国务院直属机构，以加强对旅游事业的组织和领导。在此期间，我国的导游队伍逐渐形成，规模有二三百人，掌握外语十几种。这时期导游服务是作为外事接待而出现的，因此，从事导游服务的工作人员均称为翻译导游人员。在周恩来总理提出的"三过硬"（思想过硬、业务过硬、外语过硬）原则指导下，他们成为国际导游队伍的一支后起之秀，为我国旅游事业的发展、创立中国导游风格、总结导游工作经验、扩大我国在国际旅游市场中的影响起到了重要作用。

3. 发展阶段（1978—1989年）

第十一届三中全会后，我国实行对外开放政策，大批海外旅游者开始涌入我国，国内旅游也蓬勃发展。为适应旅游业的大好形势，1978年，中国旅行游览事业管理局改名为"中国旅行游览事业管理总局"，各省、市、自治区都设立相应的旅游局。1980年6月，中国青年旅行社总社成立，几个中央部委等也相继成立了旅行社。1984年后旅行社外联权的下放使全国各行业和地区性旅行社迅速发展。到1988年年底，全国形成了以中旅（中国旅行社总社）、国旅（中国国际旅行社总社）、青旅（中国青年旅行社）为主干框架的近1 600家旅行社体系，全国导游人员扩大到25 000多人，他们为这一时期我国旅游业的发展做出了贡献。但由于增长速度过快，一批水平不高的人也进入导游队伍中来，出现了鱼龙混杂的局面，导游整体水平和素质不如前一阶段，个别导游人员甚至做出了有损人格、国格的事情，走上违法犯罪的道路。

4. 全面建设导游队伍阶段（1989年—至今）

为了整顿导游队伍，使导游服务水平适应我国旅游业大发展的需要，1989年3月，国家旅游局在全国范围内进行了一次规模空前的导游资格考试，自此，每年举行一次全国性的导游资格考试；同年，《中国旅游报》等单位发起了"春花杯导游大奖赛"，此后又举办了多次全国导游大奖赛，对提高我国的导游服务水平、推进导游工作规范化的进程做出了贡献，同时也标志着我国开始迈入全面建设导游队伍的阶段。为进一步规范导游服务、加强导游管理，1994年国家旅游局决定对全国持有导游证的专职及兼职导游员分级，划分为初级、中级、高级、特级四个级别，进一步加强导游队伍建设。同年，国家旅游局联合国家技术监督局发布了《导游员职业等级标准（试行）》，1995年发布了《中华人民共和国国家标准导游服务质量》。1999年5月国务院颁发的《导游人员管理条例》标志着我国导游队伍的建设进入了法律进程。2001年，国家旅游局颁发《导游人员管理实施办法》，决定启用新版导游证，实行导游计分制管理，并运用现代科学技术手段建立导游数据库，在全国范围内推行导游电子信息网络化管理。2002年，国家旅游局开展整顿和规范旅游市场秩序活动，把全面清理整顿导游队伍作为三个重点环节之一来抓，明确提出严厉查处乱拿、私授回扣等行为，打击非法从事导游活动，坚决清理一批政治、道德、业务素质不合格的导游人员，建立和完善"专职导游"和"社会导游"两套组织体系和教育管理体系，全面推行导游计分制管理和IC卡管理等举措，这些都促进了导游工作的规范化。2014年新的《中华人民共和国旅游法》颁布实施，使旅游业有了实质性的行业法律法规，加快了旅游行业规范性经营的进程和步伐。

二、导游服务的概念

（一）导游服务的概念

导游服务是导游人员代表被委派的旅行社，接待或陪同游客旅行、游览，按照组团合同或约定的内容和标准向其提供的旅游接待服务。

导游服务是整个旅游过程中的服务灵魂，导游人员在旅游过程中的服务艺术、服务技能、服务效果和组织能力对游客的综合旅游感受会形成最直接的影响。不仅如此，导游服务工作的优劣，还会直接影响到整个旅游行业的信誉，对旅游经济的发展产生直接或间接的影响。

（二）现代导游服务的特点

导游服务是旅游服务中具有代表性的工作，处在旅游接待的前沿。随着时代的发展，导游服务的特点也会随之发生变化，就目前而言，其特点归纳起来有以下几点：

1. 独立性强

导游服务工作独当一面。在整个旅游活动过程中，导游人员与游客朝夕相处，时刻照顾他们吃、行、游、购、娱等方面的需求，独立地提供各项服务。他们在回答游客政策性很强的问题或处理突发性事故时，常常需要当机立断、独立决策，事后向领导和有关方面汇报。导游的讲解也是比较独特的，因为在同一景点，导游要根据不同游客的不同特性、不同时机进行针对性的讲解，以满足他们的精神享受。这是每位导游人员都必须努力完成的任务，其他人无法替代。

2. 脑体高度结合

导游服务是一项脑力劳动与体力劳动高度结合的服务性工作。

由于旅游活动涉及面广，这就要求导游人员具有丰富而广博的知识，如此才能使导游服务工作做到尽善尽美，精益求精。除了掌握导游工作程序外，导游人员还必须具有一定的政治、经济、历史、地理、天文、宗教、民俗、建筑、心理学、美学等方面的基本知识；还必须了解我国当前的大政方针和旅游业的发展状况及其有关的政策法规；掌握旅游目的地主要游览点、旅游线路的基本知识；同时，还要了解客源国（或地区）的政治倾向、社会经济、风土民情、宗教信仰、禁忌等。导游人员在进行景观讲解、解答游客的问题时，都需要运用智慧和所掌握的知识来应对，这是一种艰苦而复杂的脑力劳动。所以导游人员要不断学习，不仅要在学校里学，还要在实践中学，努力扩大知识面，使自己成为"万事通"，并尽力掌握一两门专业知识，成为游客敬佩的导游艺术家。

导游人员的工作量也相当大，除了在旅行游览过程中进行介绍、讲解外，还要随时随地应游客的要求，帮助其解决问题，事无巨细，也无分内与分外。尤其是旅游旺季时，导游人员往往会连轴转，整日、整月地陪同游客，无论严寒酷暑都长期在外作业，体力消耗大，又常常无法正常休息。因此，导游人员必须具备高度的事业心和良好的体质。

3. 客观要求复杂多变

导游服务工作具有一定的规程，如接站、送站、旅途服务和各方面关系的接洽、协调等，通常按照一定的程序进行，具有相对的规范性和便利性。但导游服务中更多的是不确定性和未知性，客观要求复杂多变。即使是预定的日程和规程范围内，具体的情况可能千差万别，意外的情况也可能随时发生，游览中各种矛盾可能集中显现。因此，导游人员必须具备应对各种可能和偶然情况的能力。归纳起来，导游服务的复杂性主要体现在以下几方面。

（1）服务对象复杂。导游服务的对象是游客，他们来自五湖四海，不同国籍、民俗、肤色的人都有，职业、性别、年龄、宗教信仰和受教育的程度各异，性格、习惯、爱好等各不相同。导游人员面对的就是这样一个复杂的群体，而且每一次接待的游客都互不相同，这就更增加了服务对象的复杂性。

（2）游客需求多种多样。导游人员除按接待计划安排和落实旅游过程中的食、住、行、游、购、娱基本活动外，还有责任满足游客随时随地提出的各种个别要求，以及处理或解决旅游中随时出现的情况和问题，如会见亲友、传递信件、转递物品、游客患病、游客走失、游客财物被窃与证件丢失等。而且由于对象不同、时间场合不同、客观条件不同，同样的要求或问题也会出现在不同的情况下，需要导游人员审时度势、判断准确并妥善处理。

（3）接触的人员多，人际关系复杂。导游人员的工作是与人打交道的工作，其服务的进行触及方方面面的关系和利益。抛开导游人员是旅游目的地国家（或地区）的代表不谈，如前所述，导游人员还是旅行社的代表，他们既要维护旅行社的利益，又代表着游客的利益，除天天接触游客之外，在安排和组织游客活动时还要同饭店、餐馆、旅游地、商店、娱乐、交通等部门和单位的人员接洽、交涉，以维护游客的正当权益，这自然是一项复杂的工作。单就游客而言，他们来自不同的国家（或地区），有着不同的旅游心愿和文化背景，其旅游需求基本一致却又各具特色，导游人员在面对这些游客时，不仅要成功地提供"个性化服务"，还需要处理好全陪、地陪与外方领队的关系，争取各方面的支持和配合。虽然导游人员面对的这方方面面的关系是建立在共同目标基础之上的合作关系，然而每一种关系的背后都有各自的利益，落实到具体人员身上，情况就更为复杂。因此，导游人员需要具备"十八般武艺"来面对纷繁复杂的人际关系。

（4）要面对各种物质诱惑和"精神污染"。导游人员常年直接接触各方游客，直接面对各式各样的意识形态、政治经济、文化观点、价值观念和生活方式，有时还会面临金钱、色情、利益、地位的不断诱惑，耳濡目染，直接面对精神污染的机会大大多于常人。常言道："近朱者赤，近墨者黑。"导游人员如果缺乏高度的自觉性和抵抗力，往往容易受其影响。所以身处这种氛围中的导游人员需要有较高的政治思想水平、坚强的意志和高度的政治警惕性，始终保持清醒头脑，防微杜渐，自觉抵制物质诱惑和"精神污染"。

4. 跨文化性

导游服务是传播文化的重要渠道，起着沟通和传播文明、为人类创造精神财富的作用。游客来自不同的国家和地区，拥有不同的文化背景，所以导游人员始终处于各种文化差异的碰撞中，他们应尽可能多地了解中外文化（工地区文化）之间的差异，这样才能圆满完成文化传播的任务。

三、导游服务的性质、地位与作用

(一) 导游服务的性质

导游服务的性质因国家和地区的不同而产生了政治属性的不同。在资本主义制度下，导游人员由于长期受资本主义社会环境的影响，因此在向游客提供导游服务时，往往会自觉或不自觉地传播资本主义的人生观、价值观和伦理道德，使导游服务有形或无形地带有资本主义色彩。社会主义中国的导游服务工作在本质上有别于资本主义国家。中国的导游服务工作是一项为祖国的社会主义建设和国内外民间交往服务的旅游服务工作，它以游客为服务对象，以协调旅游活动、帮助游客了解中国（或地区）为主要服务职责，以沟通语言和文化为主要服务形式，以增进相互了解和友谊为主要工作目的，以"热情友好、服务周到"为服务座右铭。

总之，导游服务的政治属性在世界各国或地区都是存在的，区别是：在不同的社会制度下，各导游服务的政治性质不同。此外，世界各国的导游服务还具有以下共同属性。

1. 社会性

旅游活动是一种社会现象，在促进社会物质文明和精神文明建设中起着十分重要的作用。在旅游活动中，导游人员处于旅游接待工作的中心位置，接待着四海宾朋、八方游客，推动着世界上规模最大的社会活动。所以，导游人员所从事的工作本身就具有社会性。并且，导游工作又是一种社会职业，对大多数导游人员来说，它是一种谋生的手段。

2. 文化性

作为导游服务的实际承担者，导游人员是主体。俗话说，"看景不如听景"，锦绣山川、艺术宝库、文化古迹，只有加上导游人员的解说、指点，再穿插动人的故事，才能活起来，才能引起游客更大的兴趣，使其增长知识，领略到异乡风情，享受到审美的乐趣。限于语言和生存环境等方面的不同，游客往往对旅游目的地的文化氛围不适应，于是产生了交流和欣赏上的障碍。为了加强旅游的美感和愉悦程度，游客迫切地需要导游人员的引导和服务，需要导游人员跨越不同的文化范畴，弥合文化差异。导游服务的文化性主要体现在以下两方面。

(1) 导游服务是传播文化的重要渠道。导游人员的讲解翻译、与游客的日常交谈，甚至一言一行都在影响着游客，都在扩大着一个国家（或地区）及其民族的传统文化和现代文明的影响。导游人员为来自世界各国、各民族的游客服务，通过引导和生动、精彩的讲解给游客以知识、乐趣和美的享受。同时也对各国、各民族的传统文化和现代文明进行兼收并蓄，有意无意间传播着异国文化。

(2) 导游服务是审美和求知的媒介。游客要通过旅游去认识过去不曾接触或不曾了解过的事物，以期求知欲得到满足。我们知道，山水风光或文物古迹的欣赏价值，并不是孤立地存在，它总是与一定的自然、地理、历史、艺术等条件和特点相联系，是一种完美地融合在一起的客观实体。导游能循循善诱地指导游客以最佳的方式，或最合适的角度去欣赏某一名胜古迹、历史故事、神话传说；能妙趣横生地向游客介绍当地的风俗习惯、掌故趣谈、风味特产等，使游客得到自然美和艺术美的享受，并且在潜移默化中增长知识。由此可见，导游服务起着沟通和传播精神文明、为人类创造精神财富的作用，直接或间接地起着传播一个国家（或地区）及其民族的传统文化和现代文化的作用。

3. 服务性

导游服务，顾名思义，是一种服务工作。导游服务与第三产业的其他服务一样，属于非生产劳动，是一种通过提供一定的劳务活动，提供一定的服务产品，创造特定的使用价值的劳动。与一般服务工作不同的是，导游服务不是一般的简单服务，它围绕游客展开，通过翻译、讲解、安排生活、组织活动等形式，给游客提供全方位、全过程的服务，工作内容涉及旅途中的交通、住宿、饮食、娱乐、购物、票证、货币和其他各方面等。导游人员除具有丰富的专业知识外，还应具备一定的社会活动能力、应变能力以及独立处理问题的能力。导游人员有时像幼儿园的老师，有时像学生，有时又是指挥员、服务员、保安员、联络员等。因此，导游服务是一种复杂的、高智能的服务，是高级的服务。

4. 经济性

导游服务是导游人员通过向游客提供劳务而创造特殊使用价值的劳动。在商品经济条件下，这种劳动通过交换而具有交换价值，在市场上表现为价格。今天，越来越多的国家和学者承认：旅游业是国民经济的重要组成部分，是具有独立特色的经济部门，是无烟的朝阳产业。导游的工作对象是游客，通过协调、组织、迎送、翻译、讲解、代理等形式为游客服务。导游的目的在于引导游客，便利游客，满足游客的相应旅游需求，实现旅游企业的经济目标，获取相应的个人经济收入，体现个人的人生和社会价值。因此，导游工作一般具有经济性，由各级各类旅行社提供的导游服务是旅游部门工作的组成部分。

5. 涉外性

发展海外来华旅游是中国旅游业的长期方针，也是一项战略任务。改革开放以来，随着经济的迅速发展，人民生活水平的不断提高，我国公民出境旅游发展势头也很强劲。到1998年年初，中国国际旅行社的总数已达到1 162家，它们从事着海外旅游者入境和中国旅游者出境的组织和接待工作。对于前一种旅游，导游人员是为海外游客提供导游服务；而对于后一种旅游，导游人员为中国游客提供出境陪同服务，两者都具有明显的涉外性。据国家旅游局公布的数据，2015年我国入境游客达1.33亿人次。旅游者的跨国界旅行为增进各国人民之间的了解和友谊、促进世界和平做出了积极贡献。导游人员提供的涉外导游服务的政治意义和所起的民间外交的作用主要表现在以下两个方面。

（1）宣传社会主义中国。目前中国接待的海外来华游客中，绝大多数人都希望了解中国，了解中国的社会制度、建设情况和各族人民的生活，其中也不乏希望深入了解和研究中国的游客。因此，帮助来自四面八方的海外游客正确认识中国是导游人员义不容辞的责任。同样，导游人员陪同中国游客出境旅游时，目的地的民众也希望从中国导游人员那里了解中国的发展情况。所以，导游人员的讲解，甚至一举一动都是在宣传中国。作为社会主义中国的导游人员，在进行涉外导游服务时，应有鲜明的政治立场，要以积极的姿态，努力将对外宣传寓于导游讲解、日常交谈和参观游览娱乐中。对于那些希望了解中国的游客及其他国家和地区的民众，更应不失时机地宣传中国。当然，在宣传中，形式要多样化，方法要灵活多变，切忌呆板、僵化、千篇一律和强加于人。

(2) 发挥民间大使的作用。旅游活动是当今世界最大规模的民间外交活动。从这个意义上讲，旅游促进了国家之间、地区之间的人际交往，增进了各国、各地区、各族人民之间的相互了解和友谊，在一定程度上消除了因相互隔绝而造成的误解、猜忌，对加强世界各国人民的团结，维护国家安定和世界和平具有重要意义。在这一方面，导游人员起着极为重要的作用。在游客心目中，导游人员是一个国家或地区的代表，是人民的友好使者，是"民间大使"。导游人员可利用旅游活动的群众性、广泛性的特点广交朋友；可利用接触游客面广、机会多、时间长、无语言障碍又比较熟悉外国等有利条件，与游客进行广泛接触，进行彼此思想感情上的交流。事实上，绝大多数中国导游人员以其高尚的思想品德、渊博的知识、精湛的导游技艺、热情的服务态度，为来自五湖四海的游客提供了不同凡响的导游讲解服务和富有人情味的旅行生活服务，帮助游客认识和了解中国，增进中国与各国（地区）人民的相互了解，在为中国赢得友谊和朋友方面做出了重要贡献，履行着"民间大使"的重任。

此外，导游服务的涉外性，还要求导游人员对海外有关情况进行调查研究，了解外国旅游企业的运作和经营管理模式，特别要了解外国游客的需求及其变化，这既是导游人员的基本职责之一，也是导游人员做好导游服务工作的需要。因为了解游客的社会地位、文化水平、生活习惯、宗教信仰、兴趣爱好等是导游人员安排旅游活动的重要依据；了解对象国（地区）的概况、社会动态、风俗民情、生活方式、礼节习俗等，将有助于导游人员给游客提供"满意+惊喜"的导游服务和旅行生活服务；了解游客的经济地位和购物需求，有助于导游人员向他们推荐旅游商品，提供购物服务；了解游客的情绪和心理状态，有助于导游人员能更有针对性地向他们提供心理服务。上述知识，虽然导游人员可从书本上获得，但是，书本上的只是一般性的理论知识，与具体实际情况存在着一定差距。因此，导游人员只有在同游客相处的过程中，从游客的言谈举止中，以及其对游览景观的兴趣与表现、对购物和参加文娱活动的反应来了解游客的需求与爱好，从中发现游客需求的变化。这种现场的了解更真实，对于导游人员有针对性地提供导游服务、提高导游服务质量更有帮助，也有助于提高我国旅游产品的开发、设计水平，从而更有针对性地开展旅游宣传、招徕与促销活动。此外，了解外国旅游企业的经营方式、旅游产品的组合、销售运作和管理模式，有助于中国旅游企业吸取外国先进的管理经验和经营手段，改善和提高中国旅游企业的经营管理水平。

(二) 导游服务的地位

导游服务是旅游服务中的代表性工作，贯穿于旅游活动的始终，是旅游各项服务的具体组织者。可以说，导游服务在旅游活动中具有至高无上的地位。我们可以从旅行社和游客两个角度来理解导游服务的地位。

1. 从旅行社角度来讲，导游服务是旅行社核心竞争力的重要组成部分

(1) 导游服务体现了旅行社服务的水平和质量。导游从接到旅游团到完成旅游服务整个过程是直接面对游客的，游客对导游服务质量的反应也最为敏感，因此，可以说导游服务的质量代表着旅行社服务的质量。一般而言，导游服务质量高，可以弥补其他旅游服务质量的某些欠缺，而导游服务质量的低劣最容易引起游客的不满。

(2) 导游服务在旅行社业务中具有核心地位。对于游客而言，导游人员是旅行社的代

表，是旅游产品的提供者。旅行社对游客服务的各个部门，如产品设计、线路组合、市场营销、车船机票预定，这些最终都通过导游服务传递给游客。因此，可以说旅行社各部门的工作都是围绕着导游服务这条主线展开的，都是导游服务的幕后主持者。

（3）导游服务是旅行社竞争的焦点。很多游客都有这样的体会："没有导游的旅行是最乏味的旅行。"导游服务能使游客增长知识，使旅游活动更富有魅力，更充满情趣。因此，对于旅行社而言，甚至对于旅游地而言，导游服务至关重要，旅游竞争就是导游服务质量的竞争。拥有一流的导游队伍，无疑是旅行社扩大知名度、争取更多客源的法宝，也是旅行社的一笔财富。

（4）导游服务是旅行社了解游客意见和建议、改进旅游产品的主要途径。旅游景点、旅游交通和旅游宾馆、饭店等旅游设施，通过旅行社组合成旅游线路后，作为旅游产品销售给游客。导游人员工作在一线，熟悉旅游产品链中每一个环节的服务质量，了解游客的消费心理，可以及时将有关信息反馈给旅行社，有利于旅行社改进服务方式、提高旅游产品的针对性，推出更具有竞争力旅游产品。

2. 从游客角度来讲，导游服务是游客完成旅游活动的根本保证

（1）导游服务是游客与旅游地文化沟通的桥梁。游客来自不同的地区和国度，归属于不同的民族，与旅游地居民在知识、文化、语言、生活等方面存在着差异，必须借助导游人员的翻译服务和讲解服务，才能达到与旅游地居民顺利沟通，进而了解旅游地历史文化的目的。对于国内游客而言，虽然没有语言障碍，但由于各地民族民俗文化的差异，也常常需要借助导游讲解才能更好地实现观景的目的。

（2）导游服务是旅游活动顺利开展的前提条件。游客到一陌生的地方，人生地不熟，食、住、行、游、购、娱等都有诸多不便，借助导游服务则可把行程中一切琐事抛之脑后，专心游览，大大增强了旅游的乐趣，使旅游活动更为轻松、惬意。

（三）导游服务的作用

1. 纽带作用

导游服务在各项旅游服务中所起的纽带作用具体表现在以下几个方面。

（1）承上启下。导游人员是国家方针政策的宣传者和具体执行者，代表旅行社执行旅游计划，为游客安排和落实食、住、行、游、购、娱等各项服务并处理旅游期间可能出现的各种问题。同时，游客的意见、要求、建议甚至投诉，其他旅游服务部门在接待工作中出现的问题及他们的建议和要求，一般也通过导游人员向旅行社转递直至上达旅游行政管理部门。

（2）连接内外。导游人员既代表接待旅行社的利益，要履行合同，实施旅游接待计划，又肩负着维护游客合法权益的责任，代表游客与各旅游接待部门进行交涉，提出合理要求，对违反合同的行为进行必要的干预，为游客争取正当利益。另外，导游人员有责任向外国游客介绍中国，帮助他们尽可能多地了解我们的国家、人民、社会、文化和风俗民情以及有关政策、法令等，同时又要多与他们接触，进行调查研究，以便了解外国。

（3）协调左右。导游服务与其他各项旅游服务的服务对象是共同的，因而在目标上、根本利益上是一致的。然而，在服务内容上又各有区别，各部门、各单位又有各自的利益，这种情况决定了它们之间既有相互依存、相互合作的一面，又有相互制约、相互牵制的一

面。导游人员作为旅行社派出的代表,对饭店、餐馆、游览点、交通部门、商店、娱乐场所等企业提供的服务,在时间上、质量上起着重要的协调作用。因为,旅游过程中任何一个环节出现问题,都会影响到整个旅游服务质量。因此,导游人员既有义务协助有关旅游服务的提供者,同时也有责任对这些部门的服务提出意见和建议,以便使游客与旅行社签订的旅游合同得到履行。

2. 标志作用

导游服务质量对旅游服务质量的高低起标志性作用。导游服务质量包括导游讲解质量、为游客提供生活服务的质量以及各项旅游活动安排落实的质量。导游人员与游客朝夕相处,因此,游客对导游人员的服务接触最直接,感受最深切,对其服务质量的反应也最敏感。旅游服务中其他服务质量虽然也很重要,对游客的旅游活动也会有影响,但除特殊情况外,由于接触时间短,游客对其的印象一般不如对导游服务质量印象深刻。一般来说,如果导游服务质量高,可以弥补其他旅游服务质量的某些欠缺,而导游服务质量低劣却是无法弥补的。因此,游客旅游活动的成败更多地取决于导游服务质量。导游服务质量的好坏不仅关系到整个旅游服务质量的高低,也关系着国家或地区旅游业的声誉。

3. 反馈作用

在消费过程中,游客会根据自己的需要对旅游产品的规格、质量、标准等做出这样或那样的反应。而导游人员在向游客提供导游服务过程中,由于处在接待游客的第一线,同游客交往和接触的时间最长,对游客关于旅游产品方面的意见和需求最了解。导游人员可充分利用这种有利条件,根据自己的接待实践,综合游客的意见,反馈到旅行社有关部门,促使旅游产品的设计、包装、质量得到不断改进和完善,从而更好地满足游客的需要。

4. 扩散作用

导游服务质量的高低会影响旅游产品的销售。因为,导游服务的优劣在很大程度上决定着旅游活动的质量,而游客往往就是通过旅游活动的质量来判断旅游产品的使用价值的。如果导游服务质量高,令游客满意,游客会认为该旅游产品物有所值,而且在满意归去后,会以其亲身体验向亲朋好友义务宣传,从而扩大了旅游产品的销售范围;反之,导游服务质量不高,游客不可能产生重游的欲望,而且他们的抱怨和不满还会影响周围的潜在游客。所以,导游服务质量的优劣会影响旅游产品的销售。

第二节 导游人员

一、导游人员概述

(一)导游人员的定义

导游人员是指依照《导游人员管理条例》的规定取得导游证,接受旅行社的委派,为游客提供向导、讲解及相关旅游服务的人员。

这个概念有三层含义。①从事导游业务的资格:按规定参加导游资格考试、取得导游证;②从事导游活动的前提:经旅行社委派;③导游业务活动内容:向游客提供向导、讲解及相关旅游服务。

> 小贴士
>
> ## 导游带团必须经由旅行社委派吗
>
> 关于现有导游带团必须是经旅行社委派的规定将会改变。据2016年全国旅游工作会议精神，国家旅游局表示将对导游工作加以改革，逐步放开导游自由职业的门槛，也就是说，未来改革后有可能会出现导游无须旅行社委派也可以带团等工作形式。

（二）导游人员的分类

导游人员由于业务范围、业务内容的不同，服务对象和使用的语言各异，其业务性质和服务方式也不尽相同。即使是同一个导游人员，由于从事的业务性质不同，所扮演的社会角色也随之变换。

世界各国对导游人员类型的划分也不尽相同，因而，很难用一个世界公认的统一标准对导游人员进行分类。根据目前的实际情况，我国导游人员可以从不同的角度进行分类。

1. 按业务范围划分

导游人员按业务范围可分为海外领队、全程陪同导游人员、地方陪同导游人员和景点景区导游人员。

（1）海外领队。海外领队是指受经国家旅游行政主管部门批准可以经营出境旅游业务的旅行社的委派，全权代表该旅行社带领旅游团从事旅游活动的工作人员。

（2）全程陪同导游人员（简称全陪）。全陪是指受组团旅行社委派，作为组团社的代表，在领队和地方陪同导游人员的配合下实施接待计划，为旅游团（者）提供全程陪同服务的工作人员。这里的组团社或组团旅行社，是指接受旅游团（者）或海外旅行社预订，制订和下达接待计划，并可提供全程陪同导游服务的旅行社。这里的领队是指受海外旅行社委派，全权代表该旅行社带领旅游团从事旅游活动的工作人员。

（3）地方陪同导游人员（简称地陪）。地陪是指受接待旅行社委派，代表接待社实施接待计划，为旅游团（者）提供当地旅游活动安排、讲解、翻译等服务的工作人员。这里的接待社或接待旅行社是指接受组团社的委托，按照接待计划委派地方陪同导游人员负责组织安排旅游团（者）在当地参观游览等活动的旅行社。

（4）景点景区导游人员。其亦称讲解员，是指在旅游景区景点，如博物馆、自然保护区等，为游客进行导游讲解的工作人员。

2. 按职业性质划分

导游人员按职业性质可分为专职导游人员和兼职导游人员。

（1）专职导游人员。专职导游人员是指在一定时间内以导游工作为其主要职业的导游人员，目前，这类导游人员一般为旅行社的正式职员，他们是当前我国导游队伍的主体。

（2）兼职导游人员。其亦称业余导游人员，是指不以导游工作为其主要职业，而利用业余时间从事导游工作的人员。在西方国家还有一类导游人员，他们以导游为主要职业，但不是某家旅游公司的正式雇员，而是通过签订合同为多家旅游公司服务。他们是一批真正意义上的自由职业导游人员，构成了西方大部分国家导游队伍的主体。这类导游人员已经在中国出现，目前人数还不多，但很可能成为一种发展方向。

3. 按使用的语言划分

导游人员按导游使用的语言可分为中文导游人员和外语导游人员。

（1）中文导游人员。中文导游人员是指能够使用普通话、地方话或者少数民族语言从事导游服务的人员。目前，这类导游人员的主要服务对象是国内旅游中的中国公民和入境旅游中的港、澳、台同胞。

（2）外语导游人员。外语导游人员是指能够运用外语从事导游服务的人员。目前，这类导游人员的主要服务对象是入境旅游的外国游客和出境旅游的中国公民。

4. 按技术等级划分

导游人员按技术等级可分为初级导游人员、中级导游人员、高级导游人员和特级导游人员。

小知识 **导游技术等级如何晋升**

获导游人员资格证书后，按技能、业绩和资历对其进行考核，合格者自动成为初级导游人员。

获初级导游人员资格2年以上，业绩明显，考核、考试合格者晋升为中级导游人员。中级导游人员是旅行社的业务骨干。

取得中级导游人员资格4年以上，业绩突出，水平较高，在国内外同行和旅行商中有一定影响，考核、考试合格者晋升为高级导游人员。

取得高级导游人员资格5年以上，业绩优异，有突出贡献，有高水平的科研成果，在国内外同行和旅行商中有较大影响，经考核合格者晋升为特级导游人员。

（三）导游人员的报考条件

我国对导游人员实行岗位准入制度，成为导游人员的前提是取得导游资格，并符合导游人员上岗的相关要求。

根据《导游人员管理条例》的规定，凡是具有高级中学、中等专业学校或者以上学历，遵守宪法，热爱祖国，坚持四项基本原则，身体健康，具有适应导游需要的知识和语言表达能力的中华人民共和国公民均可报名参加全国导游人员资格考试。

全国导游人员资格考试是为国家和社会选拔合格导游人才的全国统一考试。考试的目标是以公平、公正的考试方式和方法，检验应试人员是否具有从事导游职业的基本知识、素养和技能。根据《中华人民共和国旅游法》规定，经考试合格的人员，由国务院旅游行政部门或者国务院旅游行政部门委托省、自治区、直辖市人民政府旅游行政部门向其颁发导游人员资格证书。

小贴士 **导游管理体制的改革试点**

2016年全国旅游工作会议上国家旅游局表示将开展导游管理体制改革试点，放开导游自由执业。取消"导游必须经旅行社委派"的政策规定，拓宽导游执业途径，建立导游服务预约平台；游客既可通过线上平台预约导游，也可线下自主联系，实现交易方式完全放开；改革导游管理模式，取消"获得资格证3年未从业的，资格证自动失效"的政策规定，导游资格证终身有效，全国通用；取消导游年审制度，用信息化手段实现对导游的常态管理，实行动态进出机制。

二、导游人员的职责

1. 导游人员的基本职责

根据当前我国旅游业的发展状况和导游服务对象，导游人员的基本职责可概括为下述五点。

（1）根据旅行社与游客签订的合同或约定，按照接待计划安排和组织游客参观、游览。

（2）负责为游客导游、讲解，介绍中国（地方）文化和旅游资源。

（3）配合和督促有关单位安排游客的交通、食宿等，保护游客的人身和财物安全。

（4）耐心解答游客的询问，协助处理旅途中遇到的问题。

（5）反映游客的意见和要求，协助安排游客会见、会谈活动。

2. 全程陪同导游人员的职责

全陪是组团旅行社的代表，对所带领的旅游团（者）的旅游活动负有全责，在全程旅游活动中起着主导作用。全陪的职责主要有：

（1）实施旅游接待计划。按旅游合同或约定，实施组团社的接待计划，监督各地接待旅行社执行计划的情况和接待服务质量。

（2）组织协调工作。协调导游服务集体各成员之间的合作关系，督促、协助各地方接待旅行社安排、落实各项旅游活动，照顾好游客的旅行生活。

（3）联络工作。负责旅游过程中组团社和各地接待社之间的联络，做好旅行各站之间的衔接工作。

（4）维护安全、处理问题。在旅游过程中维护游客的人身、财物安全，处理突发事件。

（5）宣传、调研。宣传中国（地方），解答游客的询问；了解外国（外地），转达游客的意见、建议和要求。

3. 地方陪同导游人员的职责

地陪是地方接待旅行社的代表，是旅游接待计划在当地的具体执行者，是当地旅游活动的组织者。地陪的主要职责有：

（1）安排落实旅游活动。根据旅游接待计划，科学、合理地安排旅游团（者）在当地的旅游活动。

（2）做好接待工作。认真落实旅游团（者）在当地的迎送工作和食、住、行、游、购、娱等各项服务；在领队的配合下，做好当地旅游接待工作。

（3）导游讲解。做好旅游团（者）在当地参观游览中的导游讲解和翻译工作，耐心解答游客的问题。

（4）维护安全。维护游客的安全，做好事故防范和安全提示工作。

（5）处理问题。妥善处理当地各相关服务单位之间的协作关系，以及旅游团（者）在本站旅游过程中可能出现的各类问题。

4. 海外领队的职责

海外领队是经国家旅游行政主管部门批准组织出境旅游的旅行社的代表，是出境旅游团的领导者和代言人。因此，海外领队在团结旅游团全体成员、组织旅客完成旅游计划方面起着全陪、地陪往往难以起到的作用。其主要职责是：

（1）介绍出境旅游知识。在旅游团出发前，领队应向游客介绍旅游目的地国家或地区的法律法规、风土人情、风俗习惯和注意事项以及出入境知识。

（2）全程陪同。带领旅游团出境，全程陪同旅游团在境外进行旅游活动，并带领旅游团安全回国。

（3）落实旅游合同。代表组团社监督、配合旅游目的地国家或地区接待社和导游人员实施旅游计划，全面落实旅游合同，维护游客的合法权益。

（4）组织和团结工作。自觉维护国家利益和民族尊严，关心游客，做好游客旅游行程中的相关服务，维护旅游团的内部团结，提醒游客抵制任何有损国家利益和民族尊严的言行，协助处理旅游行程中的突发事件、纠纷和其他问题。

（5）联络工作。负责旅游团与旅游目的地国家或地区接待旅行社的联络与沟通，转达游客的意见、要求与建议甚至投诉，维护游客的合法权益，必要时出面斡旋或帮助解决。

三、导游人员的从业素质

具体来说，导游人员的素质可归纳为以下几个方面。

（一）良好的思想品德

在任何时代、任何国家，人的道德品质总是处于最重要的地位。中国导游人员的思想品德主要表现出以下几个方面。

1. 热爱祖国、热爱社会主义

热爱祖国、热爱社会主义是作为一名合格的中国导游人员的首要条件。导游人员应把祖国的利益、社会主义事业摆在第一位，自觉地维护祖国的尊严，把热爱祖国与热爱社会主义统一起来，并把这种热爱化为工作的动力。

2. 优秀的道德品质

社会主义道德的本质是集体主义，是全心全意为人民服务的精神。导游人员要发扬全心全意为人民服务的精神，并把这一精神与"宾客至上"的旅游服务宗旨紧密结合起来，热情地为国内外游客服务。

3. 热爱本职工作、尽职敬业

导游人员应树立远大理想，将个人的抱负与事业的成功紧密结合起来，立足本职工作，热爱本职工作，刻苦钻研业务，不断进取，全身心地投入工作之中，热忱地为游客提供优质的导游服务。

4. 高尚的情操

高尚的情操是导游人员的必备修养之一。导游人员要不断学习，提高思想觉悟，努力使个人的功利追求与国家利益结合起来；要提高判断是非、识别善恶、分清荣辱的能力；培养自我控制的能力，自觉抵制形形色色的精神污染，力争做到"财贿不足以动其心，爵禄不足以移其志"，始终保持高尚的情操。

5. 遵纪守法

遵纪守法是每个公民的义务，作为旅行社代表的导游人员尤其应树立高度的法纪观念。

导游人员应自觉地遵守国家的法律、法令，遵守旅游行业的规章制度，严格执行导游服务质量标准，严守国家机密和商业秘密，维护国家和旅行社的利益。

（二）渊博的知识

实践证明，丰富的知识是做好导游服务工作的前提。导游人员的知识面越广、信息量越多，就越有可能把导游工作做得有声有色、不同凡响，就会在更大程度上满足游客的要求，从而使游客满意。渊博的知识是成为一名优秀导游人员的必要条件之一。

导游知识包罗万象，下面就是导游人员必须掌握的知识体系。

1. 语言知识

语言是导游人员最重要的基本功，是导游服务的工具。古人云："工欲善其事，必先利其器。"导游人员若没有过硬的语言能力，就根本谈不上优质服务。这就是说，导游人员若没有扎实的语言功底，就不可能顺利地进行文化交流，也就不可能完成导游工作的任务。而过硬的语言能力和扎实的语言功底则以丰富的语言知识为基础。

2. 史地文化知识

史地文化知识包括历史、地理、宗教、民族、风俗民情、风物特产、文学艺术、古典建筑和园林等诸方面的知识。这些知识是导游讲解的素材，是导游服务的"原料"，是导游人员的看家本领。对史地文化知识的综合理解并将其融会贯通、灵活运用，对导游人员来说具有特别重要的意义。

导游人员还要不断地提高艺术鉴赏能力。艺术素养不仅能使导游人员的人格更加完善，还可使导游讲解的层次大大提高，从而在中外文化交流中起到更为重要的作用。艺术素养也是成为一名优秀导游人员的必要条件之一。

3. 政策法规知识

政策法规知识也是导游人员应必备的知识。导游人员应该牢记国家的现行方针政策，掌握有关的法律法规知识，了解外国游客在中国的法律地位以及他们的权利和义务。只有这样，才能正确地处理问题，做到有理、有利、有节，导游人员自己也可少犯错误或不犯错误。

4. 心理学知识

导游人员的工作对象主要是形形色色的游客，还要与各旅游服务部门的工作人员打交道，导游工作集体三成员（全陪、地陪和领队）之间的相处有时也很复杂。导游人员是做人的工作，而且往往是与之短暂相处，因而掌握必要的心理学知识具有特殊的重要性。导游人员要随时了解游客的心理活动，有的放矢地做好导游讲解和旅途生活服务工作，有针对性地提供心理服务，从而使游客在心理上得到满足，在精神上获得享受。事实证明，向游客多提供心理服务远比功能服务重要。

5. 美学知识

旅游是一项综合性的审美活动。导游人员不仅要向游客传播知识，也要传递美的信息，让他们获得美的享受。一名合格的导游人员要懂得什么是美，知道美在何处，并善于用生动形象的语言向具有不同审美情趣的游客介绍美，还要用美学知识指导自己的仪容、仪态，因为导游人员代表着国家（或地区），其本身就是游客的审美对象。

6. 政治、经济、社会知识

由于游客来自不同国家（或地区）的不同社会阶层，他们中一些人往往对目的地的某些政治、经济和社会问题比较关注，会向导游人员询问有关政治、经济和社会的问题，有的人还常常把本国本地的社会问题同出访目的地的社会问题进行比较。另外，在旅游过程中，游客随时可能见到或听到目的地的某些社会现象，他们会因此引发对某些社会问题的思考，这就要求导游人员给予相应的解释。所以，导游人员掌握相关的社会学知识，熟悉国家的社会、政治、经济体制，了解当地的风土民情、婚丧嫁娶、宗教信仰情况和禁忌习俗等就显得十分必要。

7. 旅行知识

导游人员率领游客在目的地旅游，在提供导游服务的同时，还应随时随地帮助游客解决旅行中的种种问题。因此，导游人员掌握必要的旅行知识，对旅游活动的顺利进行就显得十分重要。旅行知识有交通知识、通信知识、货币保险知识、卫生防病知识、旅游业知识等，必要的旅行知识往往能起到少出差错、事半功倍的作用。

8. 国际知识

涉外导游人员还应掌握必要的国际知识，要了解国际形势和各时期国际上的热点问题，以及中国的外交政策和对有关国际问题的态度；要熟悉客源国或旅游接待国的概况，知道其历史、地理、文化、民族、风土民情、宗教信仰、民俗禁忌等。了解和熟悉这些情况不仅有利于导游人员有的放矢地提供导游服务，还能加强其与游客的沟通。

此外，导游人员若熟悉两国文化的差异，就能及早向游客说明，使游客意识到在异国他乡旅游，不可能时时都与自己的家乡相同，从而使其产生领略异国、异乡风情的游兴，对旅游地的许多不解之处，甚至一些令人不愉快的事情也能理解、谅解并与导游人员配合。

（三）较强的独立工作能力和创新精神

导游工作是一项难度较大、复杂而艰巨的工作，导游的能力直接影响到对游客服务的效率和服务效果。导游独立工作能力和创新精神既是工作需要，也关系到个人的发展。导游人员接受任务后，要独立组织游客参观游览，要独立做出决定、独立处理问题。导游人员的工作对象形形色色，旅游活动丰富多彩，出现的问题和性质各不相同，这些都不允许导游人员在工作时墨守成规，导游人员必须根据不同的时空条件采取相应的措施，对各种问题予以合理处理。因此，较强的独立工作能力和创新精神，充分发挥主观能动性和创造性，对导游人员具有重要意义。

导游人员的独立工作能力和创新精神主要表现在以下四个方面。

1. 独立执行政策和独立进行宣传讲解的能力

导游人员必须具有高度的政策观念和法制观念，要以国家的有关政策和法律、法规指导自己的工作和言行；要严格执行旅行社的接待计划；要积极主动地宣传中国、讲解中国现行的方针政策，介绍中国人民的伟大创造和社会主义建设的伟大成就以及各地区的建设和发展情况；回答游客的种种询问，帮助他们尽可能全面地认识中国。

2. 较强的组织协调能力和灵活的工作方法

导游人员接受任务后要根据旅游合同安排旅游活动并严格执行旅游接待计划，带领全团人员游览好、生活好。这就要求导游人员具有较强的组织、协调能力，要求导游人员在安排旅游活动时有较强的针对性并留有余地，在组织各项活动时讲究方式、方法并及时掌握变化着的客观情况，灵活地采取相应的有效措施。

3. 善于和各种人打交道的能力

导游人员的工作对象甚为广泛，善于和各种人打交道是导游人员最重要的素质之一。与层次不同、品质各异、性格相左的中外人士打交道，要求导游人员必须掌握一定的公共关系学知识并能熟练运用，具有很大的灵活性、较强的理解能力和适应不断变化着的氛围的能力，随机应变，搞好各方面的关系。导游人员具有相当的公关能力，就会在待人接物时更自然、得体，能动性和自主性的水平必然会更高，有利于提高导游服务质量。

导游工作的性质特殊、人际关系比较复杂，这就要求导游人员应是活泼、外向的人，是永远精力充沛、情绪饱满的人，是为人热情、待人诚恳、富于幽默感的人，是有能力解决问题并让人信赖、依靠的人。性格内向、腼腆的导游人员，应主动在实践中不断磨炼自己，培养处理人际关系的能力。

4. 独立分析、解决问题，处理事故的能力

沉着分析、果断决定、正确处理意外事故是导游人员最重要的能力之一。旅游活动中意外事故在所难免，能否妥善地处理事故是对导游人员的一种严峻考验。临危不惧、头脑清醒、遇事不乱、处理果断、办事利索、积极主动、随机应变是导游人员处理意外事故时应具备的能力。

（四）较高的导游技能

服务技能可分为操作技能和智力技能两类。导游服务需要的主要是智力技能，即导游人员与同事协作共事，与游客成为伙伴，使旅途生活愉快的带团技能；根据旅游接待计划和实情，巧妙、合理地安排参观游览活动的技能；选择最佳的游览点、线，组织活动，当好导演的技能；触景生情、随机应变，进行生动、精彩的导游讲解的技能；灵活回答游客的询问，帮助他们了解旅游目的地的宣讲技能；沉着、果断地处理意外事故的应急技能；合情、合理、合法地处理各种问题和旅游投诉的技能；等等。

一名优秀的导游人员应具有指挥家的水平，也要有演员的本领。作为一名高明的指挥家，一上台就能把整个乐队带动起来并能调动全体观众的情绪，导游人员要有能力随时调动游客的积极性，使他们顺着自己的导游思路去分析、判断、欣赏、认识，从而获得旅游的乐趣和美的享受；作为演员，导游人员要熟练地运用丰富的知识、幽默的语言、抑扬顿挫的语调、引人入胜的讲解以及有节奏的导游活动来征服游客，使他们沉浸在欣赏美的愉悦之中。

语言、知识、服务技能构成了导游服务三要素，缺一不可。只有三者的和谐结合才称得上是高质量的导游服务，导游人员若缺乏必要的知识，势必"巧妇难为无米之炊"。语言表达能力的强弱、导游方法的差异、导游技能的高低，会使同样的题材产生不同的甚至是截然相反的导游效果：有的平淡无奇、令人昏昏欲睡，使旅游活动失去光彩；有的则有声有色、不同凡响，让游客获得最大限度的美的享受。技能高超的导游人员对相同的题材能从不同角度讲解，使其达到不同的意境，满足不同层次和不同审美情趣的游客的审美要求；而技能低劣的导游讲解或语言干巴巴，或"百病一方"，只有一种导游词，有的甚至只能当哑巴导

游，让自己难堪、游客不满。

导游人员的服务技能与其工作能力和掌握的知识有很大的关系，需要在实践中培养和发展。一个人的能力是在掌握知识和技能的过程中形成和发展的，而发展了的能力又可促使他更快、更好地掌握知识和技能并使其融会贯通，运用起来得心应手。因此，导游人员要在掌握丰富知识的基础上，努力学习导游方法、技巧，并不断总结、提炼，形成适合自己特长的导游方法、技巧及自己独有的导游风格。

（五）身心健康

导游工作是一项脑力劳动和体力劳动高度结合的工作，工作纷繁，量大面广，流动性强，体力消耗大，而且工作对象复杂，诱惑性大。因此，导游人员必须身心健康，否则很难胜任工作。身心健康包括身体健康、心理平衡、头脑冷静和思想健康四个方面。

1. 身体健康

导游人员从事的工作要求他能走路，会爬山，能连续不间断地工作；全陪导游人员、地陪导游人员和旅游团领队要陪同旅游团周游各地，变化着的气候和各地的水土、饮食对其都是一个严峻的考验。

2. 心理平衡

导游人员的精神要始终愉快、饱满，在游客面前应显示出良好的精神状态，进入"导游"角色要快，并且能保持始终而不受任何外来因素的影响。面对游客，导游人员应笑口常开，绝不能把丝毫不悦的情绪带到导游工作中去。特别是现在，游客的自我保护意识越来越强，有时对导游的工作理解不够，导游人员要能受得起委屈，心态要好。

3. 头脑冷静

在旅游过程中，导游人员应始终保持头脑清醒，处事沉着、冷静、有条不紊；处理各方面关系时要机智、灵活、友好协作；处理突发事件以及游客的挑剔、投诉时要干脆利索，要合情、合理、合法。

4. 思想健康

导游人员应具有高尚的情操和很强的自控能力，抵制形形色色的诱惑，清除各种腐朽思想的污染。

总之，一名合格的导游人员应精干、老练、沉着、果断、坚定，应时时处处显示出有能力领导旅游团，而且工作积极、耐心，会关心人、体谅人，富于幽默感，导游技能高超。加拿大旅游专家帕特里克·克伦在他的《导游的成功秘诀》一书中对导游人员的素质做了精辟的描述：导游人员应"是集专业技能和知识、机智、老练、圆滑于一身"的人。

四、导游人员职业道德

道德是一种社会意识形态，是在一定的社会中调整人们之间以及个人与社会之间关系的行为规范的总和。道德以善和恶、正义和非正义、公正和偏私、诚实和虚伪等观念来评价人们之间的关系；通过各种形式的教育和社会舆论的力量使人们形成一定的信念、习惯、传统。

职业道德是把一般的社会道德标准与具体的职业特点结合起来的职业行为规范或标准。

不同的职业有不同的职业道德,但各行业的职业道德准则和行为规范都必须与社会道德一致,不应相悖。

导游人员的职业道德是社会主义道德的基本要求在旅游工作中的具体体现,它不但是每个导游人员在业务工作中必须遵守的行为准则,而且也是人们用以衡量导游人员的职业道德行为和导游服务质量的标准。导游人员应该具有以下职业道德。

1. 爱国爱企、自尊自强

爱国爱企、自尊自强是社会主义各行各业人员一项共同的道德规范和基本要求,它要求导游人员在其业务工作中以主人翁的姿态出现,坚持祖国利益高于一切,时时以国家利益为重,为国家、为企业的发展多做贡献;在工作中,要维护国家和民族的尊严,有自尊心和自信心,要勇于开拓、自强不息。

2. 遵纪守法、敬业爱岗

遵纪守法、敬业爱岗也是社会主义各行各业人员一项共同的道德规范。由于行业不同,从事的职业各异,除了要遵守国家的法律、法令外,不同行业和职业的人还要遵守本行业的法规和所在单位的纪律。

导游人员应同其他职业的从业人员一样,必须遵守国家的法律、法令,自觉地执行旅游行业和所在旅行社的各项规章制度,遵守旅游行业的纪律,执行导游服务质量标准,敬业爱岗。

3. 公私分明、诚实善良

旅游业是第三产业中的一个重要产业,导游人员在工作中要不谋私利、公私分明,无论是来自哪方面的诱惑,都应有较强的自控能力,能自觉地抵制各种物质诱惑和精神污染;对待游客要真诚公道,信誉第一,不弄虚作假,不欺骗游客。

4. 克勤克俭、游客至上

克勤克俭、游客至上是旅游服务行业一项基本的道德规范,是旅游服务人员的基本服务标准。导游人员在工作中要兢兢业业、尽职尽责,充分发挥主观能动性、积极性和创造性;要一切为游客着想,主动热情地为游客提供优质的导游服务,把游客是否满意作为衡量自己工作好坏的唯一标准。

5. 热情大度、整洁端庄

热情大度、整洁端庄既是服务人员的待客之道,也是服务人员应具备的基本品德,它体现了服务人员的一种高雅情操。

导游人员要将热情友好贯穿于整个导游服务过程中,不管游客对导游人员有何想法和看法;导游人员要始终如一地为游客着想,关心他们,并为他们排忧解难。导游人员接待游客时要仪表整洁、举止大方,使游客感到满意和开心。

6. 一视同仁、不卑不亢

一视同仁、不卑不亢是爱国主义、国际主义在导游服务中的具体体现,是国际交往、人际关系的一项行为准则。导游人员在态度上、行为上对待任何游客都要一样,绝不能厚此薄彼,切忌以地位取人、以钱财取人、以容貌和肤色取人。

导游人员在对外导游服务工作中要维护国格和人格,坚持自己的信念,要谦虚谨慎,但不妄自菲薄;要竭力为游客服务,但不低三下四;要学习国外先进的技术和经验,但不崇洋媚外。

7. 耐心细致、文明礼貌

耐心细致、文明礼貌是服务人员最重要的业务要求和行为规范之一，是衡量服务人员工作态度和工作责任心的一项重要标准。

导游人员要根据游客的心理和需要提供个性化服务，时刻注意游客的反应，帮助游客解决旅途中的问题；对待游客要虚心、耐心、关照体贴入微；要尊重每一位游客，特别要尊重他们的宗教信仰、民族风俗和生活习惯；对游客要笑脸相迎、彬彬有礼、落落大方。

8. 团结协作、顾全大局

团结协作、顾全大局是正确处理各方面关系的行为准则，是集体主义原则在服务工作中的具体体现。旅游接待服务是由许多环节组成的综合性服务，每一个环节的服务质量如何，都会对整个接待服务产生影响。

导游服务虽是旅游接待服务中的一个环节，但该环节必须以旅游接待整体为重，以国家旅游业为重。导游人员在业务工作中要团结协作、顾全大局；要个人利益服从集体利益，局部利益服从整体利益，眼前利益服从长远利益；要发扬主人翁精神，在工作中与有关接待单位和人员密切配合、互相支持。

9. 优质服务、勤学向上

优质服务、勤学向上是衡量服务人员工作优劣、是否有进取心的一项最重要、最基本的标准，也是服务人员职业道德水准的最终体现。导游人员要端正服务态度，树立全心全意为游客服务的思想，在服务中尽心尽力、尽职尽责，对工作精益求精；要勤于学习、善于学习，不断提高自己的业务水平，学先进、赶先进，锲而不舍，不断进取。

小知识　中国旅游行业的核心价值观

"游客为本，服务至诚"作为旅游行业的核心价值观，是社会主义核心价值观在旅游行业的延伸和具体化，是旅游行业持续健康发展的精神指引和兴业之魂，也是对改革开放以来业已形成的旅游行业核心价值取向的高度提炼和概括。

一、"游客为本"的核心价值观

"游客为本"即一切旅游工作都要以游客需求作为最根本的出发点和落脚点，这是旅游行业赖以生存和发展的根本价值取向，解决的是"旅游发展为了谁"的理念问题。

"游客为本"是以人为本的科学发展观在旅游行业的生动体现。旅游业作为现代服务业的龙头，本身就是以为人服务为核心特点的行业。"游客为本"是行业属性使然，更是行业发展的基石。20世纪80年代，旅游业作为我国率先改革开放的行业之一，与国际先进的经营管理接轨，在与中国传统服务理念结合中，逐步形成了"顾客至上"等基本价值取向。当前，我国已经进入大众旅游的新阶段，旅游已经成为人民生活水平提高的重要指标，满足人民群众日益增长且不断变化的旅游需求成为旅游业发展的中心任务，以"游客为本"作为根本价值取向是旅游行业完成上述历史使命的必然。同时，旅游行业只有以游客为本，才能在满足游客需求的过程中，充分发挥改善民生、推动消费、带动就业、调整结构、促进和谐等产业和社会功能，实现行业自身的价值，获得相应的社会认可。

二、"服务至诚"的核心价值观

"服务至诚"即以最大限度的诚恳、诚信和真诚做好旅游服务工作,这是旅游行业服务社会的精神内核,是旅游从业人员应当树立的基本工作态度和应当遵守的根本行为准则,解决的是"旅游发展怎么做"的理念问题。"服务至诚"是旅游行业特性的集中概括,体现了对服务对象的承诺,展示了对自身工作的追求。"服务"是旅游行业的本质属性,"至诚"是人们道德修养追求的最高境界。

"游客为本"和"服务至诚"二者相辅相成,共同构成旅游行业核心价值观的有机整体。"游客为本"为"服务至诚"指明方向,"服务至诚"为"游客为本"提供支撑。二者完美地结合在一起,将指引旅游行业沿着国民经济的战略性支柱产业和人民群众更加满意的现代服务业两大战略目标更好地前进,并在这一过程中实现从业人员、游客、企业、社会等多方利益相关者的共赢。

五、导游人员的基本礼仪规范

导游人员是旅游业最具代表性的工作者,是旅游服务接待工作的支柱力量。导游人员是旅游从业人员中与游客接触最多、接触时间最长的人,给游客留下的印象也最为深刻。在游客心目中,导游人员往往是一个地区、一个民族乃至一个国家的形象代表。因此,导游人员在不断提高个人综合业务技能的同时,应自觉加强礼仪修养。一般而言,导游人员的基本礼仪要求包含以下三点。

1. 守时守信

遵守时间是导游人员应遵循的最为重要的礼仪规范。由于游客参观游览活动都是有一定的行程安排并有较强的时间约束,因此为了确保团队活动的顺利进行,导游人员必须尽早将每天的日程安排明白无误地告知给每位游客,并且随时提醒。同时,导游人员应按照规定的时间提前到达集会地点,按约定的时间与游客会面。如有特殊情况,必须耐心地向游客解释,以取得谅解。此外,导游人员还应该做到诚实守信,答应给游客办理的事情,必须尽力帮助处理并及时告知处理结果。

2. 尊重游客

导游人员在带团过程中,应尊重游客的宗教信仰、风俗习惯,特别注意他们的宗教习惯和禁忌。对游客应一视同仁,不厚此薄彼,但对于旅游团中的长者、女士、幼童及残疾游客等特殊人员应给予更多的关照,做到体贴有加而非同情、怜悯。对重要客人的接待服务应把握好分寸,做到不卑不亢。对随团的其他工作人员(如领队或全陪)也应给予应有的尊重,遇事多沟通,多主动听取意见,以礼待人。

3. 互敬互谅

导游工作只是整体旅游接待工作的一个组成部分。如果没有其他相关人员,尤其是随团的汽车司机、旅游景点、购物商场以及酒店等一系列为游客提供直接和间接服务的工作者的大力支持与通力合作,导游服务接待工作就无法圆满完成。因此,尊重每位旅游服务工作者,体谅他们的工作处境与困难,积极配合他们的工作,是做好导游服务工作的前提保障,也是导游人员良好礼仪素养的又一体现。

小贴士

表1-1是导游人员的形象礼仪要求。

表1-1 导游人员的形象礼仪要求

项目	要求	注意事项
服装	着装整洁、大方得体，穿着打扮要与时间、地点、场合相适应。迎送游客或其他正式场合，应着工作服或指定服装；一般游览场合，可着休闲装；要保持所穿服装的整洁	忌正式场合不着正装；服装不宜肮脏有污渍；忌领口、袖口肮脏；忌夏天男导游穿短裤、拖鞋，女导游穿短裙或穿丝袜露出袜沿；女导游带团时不宜穿高跟鞋
饰物	除手表、结婚戒指外，不佩戴其他饰物。室外佩戴墨镜时，要选择浅色墨镜，以让游客看清眼睛为宜	一般不宜佩戴耳环、手镯、脚链、别针等饰物，在室外带团时不宜戴深色墨镜
个人卫生	（1）头发需保持清洁和整齐，要经常洗头；男导游发髻不过耳朵，每天要刮胡须；女导游要束起长发或留短发 （2）保持手部清洁，指甲要经常修剪、清洗 （3）保持口腔清洁、无异味 （4）注意脚部卫生，选择舒适合脚的鞋子，并注意保持清洁	头发不宜油腻或有头皮屑，发型不宜过分前卫或怪异；不吃容易造成口腔异味的食物，不当着游客的面吃口香糖；不留长指甲，不涂指甲油
化妆	为保持面容光泽，女导游可施淡妆，但不要浓妆，不当众化妆或补妆；男导游应修短鼻毛，不蓄须	不宜浓妆艳抹，不宜当众化妆

六、导游人员的修养

修养是指人们在政治、思想、道德品质和知识技能等方面，经过长期锻炼和培养所达到的一定水平。一个好的导游要有高度的社会主义觉悟，树立远大理想；面对形形色色的精神污染，需要具有坚强的意志和自控防腐的自觉性；要有广博的知识并随时更新、不断充实，要具有严肃的治学态度和学无止境的精神；要不断提高自身的文化素养，以便在导游服务过程中传播文化和满足游客的精神享受。

导游人员应该从以下几个方面来加强自身的修养。

1. 情操修养

情操是以某一种或某类事物为中心的一种复杂的、有组织的情感倾向。导游人员的情操是以导游服务为中心而展开的对国家、集体、游客、个人的情感倾向。

2. 学风修养

人的知识需要不断充实、丰富，需要随时更新、扩展，以适应不断发展着的时代。导游工作是一项知识密集型的服务工作。导游人员不能只将导游工作看作谋生的手段，更应将其看成一种事业。要活到老，学到老，努力提高自己的学识，争取为游客提供更好的导游服务，使他们在精神方面获得一种美的享受。

3. 文化修养

文化修养的内涵丰富，知识、艺术鉴赏能力、兴趣爱好、审美情趣、礼节礼貌等都属文化修养的范畴。我国的导游人员要重视自我修养，要培养高尚的情趣和美好的情操，努力使自己成为一名举止端庄、谈吐文雅、严于律己、真诚待人的优秀导游，成为一名受游客欢迎的导游。

七、导游人员的行为规范

为了维护国家利益、维护祖国的尊严和中国导游队伍的荣誉，为了确保导游工作的顺利完成、发展我国的旅游事业，每个导游人员都必须有很强的法纪观念，时时处处遵纪守法。几十年来，在我国旅游界不仅形成了适合我国国情和导游工作特点的导游人员职业道德，也形成了一套导游人员的行为规范，即约束导游人员行为的纪律和守则。

1. 爱国爱社

忠于祖国，坚持"内外有别"的原则，严守国家机密，时时、事事以国家利益为重。带团旅游期间，不随身携带内部文件，不向游客谈及旅行社的内部事务及旅游费用。

2. 严格按规章制度办事

执行请示汇报制度，切忌我行我素。

3. 自觉遵纪守法

（1）严禁嫖娼、赌博、吸毒，不得索要或接受反动、黄色的书籍画报及音像制品。

（2）不套汇、炒汇，不扰乱我国的外汇市场；不以任何形式向海外游客兑换、索取外汇。

（3）不营私舞弊，不假公济私，不大吃大喝；不收取回扣，不与某些企业或个人合谋坑蒙、诈骗游客；不偷盗游客的财物。

（4）在游客、旅行社和其他旅游企业之间，导游人员必须采取中间立场，不得偏袒一方，不准联合一方反对另一方。

（5）不与游客进行不正当活动，不与他们保持不正常关系。

（6）不向游客索取小费和礼物，不准因游客不给小费而拒绝为他们服务，不暗示游客满足其个人要求。

（7）不从事或代理他人从事商业性活动。

（8）不胡言乱语，不开低级庸俗和政治性玩笑。

4. 自尊、自爱，不失人格、国格

（1）工作认真负责，不"游而不导"，不擅离职守，不懒散松懈，不本位主义，不推诿责任。

（2）关心游客，不态度冷漠，不敷衍了事，不在紧要关头临阵脱逃。

（3）不与游客过分亲近；不介入旅游团内部的矛盾和纠纷；不在游客之间搬弄是非；对待游客要一视同仁，不厚此薄彼。

（4）谦虚谨慎，自尊自爱；待人不卑不亢，不傲慢狂妄，不卑躬屈膝，不奴才相十足；不与游客吵架、打架。

5. 注意小节

（1）不随便单独去游客的房间，更不要单独去异性游客的房间。

(2) 不携带自己的亲友随旅游团活动。
(3) 不与同性外国旅游团领队同住一室。
(4) 不私自留用供应游客的物品。

本章实训任务

本章实训任务如表1-2所示。

表1-2 实训任务

实训项目	如何成为一名优秀的导游人员
实训要求	1. 熟悉导游人员的职责、从业素质 2. 掌握导游人员的服务礼仪规范
实训地点	教室或模拟导游实训室
实训材料	多媒体、规则卡片等资料
实训内容与步骤	一、实训准备 1. 学生分组。一组扮演观察员，一组扮演导游人员。 2. 人数安排：观察员3~5人；导游人员分三小组，每小组5~6人 二、实训开始 1. 观察员需要针对导游人员的职责要求，制作导游从业职责卡片、从业素质卡片、从业礼仪规范卡片作为三个回合的评判打分标准 2. 导游人员分组阐述导游人员的职业范围、从业素质要求和礼仪规范 3. 观察员分别打分，并最终公布每组成员相应的得分情况 三、实训考核、点评 指导老师点评，小组互评，总结任务要点。指出和纠正实训过程中存在的不足并强化学生对导游职业的正确认识

知识归纳

近几年来我国旅游业呈现出飞速发展的态势，相关旅游行业的从业人员数量也随之快速增长。导游服务是旅游接待服务中尤为重要的一个环节，为我国旅游业的健康快速发展发挥着巨大的作用。本章介绍了导游服务的相关知识，重点阐述了导游服务的内涵以及导游服务的性质、地位和作用，并对导游人员的职业道德规范和相关导游人员的基本职责进行了说明。通过本章的学习，学生应了解导游服务的概念、导游服务的产生和发展历史；熟悉导游服务的性质、地位与作用；掌握导游人员职业道德规范的基本内容；熟悉导游人员的定义、分类；掌握导游人员应具备的各种素质要求和职业道德规范。

案例解析

【案例一】某旅行社组织三国之旅，游客到达目的地后，顺利入住星级宾馆。当天晚上大家在餐厅用餐时，突然出现短时间停电。此时导游灵机一动，对游客说这是旅行社特意为大家准备的节目——烛光晚餐。游客后来得知，所谓的"烛光晚餐"是一次突发事件引出的意外礼物，于是纷纷给旅行社去信，感谢此次温馨之旅及导游的热忱服务。

【问题讨论】结合案例谈谈导游服务有哪些特点。

【分析参考】由于导游的机智使不利因素化为有利因素。由电灯照明变为无奈的蜡烛照明，本来有许多不便，但当引入了"烛光晚餐"这一概念后，就充满了浪漫、温馨，变为另一种格调的享受。可以说"烛光晚餐"的渲染比任何苍白的解释和诚挚的道歉都有利，平添了一份热情和幽默。当然，说"导游灵机一动"，称之为"旅行社特意为大家准备的节目"，多少有点文学色彩和编辑实例的痕迹，但确实能给我们以启示。

【案例二】刘敏是成都某旅行社的一名导游，此次带领一旅游团开展为期三天的赴延安——壶口瀑布的旅游接待任务。该团成员较特殊，他们都是第四军医大学1959级的毕业生，四十年前的校友刚在母校进行联谊活动。因游客年龄都偏大，在接团前，旅行社就一再叮嘱刘敏服务要细致。在整个旅游过程中，刘敏尽量做到细致入微，只是发生了一个小意外。旅游团共四辆车，在去壶口瀑布的途中，由于路不通，改走其他路线。但地陪不熟悉路线，有的车又先出发，因而在一个岔路口不得不停下来等其他车，这时游客表示不满，要求只等十分钟，十分钟后必须开车。此时气氛有点紧张，刘敏就主动为游客表演节目，缓和气氛，同时组织大家唱陕北民歌。过了大约半个小时，其他车也跟了上来，游客也没有表示责难。在后来的旅游活动中，刘敏主动搀扶游客，并为他们做了一些力所能及的事，博得了游客的好感，后来游客专门为旅行社送了一面锦旗。

【问题讨论】结合案例谈谈如果你是案例中的那位导游，你该如何处理这种突发情况。

【分析参考】这是导游凭借自己的人格魅力化解矛盾的过程。案例中的导游为缓和紧张气氛和矛盾冲突，"主动表演节目"，并组织大家唱陕北民歌，把枯燥的等待变成了愉快的联欢，结果当然是美好的。我们认为至少有两点是值得称道的：一是导游抓住了问题的症结所在。游客之所以不满，是因为旅游的疲劳，等待的枯燥和时间白白浪费在与旅游无关的无所事事之中。试想：一群人付钱给旅行社是为了追求一次美好的旅游经历，却因为非自己的原因被置于荒山野岭中，因此"游客不满"绝对是情理之中的事。抓住了症结，矛盾当然就迎刃而解了。二是导游恰当地摆正了自己的位置，认识到并履行了自己的职责，使自己成为全团的中心，应该说这个"节目主持人"是称职的。

复习思考

一、单项选择题

1. 下列选项中，不属于导游服务性质的是（　　）。
   A. 服务性　　　B. 经济性　　　C. 灵活性　　　D. 文化性
2. 导游服务的主体是（　　）。
   A. 信息资讯服务　B. 劳务服务　　C. 游客　　　　D. 导游人员
3. 有关"导游人员职业道德要求"表述不正确的是（　　）。
   A. 爱国爱企、自尊自强　　　　　B. 公私分明、诚实善良
   C. 合理而可能　　　　　　　　　D. 一视同仁、不卑不亢
4. 下面关于导游报名条件表述有误的是（　　）。
   A. 具有高级中学、中等专业学校或者以上学历

B. 遵守宪法，热爱祖国，坚持四项基本原则
C. 身体健康
D. 年满18周岁

5. 下面关于"全程陪同导游人员职责"表述不正确的是（　　）。
   A. 实施旅游接待计划　　　　B. 组织协调工作
   C. 维护安全、处理问题　　　D. 景区向导、讲解

6. 导游工作的服务性要求导游人员（　　）。
   A. 不卑不亢，一视同仁　　　B. 求同存异，实事求是
   C. 认清角色，摆正位置　　　D. 不计名利，乐于奉献

7. 下列选项中，不属于领队职责的是（　　）。
   A. 维护团队团结，处理团队事务　　B. 为游客提供讲解服务
   C. 协助游客办理通知手续　　　　　D. 维护游客生命、财产安全

8. _____的职责包括：做好各段游程之间的衔接工作，保证旅游活动的顺利进行。（　　）
   A. 地陪　　　B. 全陪　　　C. 海外领队　　　D. 景点导游

9. 对外国来华旅游团队而言，团队内部管理工作由_____负责。（　　）
   A. 领队　　　B. 全陪　　　C. 地陪　　　D. 景区导游

10. 导游工作禁忌表述不准确的是（　　）。
    A. 导游人员不宜与异性游客长时间在房间独处
    B. 导游讲解需要幽默和风趣，但不能以庸俗、粗俗的段子来体现幽默和风趣
    C. 导游人员可以携自己的亲友随团
    D. 导游人员带团时尽量不要饮酒

二、多项选择题

1. 口语导游是在游客参观游览过程中由导游人员提供的导游服务，包括（　　）。
   A. 讲解服务　B. 翻译服务　C. 旅行生活服务　D. 个性化服务

2. 导游服务是针对游客提供的专项服务，具有_____的特性。（　　）
   A. 服务性　　B. 经济性　　C. 文化性　　D. 涉外性

3. 导游工作的特点包括（　　）。
   A. 独立性强　B. 脑体高度结合　C. 工作辛苦　D. 跨文化性

4. 涉外带团时，导游人员应做到（　　）。
   A. 不卑不亢　B. 一视同仁　C. 求同存异
   D. 实事求是　E. 坚持"内外有别"

5. 对"内外有别"的带团要求表述准确的有（　　）。
   A. 不向外国游客谈论国家军事机密
   B. 不向外国游客谈论工农业生产机密
   C. 不带外国游客到未开发的地区参观
   D. 不带外国游客去军事禁区参观

6. 下面哪些学历的人可以报名参加全国导游人员资格考试？（　　）
   A. 小学学历　　　　　　　　B. 中等专业学校学历

C. 高中学历 　　　　　　　　D. 大专学历

E. 本科及以上学历

7. 领取导游证需要向旅游行政部门提交的材料有（　　）。

A. 《导游人员资格证书》及复印件

B. 与旅行社签订的劳动合同及复印件或者是在导游服务中心登记的证明文件及复印件

C. 身份证及复印件

D. 《申请导游证登记表》

E. 学历证明及复印件

8. 导游人员应该品德高尚说的是（　　）。

A. 热爱祖国　　B. 爱岗敬业　　C. 遵纪守法

D. 情操高尚　　E. 审美情趣高尚

9. 导游人员的工作能力包括（　　）。

A. 组织协调能力　B. 语言讲解能力　C. 带队领导能力

D. 独立应变能力　E. 知识能力

10. 下面关于"中国旅游行业的核心价值观"表述正确的有（　　）。

A. "游客为本"的核心价值观

B. "服务至诚"的核心价值观

C. "服务至诚"为"游客为本"指明方向

D. "游客为本"为"服务至诚"提供支撑

E. "游客为本"和"服务至诚"二者相辅相成

三、判断题

1. 导游只需保证合同标准的实施，对游客的额外需求可以不考虑。（　　）

2. 全程陪同导游在带团过程中只需要提供全程旅行服务就可以了。（　　）

3. 导游人员需要具备史地文化、美学、政策与法规以及心理学等众多知识才能带好一个旅游团队。（　　）

4. 维护游客合法权益的核心，是不折不扣地履行旅游合同，兑现对游客的承诺。（　　）

5. 外语导游不能接待中文团队，中文导游不能接待外语团队。（　　）

四、简答题

1. 怎样理解导游服务的内涵？结合自己的了解，谈谈你对导游工作的认识。

2. 托马斯·库克对世界旅游业的发展做出了哪些贡献？

3. 导游服务的文化性和经济性体现在哪些方面？

4. 如何理解导游服务的原则？

第二章

团队导游服务程序

学习目标

掌握地方陪同导游服务的各个程序与服务质量要求。
掌握全程陪同导游服务的各个程序与服务质量要求。
掌握出境旅游领队服务的各个程序与服务质量要求。
掌握旅游景区讲解服务的各个程序与服务质量要求。

实训要求

通过本章的实训任务,使学生掌握正确理解旅游接待计划单的信息,全面落实旅游团接待准备工作,了解和掌握接站服务流程,掌握致欢迎辞和首次途中导游词的内容,熟悉和掌握核对日程安排的内容以及送行服务流程。

本章知识要点

第一节 地方陪同导游服务程序

地方陪同导游服务程序是指地陪从接受旅行社下达的旅游团接待任务起,到旅游团离开本地并做完善后工作为止的工作程序。接待计划是组团旅行社委托各地方接待社组织落实旅游团活动的契约性安排,是导游人员了解旅游团基本情况和安排活动日程的主要依据。

一、服务准备

做好准备工作,是地陪提供良好服务的重要前提。地陪的准备工作应在接到旅行社分配的任务、领取了盖有旅行社印章的接待计划后立即开始。地陪须在上团前三天领取接待计划。地陪工作可谓千头万绪,考虑不周就可能出错,因此,地陪的准备工作应细致、周密、事必躬亲，准备工作可分为以下几个方面。

（一）熟悉团队

1. 熟悉团员情况

熟悉团队人数和性别比例，团员姓名、职业、学历，团员的收入和消费水平，团员的宗教信仰和特殊要求。

2. 熟悉团队特点

熟悉团队的名称、团号、代号、电脑序号，团员来自的国家和地区，团队性质，语种，接待标准，导游的姓名和联系方式。

3. 熟悉旅游接待计划

检查全程旅游线路是否妥当，了解团队旅行证件的办理情况，了解有无礼仪活动，熟悉交通情况，了解费用结算方式和操作程序。

4. 熟悉交通情况

熟悉团队来往交通工具的班次、时间和站点，交通票据的办理情况，对旅游包车应核对团队人数与车位等。

5. 了解费用结算的方式和操作程序

了解付款项目、标准及优惠办法等。

（二）落实接待事宜

地陪在旅游团抵达的前一天，应与有关部门或人员落实、检查旅游团的交通、食宿、行李运输等事宜。

1. 与合作旅行社联系

如有合作旅行社，应了解或通报该旅游团在行程安排方面的特殊要求、准确的抵达时间。

2. 联系车辆

与为该旅游团提供交通服务的车队或汽车公司联系，问清、核实司机的姓名、车号、联系电话；接大型旅游团时，车上应贴上编号或醒目的标记；确定与司机的接头地点并向其告知活动日程和具体时间。

3. 落实团队住房及用餐

地陪应熟悉该旅游团所住饭店的名称、位置、概况、服务设施和服务项目，如：距市中心的距离、附近有何购物娱乐场所、交通状况等；应核实该旅游团游客所住房间的数量、级别、是否含早餐等；应确认该旅游团日程表上安排的每次用餐情况。

4. 掌握联系电话

地陪应掌握旅行社各部门、餐厅、饭店、车队、剧场、购物商店的电话，旅游团其他导游、司机、行李员的电话，常用的旅游救急电话。

5. 落实行李运送服务

各旅行社是否配备行李车是根据旅游团的人数多少而定，地陪应了解本旅行社的具体规定。如该团是配有行李车的旅游团，地陪应了解落实为该团提供行李服务的车辆和人员，提前与之联络，使其了解该团抵达的时间、地点以及住哪一家饭店。

（三）物质准备

1. 个人文件

身份证、护照、签证、黄皮书、领队证或导游证（IC 卡）。

2. 团队文件

《团队运行计划表》、《游客意见表》、多份团队成员名单、出入境登记卡、行李申报单据。

3. 个人用品

个人衣物、自用的药物、导游书籍、照相设备。

4. 团队用品

导游旗、区域地图、喊话器、照明用具等。

（四）导游语言和知识准备

导游人员应根据旅游团的计划、性质和特点准备相应的知识。如：外语导游时的重点内容和外语专业词汇；带专业旅游团所需的专业知识和专有名词；新开放的游览点或特殊游览点的知识；对当前的热门话题、国内外重大新闻、游客可能感兴趣的话题等也应做好相应的知识准备。

（五）形象和心理准备

导游人员自身美不是个人行为，在宣传旅游目的地、传播中华文明方面起着重要作用，也有助于在游客心目中树立自身的良好形象。因此，地陪在上团前要做好仪容、仪表方面（即服饰、发型和化妆等）的准备。尤其是炎炎夏日，更要打扮得体。导游人员的着装要符合其身份，要方便导游服务工作，衣着要整洁、整齐、大方、自然，佩戴首饰要适度，不浓妆艳抹。

导游人员在接团前的心理准备主要有两个方面：一是准备面临艰苦复杂的工作。在做准备工作时，导游人员不仅要考虑到按正规的程序提供给游客热情的服务，还要有充分的思想准备考虑对特殊游客如何提供服务，以及在接待工作中发生问题和事故时如何去面对、去处理。二是准备承受抱怨和投诉。由于导游人员接待对象的复杂性，有时可能遇到下述情况：导游人员已尽其所能热情周到地为旅游团服务，但还会有一些游客挑剔、抱怨、指责导游人员的工作，甚至提出投诉。对于这种情况，导游人员也要有足够的心理准备，冷静、沉着地面对。只有对导游工作有着执着的爱，才会无怨无悔地为游客服务。

二、接站服务

接站是指地陪去机场、车站、码头迎接旅游团。接站服务在地陪服务程序中至关重要，因为这是地陪和游客的第一次直接接触。游客每到一地总有一种新的期待，接站服务是地陪的首次亮相，要给游客留下热情、干练的第一印象。这一阶段的工作直接影响着以后接待工作的质量。

（一）旅游团抵达前的业务准备

接团当天，地陪应提前到达旅行社，全面检查准备工作的落实情况。

1. 落实旅游团所乘交通工具抵达的准确时间

接团当天，地陪应在出发前 3 小时向机场（车站、码头）问讯处问清飞机（火车、轮船）到达的准确时间（一般情况下应在飞机抵达前的 2 小时，火车、轮船预定到达时间前 1 小时向问讯处询问），做到四核实：计划时间、票面时间、时刻表时间、问讯处时间。

2. 与司机商定出发时间

得知该旅游团所乘的交通工具到达的准确时间以后，地陪应与旅游车司机联系，与其商定出发时间，确保提前半小时抵达接站地点。

3. 与司机商定停车位置

赴接站地点途中，地陪应向司机介绍该旅游团的日程安排。如需要使用音响设备导游讲解，地陪应事先调试音量，以免发出噪声。到达机场（车站、码头）后应与司机商定旅游车停放的位置。

4. 再次核实旅游团所乘交通工具抵达的准确时间

地陪提前半小时抵达接站地点后，要马上到问讯处再次核实旅游团所乘飞机（火车、轮船）抵达的准确时间。

5. 与行李员联系

地陪应在旅游团出站前与行李员取得联系，告知其该团行李送往的地点。

6. 迎候旅游团

旅游团所乘交通工具抵达后，地陪应在旅游团出站前，持本社导游旗或接站牌站立在出站口醒目的位置热情迎接旅游团。接站牌上应写清团名、团号、领队或全陪姓名；接小型旅游团或无领队、无全陪的旅游团时，要写上游客的姓名、单位或客源地。地陪也可以从组团社的社旗、游客的人数或其他标志如游客所戴的旅游帽、所携带的旅行包等多方面认找，或上前委婉询问，主动认找旅游团。

（二）旅游团抵达后的服务

1. 认真核实防错接

找到旅游团后，为防止错接，地陪应及时与领队、全陪接洽，核实该团的客源地、组团社的名称、领队及全陪姓名、旅游团人数等。如该团无领队和全陪，地陪应逐一核对该团的姓名及客源地等，只有无任何出入才能确定是自己应接的旅游团。如因故出现人数增加或减少等与计划不符的情况，要及时通知旅行社有关部门。

2. 集中清点交行李

地陪应协助该团游客将行李集中放在指定位置，提醒游客检查自己的行李物品是否完整无损。与领队、全陪核对行李件数无误后，移交给行李员，双方办好交接手续。若有游客的行李未到或破损，地陪应协助其到机场登记处或其他有关部门办理行李丢失或赔偿申报手续。

3. 集合登车清点人数

地陪应提醒游客带齐手提行李和随身物品，引导游客前往登车处。游客上车时，地陪应恭候在车门旁，协助或搀扶游客上车就座。待游客坐稳后，地陪再检查一下游客放在行李架上的物品是否放稳，礼貌地清点人数，待游客到齐坐稳后请司机开车。地陪在旅游车上开始工作前，要将移动电话、寻呼机调至静音、振动功能上，无紧急事情不要在旅游车上打电话。

三、赴饭店途中的导游服务

在行车途中，地陪要做好以下几项工作，这是地陪给全旅游团留下良好第一印象的重要环节。

（一）致欢迎辞

欢迎辞的内容应视旅游团的性质及其成员的文化水平、职业、年龄及居住地区等情况而有所不同，一般应在游客放好物品、各自归位、静等片刻后，再开始讲。因为游客新到一地，对周围环境有新奇感，左顾右盼，精神不易集中，讲解效果不好。因此，地陪要掌握时机，等游客情绪稳定下来后，再讲解。欢迎辞要有激情、有特点、有新意、有吸引力，只有这样地陪才能很快把游客的注意力吸引到自己身上来，给其留下深刻印象。

小知识　　　　　　　　　　欢迎辞

欢迎辞一般应包括以下五方面的内容。
（1）问候语：各位来宾、各位朋友，大家好。
（2）欢迎语：代表所在旅行社、本人及司机欢迎游客光临本地。
（3）介绍语：介绍自己的姓名及所属旅行社，介绍司机。
（4）希望语：表示提供服务的诚挚愿望。
（5）祝愿语：预祝旅游愉快顺利。

范文：

各位游客大家好！

首先我代表我们四通旅行社的全体人员及我们的司机师傅对大家的到来表示热烈的欢迎，同时也感谢大家对我们旅行社的支持和信任。我叫刘晓虎，是四通旅行社的导游员，大家叫我小刘好了。坐在前方驾驶位置上的是我们的随队司机张师傅。张师傅的驾驶经验非常丰富，相信大家在乘车的途中一定会感到既舒适又安全。今天能担任本团的导游工作，能认识这么多的朋友，我感到很荣幸，如果大家在旅途中有什么困难和要求，请及时提出，我将竭尽全力地为您服务。也希望大家能积极地支持和配合我的工作。在这里我预祝大家旅途愉快，能够高兴而来，满意而归。

（二）说明事项

（1）说明当前乘车前往的地点、需要的大致时间。
（2）向境外游客介绍两国的时差，请其调整好时间。
（3）简要介绍旅游团在本地的行程及注意事项。

（三）介绍本地概况

一般视行车时间的多少来安排，主要介绍本地的地理气候特征、历史沿革、民俗风情、城市新貌和主要旅游景观等。

（四）介绍沿途风光

在介绍本地概况时，即可穿插讲解沿途风光，建议选择主要景观、标志性景观讲解。讲解的内容要简明扼要，语言节奏明快、清晰；景物取舍得当，随机应变，见人说人，见景说景，与游客的观赏同步。总之，沿途导游贵在灵活，地陪应把握时机、反应敏锐。

（五）介绍下榻的酒店概况

在旅游车快到下榻的酒店时，地陪应向游客介绍该团所住酒店的基本情况，如酒店的名称、位置、星级、规模、主要设施和设备及其使用方法、入住手续及注意事项（如赠品和非赠品的区别）等。

四、住店服务

地陪应使游客抵达酒店后尽快办理好入住手续，进住房间，取到行李。及时了解酒店的基本情况和住店注意事项，熟悉当天或第二天的活动安排。

（1）协助办理住宿手续。游客抵达酒店后，地陪要协助领队和全陪办理入住登记手续。

（2）请领队或全陪分发住房卡，宣布下一次集合（或用餐）的时间、地点以及活动内容。地陪要掌握领队、全陪和游客的房间号，并将与自己联系的办法如房间号（若地陪住在酒店）、电话号码等告知全陪和领队，以便有事时尽快联系。

（3）陪同客人到达客房时请客人检查饭店设施设备。

（4）正式参观游览前，地陪应抽出时间与领队、全陪核对并商定团队在本地游览的日程安排。

（5）叫早服务。领队或全陪通知游客，地陪则应通知酒店总服务台或楼层服务台。

五、陪同游客用餐和购物

（一）陪同用餐

地陪要提前按照旅行社的安排落实本旅游团当天的用餐，对午、晚餐的用餐地点、时间、人数、标准、特殊要求与供餐单位逐一核实并确认。用餐时，地陪应引导游客进餐厅入座，并介绍餐厅及其菜肴特色，向游客说明餐标是否含酒水及其酒水的类别。

餐间，请全陪或领队宣布当日或次日的活动安排和叫早时间。

用餐时地陪应主动巡视 1~2 次，回答游客在餐饮方面的疑问，了解游客对本地菜肴是否满意，监督餐厅提供的餐食应符合餐标。

（二）陪同购物

购物是游客旅游过程中的一个重要组成部分。游客总是喜欢购买一些当地的名特产品、旅游商品，将其送给自己的亲朋好友。游客购物的一个重要特点是随机性较大，因此，作为地陪要把握好游客的购物心理，做到恰到好处的宣传、推销本地的旅游商品，这既符合游客的购买意愿，也符合导游工作的要求。在带领旅游团购物时，地陪要做到：

（1）严格按照旅游合同规定的时间和次数安排旅游团到旅行社指定的商店购物。

（2）如实向游客介绍本地商品的特色及选购方法。

（3）提醒游客购买古玩和仿古艺术品时，要到正规文物商店购买，并保护好火漆印和发票。

（4）当境外游客要购买中药和中药制品时，要介绍大药店，并告知我国海关规定。

六、参观游览服务

参观游览过程中的地陪服务，应努力使旅游团（者）参观游览全过程安全顺利。应使游客详细了解参观游览对象的特色、历史背景及其他感兴趣的问题。

参观游览活动是旅游产品消费的主要内容，是游客期望的旅游活动的核心部分，也是导游服务工作的中心环节。因此，地陪在带团参观游览前应认真准备、精心安排；在参观游览过程中应热情服务、生动讲解。

（一）出发准备

提前 10 分钟到达集合地点，清点人数。若发现有游客未到，地陪应向全陪、领队或其他游客问明原因，并设法及时找到；若个别游客愿意留在酒店或不随团活动，地陪要问清情况并妥善安排，必要时报告酒店有关部门。

（二）途中导游服务

1. 重申当日活动安排

开车后，地陪要向游客重申当日活动安排，包括午、晚餐的时间、地点；向游客报告到达游览点所需的时间；视情况介绍当日国内外重要新闻。

2. 沿途风情、风光导游

这包括所经过的城镇、景观的历史沿革及品味、文化积淀、民族民俗风情、经济和产业动态资讯、旅游资源等基本情况和相关话题。根据窗外景点变化情况进行口语讲解。

3. 介绍游览景点

抵达景点前，地陪应向游客介绍该景点的概况，尤其是景点的历史价值和特色。讲解要简明扼要，目的是满足游客事先想了解有关知识的心理，激起其游览景点的欲望，也可节省到景点后的讲解时间。

4. 活跃气氛

如旅途长，地陪可以抛出一些游客感兴趣的国内外话题，或做主持人组织适当的娱乐活动来活跃气氛。

（三）地陪景区服务

（1）下车前，请领队或全陪通知游客在景区游览的时间、集合时间和地点、记住旅游车的车号和特征。

（2）购买门票。

（3）在景点示意图前，交代游览线路、强调注意事项，预防游客走失。

（4）景区导游讲解。地陪不能脱离团队，留意游客动向。

（四）返程服务

从景点、参观点返回酒店的途中，地陪不宜做太长时间的讲解，可视具体情况做以下工作。

（1）对已游览的景区进行总结性讲解或补充性讲解。

（2）回答游客疑问。

（3）对沿途风光进行简单介绍。

七、送站服务

旅游团结束本地参观游览活动后,地陪应使游客顺利、安全离站,遗留问题得到及时、妥善的处理。

送站服务是导游工作的尾声,地陪应善始善终,对接待过程中曾发生的不愉快的事情,应尽量做好弥补工作;要想方设法把自己的服务工作推向高潮,使整个旅游过程在游客心目中留下良好的印象。其中,要注意以下几点。

（1）送站前,旅行社将游客返程交通票据交地陪分发。

（2）向境外游客告知我国海关对行李物品出入境的限制额度以及航空公司、车船运输管理部门对游客行李托运和随身携带行李的相关规定。

（3）送站当日,地陪提前到达酒店办妥离店手续,随车送达机场或车站。

小知识

致欢送辞

欢送辞的内容主要包括以下六个方面。

（1）回顾行程。

（2）感谢语：对游客、领队、全陪及司机的合作分别表示谢意。

（3）惜别语：表达友谊和惜别之情。

（4）征求意见语：向游客诚恳地征询意见和建议。

（5）致歉语：对行程中有不尽如人意之处,请求原谅,并向游客赔礼道歉。

（6）祝愿语：期望再次相逢,表达美好的祝愿。

范文：

各位游客朋友：

我们的旅程到这就基本上结束了,小张也要跟大家说再见了。在这段快乐的时光里,咱们游览了山清水秀的×××景区,参观了雄伟壮观的×××景区。大家的热情给我留下了深刻的印象,同时,也希望我的服务能够给大家留下一丝美好的回忆。临别之际没什么送大家的,就送大家四个字吧。第一字是缘分的"缘",我们能够相识就是缘,百年修得同船渡,可以说我们是百年修得同车行。这次旅程也是百年修来的缘分啊,现在我们就要分开了,缘分却未尽。第二字就是财源的"源",也希望各位朋友在以后的日子里,财源如滔滔江水连绵不绝！第三字是原谅的"原",在这次几天的旅程中,小张有什么做得不周到的地方还请大家多多包涵、多多原谅,多提宝贵意见,让我以后的工作能做得更好。第四字是圆满的"圆",朋友们,我们的旅程到这儿就圆满结束了。预祝大家在以后的日子里工作好、家庭好、身体好、心情好、今天好、明天好、不好也好、好上加好！谢谢大家！

（4）提前到达机场（车站、码头）。地陪带旅游团到达机场（车站、码头）必须留出充裕的时间。具体要求是：出境航班提前2小时,国内航班提前90分钟,火车提前1小时,汽车提前半小时。旅游车到达机场（车站、码头）时,地陪要提醒游客带齐随身的行李物品,照顾游客下车。待全团游客下车后,地陪要再检查一下车内有无遗漏的物品。

（5）协助领队或全陪办理离站手续,移交相关票据,将游客送入隔离区后离开。

八、善后工作

旅游团结束在本地的游程离开后,地陪还应做好总结、善后工作。

(一) 处理遗留问题

下团后,地陪应妥善、认真地处理好旅游团的遗留问题。旅游团离开后,如果发现游客遗忘了某些物品应及时交回旅行社,设法尽快交还失主;如果游客曾委托地陪办理一些事情,应该向旅行社有关部门反映,尽快帮游客处理完毕。

(二) 结账

地陪应按旅行社的具体要求并在规定的时间内,填写清楚有关接待和财务结算表格,连同保留的各种单据、接待计划、活动日程表等按规定上交给有关人员并到财务部门结清账目。地陪下团后应将向旅行社借的某些物品,经检查无损后及时归还,办清手续。

(三) 总结工作

认真做好陪团小结,实事求是地汇报接团情况。涉及游客的意见和建议,力求引用原话,并注明游客的身份。

地陪应及时将《旅游服务质量意见反馈表》交到旅行社有关部门。此表对旅游活动中旅游服务的各方面都有一个比较客观的反映。旅行社各部门在接到此表时,会认真对待游客的评议。凡是针对地陪的表扬或意见,地陪应主动说明原因,反映客观情况,必要时写出书面材料。如果属于针对餐厅、饭店、车队等方面的意见,地陪也应主动说明真实情况,由旅行社有关部门向这些单位转达游客的意见或谢意。如果反映的问题比较严重、意见较大时,地陪应写出书面材料,内容要翔实,尽量引用原话,以便旅行社与有关部门和相关单位进行交涉。旅游接待中,若发生重大事故,地陪要将其整理成文字材料向旅行社和组团社汇报。

第二节 全程陪同导游服务程序

全程陪同导游服务程序和地方陪同导游服务程序的概念相似,它是指全陪自接受了旅行社下达的旅游团接待任务起至送走旅游团整个过程的工作程序。全陪服务是保证旅游团的各项活动按计划实施,旅行顺畅、安全的重要因素之一。全陪作为组团社的代表,应自始至终参与旅游团移动中各环节的衔接,监督接待计划的实施,协调领队、地陪、司机等旅游接待人员的协作关系。全陪应严格按照服务规范为游客提供各项服务。

一、准备工作

准备工作是做好全陪服务的重要环节之一。

(一) 熟悉接待计划

全陪在拿到旅行社下达的旅游团队接待计划书后,必须熟悉该团的相关情况,注意掌握该团重点游客的情况和该团的特点。

(1) 听取该团外联人员或旅行社领导对接待方面的要求及注意事项的介绍。

(2) 熟记旅游团名称、旅游团人数,了解旅游团成员的性别构成、年龄结构、宗教信仰、职业、居住地及生活习惯等。

（3）掌握旅游团的等级、餐饮标准，国内游客在饮食上有无禁忌和特别要求等情况。

（4）有无特殊安排，如是否有会见、座谈、特殊的文娱节目等。

（5）了解收费情况及付款方式，如团费、风味餐费、各地机场建设费等。

（6）掌握旅游团的行程计划、旅游团抵离旅游线路各站的时间、所乘交通工具的航班（车、船）次、交通票据是否订妥或是否需要确认等情况。

（二）物质准备

（1）陪团中所需旅行手续，如边防通行证（如去经济特区深圳、珠海需办理），带齐必要的证件，如身份证、导游资格证、胸卡等。

（2）必要的票据和物品，如旅游团接待计划书、分房表、旅游宣传资料、行李封条、旅行社徽记、全陪日记、名片等。

（3）算单据和费用，如拨款结算通知单或支票、现金，足够的旅费等。在这里，要强调全陪须慎重保管好所带的支票及现金。在旅行社，尤其是国内旅行社业务来往中，有时是采用现金支付的方法，全陪所带现金数额往往较大，如不加以妥善保管易发生意外，给自己和旅行社都会带来重大经济损失。

（4）回程机票，国内旅游团的回程机票若是由组团社出好并由全陪带上，全陪则需认真清点，并核对游客名字有无写错。

（三）知识准备

（1）根据旅游团的不同类型和实际需要准备相关知识。了解各旅游目的地的政治、经济、历史、文化、民俗风情和旅游点的大概情况，以应对游客的咨询；同时还应了解游客所在地的上述情况，以便能做相互比较，和游客做更多的沟通。

（2）沿途各站的相关知识。如果全陪对该团所经的各站不太熟悉，一定要提前准备好各站的基本知识，如主要景观、市容民情、风俗习惯等。

（四）与接待社联系

根据需要，全陪应在接团前一天与第一站接待社取得联系，互通情况，妥善安排好接待事宜。

二、首站接团服务

首站接团服务要使旅游团抵达后能立即得到热情友好的接待，让游客有宾至如归的感觉。

（一）迎接旅游团

（1）接团前，全陪应向旅行社了解本团接待工作的详细安排情况。

（2）接团当天，全陪应提前30分钟到接站地点迎接旅游团。

（3）接到旅游团后，全陪应与领队尽快核实有关情况，做好如下工作：问候全团游客；向领队做自我介绍（可交换名片）并核对实到人数，如有人数变化，与计划不符，应尽快与组团社联系。

（二）致欢迎辞

在首站，全陪应代表组团社和个人向旅游团致欢迎辞，内容应包括：表示欢迎、自我介绍、提供热情服务的真诚愿望、预祝旅行顺利等。

由于全陪在整个旅游过程中较少向游客讲解，所以要重视首站的介绍。致完欢迎辞后，全陪要向全团游客简明扼要地介绍行程，对于住宿、交通等方面的情况适当让游客有所了解；还要向游客说明行程中应该注意的问题和一些具体的要求，以求团队旅途顺利、愉快。这种介绍有利于加快游客对全陪的信任。

三、酒店内服务

旅游团进入所下榻的酒店后，全陪应尽快与地陪一起办好有关住店手续。

（1）分房。全陪和地陪一起到酒店总台领取房间钥匙，由领队分配住房；全陪要掌握旅游团成员所住的房号，并把自己的房号告诉全体成员。

（2）热情引导游客进入房间。

（3）处理入住后的问题。全陪要协助有关人员随时处理游客入住过程中可能出现的问题。遇有地陪在酒店无房的情况，全陪应负起照顾好全团游客的全责。

（4）掌握与地陪的联系方法。全陪应请地陪留下家庭电话和移动电话的号码，以便联络。

四、核对商定日程

全陪应分别与领队和地陪核对、商定日程，以免出现差错，造成误会和经济损失。日程一般以组团社的接待计划为依据；尽量避免大的改动；小的变动（如不需要增加费用、调换上下午的节目安排等）可随游客便；而对无法满足的要求，要详细解释。如遇到难以解决的问题（如领队提一些对计划有较大变动的提议，或全陪的计划与领队、地陪的计划不符等情况），应立即反馈给组团社，并使领队得到及时的答复。详细日程商定后，请领队向全团宣布。全陪同领队、地陪商定日程不仅是一种礼貌，也是十分必要的。

五、各站服务

各站服务工作是全陪工作的主要组成部分。全陪要通过这一项工作使旅游团的计划得以顺利全面的实施，使旅游团有一次愉快、难忘的经历和体验。

（一）联络工作

全陪要做好各站间的联络工作，架起联络沟通的桥梁。

（1）做好领队与地陪、游客与地陪之间的联络、协调工作。

（2）做好旅游线路上各站之间，特别是上、下站之间的联络工作。若实际行程和计划有出入时，全陪要及时通知下一站。

（3）抵达下一站后，全陪要主动把团队的有关信息，如前几站的活动情况、游客的个性等通报给地陪，以便地陪能采取更有效、主动的方法。

（二）监督与协助

在旅游过程中，全陪要正确处理好监督与协助这两者的关系。一方面，全陪和地陪的目标是一致的,都是希望通过自己的服务使游客获得一次美好的经历,让游客满意,并以此来树立自己旅行社的品牌。因此,从这方面来说,作为全陪,协助地陪做好服务工作是主要的。但是,全陪和地陪毕竟分别代表各自的旅行社,且全陪会更多地考虑游客的利益,因此,监督地陪以及其所在旅行社按旅游团协议书提供服务也是全陪必须要做的工作。所以,协助是首要的,监督是协助上的监督,两者相辅相成。

(1)在活动安排上,若下一站与上几站有明显重复,全陪应建议地陪做必要的调整。

(2)全陪若对当地的接待工作有意见和建议,要诚恳地向地陪提出,必要时向组团社汇报。

(三)旅行过程中的服务

1. 生活服务

生活服务的主要内容包括以下几点。

(1)出发、返回、上车、下车时,全陪要协助地陪清点人数,照顾年老体弱的游客上下车。

(2)游览过程中,全陪要留意游客的举动,防止游客走失和意外事件的发生,确保游客的人身和财产安全。

(3)按照"合理而可能"的原则,帮助游客解决旅行过程中的一些疑难问题。

(4)融洽气氛,使旅游团有强烈的团队精神。

2. 讲解服务和文娱活动

作为全陪,提供讲解服务固然不是最重要的,但适当的讲解仍是必要的。尤其是两站之间,在需要经历较长时间的旅行时,比如旅游团乘坐长途汽车、火车等交通工具,需要经历较长一段时间的旅行才能抵达目的地,这个时候全陪也要提供一定的讲解服务。其讲解内容则一定是游客感兴趣的。此外,为防止长途旅行时,团队气氛沉闷,全陪还要组织游客开展一些文娱活动,如唱歌、讲故事、讲笑话、玩游戏等。形式上力求丰富多彩,但要有吸引力,使游客能踊跃参与。

3. 为游客当好购物顾问

食、住、行、游、购、娱是旅游内容的重要组成部分。和地陪相比,全陪因自始至终和游客在一起,感情上会更融洽一些,也更能赢得游客的信任。因此,在很多方面(诸如购物等),游客会更多地向全陪咨询,请全陪拿主意。在这个时候,全陪一定要从游客的角度考虑,结合自己所掌握的旅游商品方面的知识,为游客着想,当好购物顾问。

六、离站、途中、抵站服务

(一)离站服务

每离开一地前,全陪都应为本站送站与下站接站的顺利衔接做好以下工作。

(1)提前提醒地陪落实离站的交通票据及核实准确时间。

(2)如离站时间因故发生变化,全陪要立即通知下一站接待社或请本站接待社通知,以防空接和漏接的发生。

(3)协助领队和地陪妥善办理离站事宜,向游客讲清托运行李的有关规定并提醒游客检查、带好相关证件。

（4）协助领队和地陪清点托运行李，妥善保存行李票。

（5）按规定与接待社办妥财务结账手续。

（6）如遇推迟起飞或取消等情况，全陪应协同机场人员和该站地陪安排好游客的食宿和交通事宜。

（二）途中服务

在向异地（下一站）转移途中，无论乘坐何种交通工具，全陪都应提醒游客注意人身和物品的安全，安排好旅途中的生活，努力使游客感到充实、轻松愉快。

（1）全陪必须熟悉各种交通工具的性能及交通部门的有关规定，如两站之间的行程距离、所需时间、途中经过的省份及城市等。

（2）由领队分发登记牌、车船票，并安排游客座位。

（3）组织旅游团顺利登机（车、船），全陪殿后。

（4）与交通部门工作人员（如飞机乘务员、列车乘务员等）搞好关系，争取他们的支持，共同做好旅途中的安全保卫工作、生活服务工作。

（5）做好旅途中的食、住、娱工作。如乘火车（或轮船），途中需要就餐时，上车（或轮船）后，全陪应尽快找餐车（或餐厅）负责人联系，按该团餐饮标准为游客订餐。如该团有餐饮方面的特殊要求或禁忌应提前向餐车（或餐厅）负责人说明。

（6）旅游团中若有晕机（车、船）的游客，全陪要给予特别关照。若有游客突发重病，全陪应立即采取措施，并争取司机、乘务人员的协助。

（7）做好与游客的沟通工作（如通过交谈联络感情等）。

（三）抵站服务

（1）所乘交通工具即将抵达下一站时，全陪应提醒游客整理带齐个人的随身物品，下机（车、船）时注意安全。

（2）下飞机（车、船）后，凭行李票领取行李，如发现游客行李丢失和损坏，全陪要立即与机场（车站、码头）有关部门联系，处理并做好游客的安抚工作。

（3）出港（出站）时，全陪应举社旗走在游客的前面，以便尽快与接该团的地陪取得联系。如出现无地陪迎接的现象，全陪应立即与接待社取得联系，告知具体情况。

（4）向地陪介绍本团领队和旅游团情况，并将该团计划外的有关要求转告地陪。

（5）组织游客登上旅游车，提醒其注意安全并负责清点人数。

七、末站服务

末站服务是全陪服务的最后环节，和地陪工作一样，全陪仍要一丝不苟，通过这最后的服务，加深游客对行程的良好印象。

（1）当旅行结束时，全陪要提醒游客带好自己的物品和证件。

（2）向领队和游客征求其对此次行程的意见和建议，并请其填写《团队服务质量反馈表》。

（3）致欢送辞，对领队、游客给予的合作和支持表示感谢并期望再次重逢。

八、善后工作

下团后，全陪应认真处理好旅游团的遗留问题。

（1）对团队遗留的重大、重要问题，要先请示旅行社有关领导后，再做处理。认真对待游客的委托，并依照规定办理。

（2）对团队的整个行程做总结。若有重大情况发生或有影响到旅行社以后团队操作的隐患问题，应及时向领导汇报。

（3）认真、按时填写《全陪日志》（表2–1）。

（4）及时归还向旅行社所借的钱物，按财务规定办理报销事宜。

全陪带团到祖国的大江南北参观游览，见识颇多，又同各种各样的领队、地陪打交道，每送走一个旅游团，应及时总结带团的经验体会，找出不足，这样才能不断提高导游服务的水平，不断完善自我。

小贴士

表2–1为《全陪日志》。

表2–1 全陪日志

单位/部门			团号		
全陪姓名			组团社		
领队姓名			国籍		
接待时间	年 月 日至	年 月 日	人数	（含 岁儿童 名）	
途经城市					
团内重要客人、特别情况及要求					
领队或游客的意见、建议和对旅游接待工作的评价					
该团发生问题和处理情况（意外事件、游客投诉、追加费用等）					
全陪意见和建议					
全陪对全过程服务的评价：			合格	不合格	
行程状况	顺利	较顺利	一般	不顺利	
客户评价	满意	较满意	一般	不满意	
服务质量	优秀	良好	一般	比较差	
全陪签字：		部门经理签字：		质管部门签字：	
日期		日期		日期	

第三节 出境旅游领队服务程序

一、准备工作

（一）行前业务准备

（1）护照/通行证与机票核对，包括中英文姓名、前往国家或地区等。

（2）机票与行程核对，包括国际段和国内段行程、日期、航班、转机间隔时间等。

（3）证件与名单表核对，各项一一对应，核对好实际出境旅游人数与《团队名单表》是否一致。

（4）证照内容核对，包括姓名、性别、签发地等是否一致，签证/签注是否与前往国/地区相符，签证的有效期、签证水印及签字等。

（二）出团所需品准备

检查出团所需品，包括：证件，机票，已办妥手续的《团队名单表》（一式四联），团队计划，发团通知书，国内外重要联系电话，客人房间分配表，游客胸牌、行李标签，旅行社社旗、胸牌、名片，领队日记（以后追责），旅行社服务质量跟踪表，导游领队带团情况反馈表，旅行包（核对该团是否提供），各国出入境卡，备用金，随身日用品（如闹钟、计算器、签字笔、剪刀、信封），（自己）常用药品（感冒药、镇痛剂、止泻药、胃肠药、消炎药、晕车药等），速查表（编号和签证号）。

二、做好团队行前说明会

根据出团通知书约定的时间召集本团队游客举行一次"出境旅游行前说明会"（以下简称"说明会"）。

（一）"说明会"的内容

（1）欢迎辞。"感谢大家对本旅行社的信任，选择参加我们的团队"。

（2）领队自我介绍。表明为大家服务的工作态度，并请大家对领队的工作予以配合和监督。同时介绍领队的职责和服务范围：协助游客出入境，配合并监督境外导游服务，协调游客与境外导游的关系，处理紧急事件等。

（3）对每位游客提出要求。注意统一行动，强化时间观念及相互之间的团结友爱。

（4）行程说明。按行程表统一介绍，但必须强调行程表上的游览顺序有可能因交通等原因发生变化。同时说明哪些活动属于额外付费项目，介绍额外付费活动并强调其特殊性，注意措辞及技巧。

（5）通知集合时间及地点。通常要比航班离港时刻提前2小时，在机场或港口指定位置集合；如乘火车或汽车，也要在发车时间1小时前到达指定位置集合（让游客重复）。

（6）对目的地的气候地理、生活习惯、风土人情做必要介绍。对境外接待标准略做说明（含酒店、用餐、用车等）。提醒游客准备衣物、常用药品等，自备洗漱用品和拖鞋（在境外最好不要用酒店提供的，因为收费）等。

（7）对购物安排做好事先说明和必要的铺垫。

（8）货币的携带与兑换。中国海关目前规定每位出国旅游人员携带不超过等值 5 000 美金外币现钞出境，无须申报。

（9）出入境卫生检疫方面的要求。

（10）人身安全。告诫游客在境外要注意安全，特别是在海滨或自由活动时。

（11）财物保管。告诫游客不要把财物、证件放在旅游车上，并向游客讲解在酒店客房如何保管贵重物品、如何使用酒店提供的保险箱，以及在旅途中托运行李时，如何保管贵重物品和易碎物品等基本旅游知识。

（12）出入国境时的注意事项。告知有关国家的法律和海关规定，说明过关程序及有关手续。

（13）告之游客如有开通国际漫游，出境后如何使用。

（二）"说明会"应落实的事项

（1）分房（男女比例和人数）。

（2）游客所缴纳费用的构成。

（3）是否有单项服务等特殊要求。

（4）是否有特殊餐饮要求。

三、办理中国出境手续

领队要再次向游客致欢迎辞，向游客介绍过关程序。办理中国出境手续时，领队要做到以下几点。

（1）比集合时间提前 5~10 分钟抵达。

（2）购买药盒，过卫生检疫。

（3）引导需购买航空保险的游客自行购买保险。

（4）引导需海关申报的游客至海关申报处申报。

（5）协助游客托运行李并办理登机手续（最好提前取下当日乘机联，小心不要多撕），统计托运行李数，务必清点准确，并保存好行李牌。

（6）按游客名单顺序集合、清点人数。

（7）将游客名单交给边检人员。让游客持护照/通行证按名单顺序排好，依次通过边检。提醒游客注意一米线，维持秩序，尊重现场工作人员。

（8）待最后一名游客通过后，边检自留一页，并在其他页加盖检验章后，领队应接过并保管，入境时会依此核查。

（9）过安检、候机、登机。

四、办理国外入境手续

到达或目的地后，办理有关入境手续，通常称为"过三关"，即：卫生检疫、证照查询、海关检查。通常，该国或地区的 E/D 卡（即出入境卡）及海关申报单可以在飞往该国的航班上取得。领队统一领取后分发给游客，并作填表指导。领队不得拒绝为游客代填表格（边检、海关、卫检、安检）。

下机后，领队领导游客至移民关卡，告知游客将填写完毕的 E/D 卡夹在护照签证页交于边检关员审验。提醒游客务必注意秩序，在规定距离外安静等候，礼貌通过。

如是团队签证，领队应先行收齐团队人员的护照和 E/D 卡，与团体签证（有时应持复印件换领原件）一同交于移民官审验并核对电脑记录。完成后，将护照按签证名单的顺序发还给游客，依次通过关卡。此时务必提醒游客妥善保管加盖有入境章的 E/D 卡剩下部分，因为出境时需要提供，如有遗失将会造成很大麻烦。

领队要查询行李到达的传输带号码，带领游客领取行李。如先于游客通过移民关卡，应回头照顾游客，并请已过关的游客协助取行李。必须提醒游客检查各自的行李，如有损毁、丢失必须立即通知机场工作人员，因为一旦离开机场，行李再有任何损失就只能由游客自行承担。

至海关检查处，如没有需申报的物品，直接递交海关申报单即可。但海关要求检查时，领队要请游客配合立即开箱受检，但可请求海关官员抽验数件予以通行方便，同时告诫其他游客切勿远离，因为国外机场庞大复杂，离散后寻找不易。如有需要申报的物品时，领队应引导游客至申报查验处，请海关官员查验。

领队将护照归还给游客手中（以免丢失负责）完毕后出关，带领游客与当地接待人员联络，上车并清点人数。如在公路上通过国界，则应将游客证件收齐，游客坐在位置上不动，请求移民单位派员上车检查，通常只核对人数，一般不检查行李。

五、安排境外旅游服务

团队到达旅游目的地后，领队应马上与地方接待社（以下简称地接社）导游进行接洽，清点行李与游客人数，与导游一起安排游客入住酒店。领队应向游客介绍酒店的服务设施和可能收费的项目，如何使用房间内部电话，领队或导游的房间号码和联络方式。新入住一处酒店后，领队必须随导游对房间进行查看。待安排妥当后，领队需及时与导游核对行程计划，商定游览计划和时刻表，必要时可拜访该旅行社的负责人，以示重视和友好。

在境外旅游期间，领队应尽量与导游、司机搞好关系，共同协作，把旅游活动安排好，让游客满意。如遇导游或司机提出无理要求，或者有侵犯游客利益的行为时，如随意增加收费景点、延长购物时间或增加购物次数、降低服务标准等，领队应按计划与导游交涉，维护游客的正当权益，必要时向地接社投诉并向国内组团社报告。

六、办理国外离境手续

通常都是先办登机和托运手续，由当地导游人员协助，保存好行李牌。分发登机牌时，领队应先告诉游客航班号、登机门、登机时间，叮嘱游客一定要在约定时间前赶到登机门。某些国家或地区的机场税另设，应告知游客首先出示机场税。

如是团队签证，游客首先应按照签证名单顺序排队，领队将签证交与移民官，让游客持护照、出境卡依次通过。

如非团队签证，领队只需指引游客至各"FOREIGN PASSPORT"处，持护照和出境卡分散过关即可。

在某些国家或地区，外国游客可以享受购物退税。如有此种情况，领队应事先了解退税程序，根据各地的不同要求，过关时协助游客办理退税（如澳洲要求游客在免税店购买的免税物品，必须封装完好，手提至海关查验并缴纳单据）。候机大厅内的免税店不在此列。

最后，按时登机。

七、办理中国入境手续

在飞往国内的航班上领队可以领取健康申明卡和入境卡，均为中文，领队可指导游客填写。其中，健康申明卡必须填写，如按团队名单入境，入境卡可不填。

下机后，首先上交健康申明卡。过后领队要求游客按照出境时的团队名单排队入境，并出示护照。领队持名单率先通过，并告知游客至何处领取行李，待全部游客通过后，领队收回加盖入境章的团队名单，交回公司。

如不按名单入境，游客需填写入境卡，自己持照通行，但应听从现场工作人员的指挥。

领取托运行李后，检查无损后过海关。如有需补税款的物品应主动申报。回程前，领队请注意告知每位游客，未经检疫的动植物、反动和淫秽物品等不得带入境。

八、回程时有关事务的处理

（1）《旅行社服务质量跟踪表》要收回。《领队日记》《导游领队带团情况反馈表》必须认真详细填写，酒店名称、每日餐厅名称、购物商店名称等相关情况也要填写。请注意，《旅行社服务质量跟踪表》应留给游客充足的填写时间。

（2）致欢送辞。感谢各位游客在旅途中的支持和配合，表达对接待过程中及自身服务上仍存在不足的歉意及改进的愿望，希望大家能再次选择本公司的旅游服务。如有需要，可以分发名片及交换联络方式。

（3）报账。回国后，领队应在三个工作日内报账，报账时应交回《旅行社服务质量跟踪表》《领队日记》《导游领队带团情况反馈表》《全陪日志》《发团通知书》及报销单据。

此外，如在带团过程中，遇到游客脱团或滞留不归的情况时，应立即通知当地地接社组织查找，并通知国内操作人员。若查找无果，领队应通知国内公司更改计划，向边防提供报告等，并尽量减少损失。同时配合当地旅行社，报告国外有关部门，按照要求填写报告，处理可能影响整个团队行程的团队签证、机票、团队名单等事宜。安抚其他游客的情绪，保证其他游客接下来的行程。如在带团过程中，遭遇突发事故，造成人员伤亡，领队在第一时间通知国内公司后应积极主动配合当地旅行社救助处理，向大使馆寻求紧急援助。做好伤员的救治，以及其他游客的安抚工作。

小贴士 **出境旅游常见案例解决办法**

1. 游客证件遗失怎么处理

先报警，并向警方索取"报警纸"（报警证明），以作证件丢失的证明。凭"报警纸"、旅行社提供的证明文件等证明资料，到当地的大使馆挂失护照，领取一个效力相当于护照的临时证件。大使馆将致电旅行社等机构，进一步核实丢失证件游客的资料，以便补发新的护照等。丢失证件的游客成功回国以后，可以向户口所在地的出入境办事处，申请补领新的护照。

2. 游客在返程后遗失行李如何处理以及预防

航空公司拖运的大件行李都是在转盘上拿取,由于数量多,很可能出现拿错或被盗、转机时行李不见了的情形。如果发现找不到行李时,首先不要慌乱,看看四周有没有类似的行李箱被误拿,若真的找不到了,赶紧找航站人员帮忙,拿着行李牌及机票向失物招领处登记。对于行李的描述越详细越好,若能指认出行李上有特殊的标签,可让寻找的人较易寻。可在行李上贴上醒目的贴纸或图画,以便寻找。若是易碎品,最好放在比较妥当的地方或者干脆不要放在行李内,因为有些航空公司对于易损、贵重或易腐物品,概不负赔偿责任。

3. 机场乘机手续常遇问题

违禁品:托运时乳液、水状物品必须托运,打火机和火柴不允许随身携带或托运。

现行规定注意:

(1) 携带自用的摄像机或带变焦镜头的照相机、笔记本电脑出国时,需在国内出境时向海关申报清楚,以免入境时引起征税上的麻烦。

(2) 飞机起飞前45分钟停止办理登机牌手续。

(3) 生果蔬菜、土壤、种子以及国家保护动物或植物严禁出入国境。

(4) 香烟每人限带200支,酒每人限带1瓶(访港游客每人限带香烟19支)。

(5) 交运行李内不得装有货币、珠宝、金银制品、票证、有价证券和其他贵重物品,现金、护照、证件等务必随身携带。

(6) 免费托运的行李重量不得超过20千克(各航空公司行李额规定有所不同),每件最大长度(三边之和)不得超过62英寸①。办理登机手续时,提前到的游客不要帮陌生人看管或携带行李,以免造成麻烦。

(7) 手提行李限一件。

4. 游客在游览过程中,发生意外伤害,如何向保险公司备案

(1) 告知公司领导及相关计调。

(2) 报案。拨打公司合作的保险公司电话(目前是中国人保)95518报案(特别提醒:需在案发后48小时以内),或者通知公司计调协助报案。

(3) 公司合作保险公司会传真一份《出险备案表》,需填写具体受伤情况。

(4) 如果是在景区出险,需保留景区出具的意外伤害证明。如果是在途中出险,需要提供就诊医院的病历、所花费用的收款收据或发票。

(5) 保险公司有免赔的规定。如果意外伤害比较小,在普通门诊就能看好,那么所花费用在保险公司赔付范围以外,不予赔付。

第四节　旅游景区讲解服务程序

一、旅游景区讲解员的基本素质

为保证旅游服务质量,讲解员应具备以下基本素质。

---

① 1英寸=2.54厘米。

（一）思想品德

(1) 时时注意维护国家和民族尊严。
(2) 努力学习掌握并模范遵守其他国家和地区的有关法律法规。
(3) 遵守社会公德，爱护公共财物。
(4) 尊重民族传统，尊重游客的风俗习惯和宗教信仰。
(5) 对待游客谦虚有礼、朴实大方、热情友好，尤其注意对老幼病残孕等弱势群体的关照，并且努力维护游客的合法权益。
(6) 热爱本职工作，忠于职守。
(7) 增强服务意识，不断提高自己的业务能力。
(8) 不得以暗示或其他方式引导游客为讲解员本人或相关群体非法谋取荣誉或物质利益。

（二）体质与基本从业能力

(1) 身体健康，无传染性疾病。
(2) 能够使用普通话（或民族语言，或外语）进行景区内容的讲解，有较强的语言表达能力（做到口齿清楚，发音准确，表达逻辑清楚，用语礼貌自然），并努力实现语言的适度生动。
(3) 具有相应的文化素养和较为广博的知识，并努力学习和把握与讲解内容有关的政治、经济、历史、地理、法律法规，熟悉相关的自然和人文知识，从而将其运用于讲解工作。
(4) 具有相应的应变能力和组织协调能力。

二、旅游景区讲解员的服务准备

（一）准备工作

1. 知识准备

(1) 熟悉并掌握本景区讲解内容所需的情况和知识（基于景区的差异，可分别包括自然科学知识，历史和文化遗产知识，建筑与园林艺术知识，宗教知识，文学、美术、音乐、戏曲、舞蹈知识等，以及必要时与国内外同类景区内容对比的文化知识）。
(2) 基于游客对讲解的时间长度、认知深度的不同要求，讲解员应对讲解内容做好两种或两种以上讲解方案的准备，以适应旅游团队或个体的不同需要。
(3) 预先了解游客所在地区或国家的宗教信仰、风俗习惯，了解游客的禁忌，以便能够实现礼貌待客。

2. 接待前的准备

(1) 接待游客前，讲解员要认真查阅、核实所接待团队或贵宾的接待计划及相关资料，熟悉该群体或个体的总体情况，如停留时间、游程安排、有无特殊要求等诸多细节，以使自己的讲解更有针对性。
(2) 对于临时接待的团队或散客，讲解员同样也应注意了解游客的有关情况，一般应包括游客主体的来源、职业、文化程度以及其停留时间、游程安排、有无特殊要求等，以便使自己的讲解更能符合游客的需要。

（二）上岗时的准备

(1) 佩戴好本景区讲解员的上岗标志。

(2) 如有需要，准备好无线传输讲解用品。

(3) 需要发放的相关资料。

(4) 接待团队时所需的票证。

(5) 对特殊需要的讲解内容或第一次讲解线路，事先踩点和准备。

（三）仪容仪表

(1) 着装整洁、得体；有着装要求的景区，也可以根据景区的要求穿着工作服或指定服装。

(2) 饰物佩戴及发型以景区的原则要求为准，女讲解员一般以淡妆为宜。

(3) 言谈举止应文明稳重，自然、不做作。

(4) 讲解活动中可适度使用肢体语言，但要力避无关的小动作。

(5) 接待游客要热情诚恳，并符合礼仪规范。

(6) 工作过程中始终做到情绪饱满，不抽烟或进食。

(7) 注意个人卫生。

（四）讲解语种

(1) 景区讲解，应以普通话为普遍使用的语言。

(2) 位于民族地区的景区，宜根据客源情况提供民族语言和普通话的双语讲解服务。

(3) 有条件的景区，宜根据客源情况提供多语种的讲解服务。

三、旅游景区讲解服务要求

（一）接待开始时的服务要求

(1) 代表本景区对游客表示欢迎。

(2) 介绍本人姓名及所属单位。

(3) 表达景区对提供服务的诚挚意愿。

(4) 了解游客的旅游需求。

(5) 表达希望游客对讲解工作给予支持配合的意愿。

(6) 预祝游客旅游愉快。

（二）游览前的讲解服务要求

(1) 应向游客介绍本景区的简要情况，尤其是景点的背景、价值和特色。

(2) 应向游客适度介绍本景区所在旅游地的自然、人文景观和风土人情等相关内容。

(3) 应提醒团队游客注意自己团队原定的游览计划安排，包括在景区停留的时间，主要游览路线，以及参观游览结束后集合的时间和地点。

(4) 应向游客说明游览过程中的注意事项，并提醒游客保管好自己的贵重物品。

(5) 游程中如需讲解人员陪同游客乘车或乘船游览，讲解人员应协助游客联系有关车辆或船只。

（三）游览中的讲解服务要求

1. 讲解内容的选取原则

（1）有关景区内容的讲解，应有景区一致的总体要求。

（2）内容的取舍应以科学性和真实性为原则。

（3）民间传说应有故事来源的历史传承，任何景区和个人均不得为了景区经营而随意编造。

（4）有关景区内容的讲解应力避同音异义词语造成的歧义。

（5）使用文言文时需注意游客对象；需要使用时，宜以大众化语言给以补充解释。

（6）对历史人物或事件，应充分尊重历史的原貌；如遇尚存争议的科学原理或人物、事件，则宜选用中性词语给以表达。

（7）讲解内容如是引据他人此前研究成果，应在解说中给以适度的说明，以利于游客今后的使用和知识产权的保护。

（8）景区管理部门应积极创造条件，邀请有关专家实现对讲解词框架和主体内容的科学审定。

2. 讲解导游的方法与技巧

（1）对景区的讲解要繁简适度，讲解语言应准确易懂，吐字应清晰并富有感染力。

（2）要努力做到讲解安排的活跃生动，做好讲解与引导游览的有机结合。

（3）要针对不同游客的需要，因人施讲，并对游客中的老幼病孕和其他弱势群体给予合理关照。

（4）在讲解过程中，讲解员应自始至终与游客在一起活动；注意随时清点人数，以防游客走失；注意游客的安全，随时做好安全提示，以防意外事故发生。

（5）要安排并控制好讲解时间，以免影响游客的原有行程。

（6）讲解活动要自始至终使用文明语言，回答问题要耐心、和气、诚恳，不冷落、顶撞或轰赶游客，不与游客发生争执或矛盾。

（7）如在讲解进程中发生意外情况，则应及时联络景区有关部门，以期尽快得到妥善处理或解决。

（四）与游客的沟通

（1）旅游讲解也是沟通，讲解员在讲解中应注意平等沟通的原则，注意游客与自己在对事物认知上的平等地位。

（2）在时间允许和个人能力所及的情况下，宜与游客有适度的问答互动。

（3）要意识到自己知识的盲点，虚心听取游客的不同意见和表达。

（4）对游客的批评和建议，应该礼貌地感谢，并视其必要性及时或在事后如实向景区有关部门反映。

（五）讲解活动结束时的服务要求

在讲解活动结束时，讲解员应做到以下几点。

（1）诚恳征求游客对本次讲解工作的意见和建议。

(2) 热情地向游客道别。

(3) 一般情况下,在游客离开之后方可离开。

在游客离开景区后,或当天工作结束前,讲解员应做到以下几点。

(1) 按照景区的规定,及时认真地填写《工作日志》或本单位规定的有关工作记录。

(2) 如有特殊情况,及时向景区有关方面如实反映。

四、乘车(乘船)游览的讲解服务要求

景区讲解如果是在乘车(乘船)游览时进行,讲解员应做到以下几点。

(1) 协助司机(或船员)安排游客入座。

(2) 在上车(船)、乘车(船)、下车(船)时提醒游客有关安全事项,提醒游客清点自己的行李物品,并对老幼病孕和其他弱势群体给予特别关照。

(3) 注意保持讲解内容与行车(行船)节奏的一致,讲解声音应设法让更多的游客都能听见。

(4) 努力做好与行车安全(或行船安全)的配合。

五、游客购物时的服务要求

游客如需购物时,讲解员应做到以下几点。

(1) 如实向游客介绍本地区、本景区的商品内容与特色。

(2) 如实向游客介绍本景区合法经营的购物场所。

(3) 不得强迫或变相强迫游客购物。

六、游客观看景区演出时的服务要求

如游客游程中原已包含有在景区内观看节目演出,则讲解员的服务应包括:

(1) 如实向游客介绍本景区演出的节目内容与特色。

(2) 按时组织游客入场,倡导游客文明观看节目。

(3) 在游客观看节目的过程中,讲解员应自始至终坚守岗位。

(4) 如个别游客因特殊原因需要中途退场,讲解员应设法给以妥善安排。

(5) 不得强迫或变相强迫游客增加需要另行付费的演出项目。

七、讲解活动中的安全要求

在景区的讲解活动中,应充分注意安全,讲解员应做到以下几点。

(1) 提前了解讲解当天的天气和景区道路情况,以期防患于未然。

(2) 讲解活动应避开景区中存在安全隐患的地区。

(3) 讲解中随时提醒游客注意安全(尤其是在游客有可能发生失足、碰头等地带)。

(4) 发生安全事故时要冷静、妥善对待,在积极帮助其他游客疏散的同时,要及时通知景区有关部门前来救助。

本章实训任务

实训任务如表 2-2~表 2-7 所示。

实训任务一：熟悉接待计划

表 2-2 熟悉接待计划

实训项目	熟悉接待计划
实训要求	1. 熟悉接待计划的格式、内容 2. 分析接待计划中的相关信息
实训地点	教室或模拟导游实训室
实训材料	多媒体、旅游接待计划单等资料
实训内容与步骤	一、实训准备 1. 制作旅游接待计划单 2. 学生分组，分发接待计划单 二、实训开始 认真阅读接待计划和有关资料，详细、准确地分析旅游团的接待服务信息 1. 组团社基本信息 2. 地接社基本信息 3. 旅游团成员信息 4. 团队接待信息 5. 旅游行程安排 三、实训考核、点评 指导老师点评，小组互评，总结任务要点并掌握如何准确分析旅游接待计划单的相关信息

实训任务二：落实旅游接待事宜

表 2-3 落实旅游接待事宜

实训项目	落实旅游接待事宜
实训要求	1. 了解和掌握旅游接待的各项准备工作 2. 熟悉和掌握落实旅游接待工作的方法
实训地点	教室或模拟导游实训室
实训材料	多媒体、模拟场景和旅游接待计划单等资料
实训内容与步骤	一、实训准备 1. 学生分组 2. 每组设定相关角色：地陪、司机、酒店总台工作人员、餐馆工作人员、景区工作人员 3. 准备旅游接待计划单、行程安排表等资料 二、实训开始 1. 掌握联系电话：制作有关旅游接待部门和人员的联系信息卡片 2. 落实旅行车辆：联系司机，确认司机姓名、电话，核实旅游车车型、车牌号；确认与司机接头的时间、地点，告知其日程；接待大型旅游团队时，要注意制作车辆的编号或醒目的标记 3. 落实住房：熟悉旅游团下榻的酒店概况，与酒店核实旅游团的住房数、级别、是否含早餐等，如有行李运输需要提前落实

续表

实训内容与步骤	4. 落实用餐：与餐厅确认该团日程表上安排的每一顿用餐情况，如日期、团号、人数、餐饮标准、有无特殊要求等 5. 落实景区景点参观安排 6. 落实娱乐、购物等安排 三、实训考核、点评 指导老师点评，小组互评，总结任务要点并掌握如何与相关旅游接待合作部分和人员沟通联系

实训任务三：接站服务

表 2-4　接待服务

实训项目	接站服务
实训要求	了解和掌握接站服务流程
实训地点	教室或模拟导游实训室
实训材料	接站牌、火车站、机场等模拟场景和导游旗或组团社徽标等资料
实训内容与步骤	一、实训准备 1. 学生分组，以小组成员为单位扮演导游与不同类型的旅游团 2. 制作接站牌、导游旗或组团社徽标 3. 接站牌的内容：团队名称、团号、领队或全陪姓名（小型团在无领队、全陪的情况下要写游客的姓名） 二、实训开始 1. 核对时间：核对计划时间、时刻表时间和实际到达时间 2. 联系司机：导游与旅游车司机取得联系，约定会合时间和地点，提前半小时抵达接站地点 3. 持接站牌等候：需注意持接站牌时的站立位置 4. 主动认找团队：由学生分组扮演几组不同团号的游客，团队资料由受测学生随机抽取；受测学生通过游客的衣着、组团社徽记等分析、判断并上前委婉询问，主动认找；问清团队的团号、组团社名称、领队及全陪或游客的姓名 5. 核实相关事宜：核实交通工具、组团社和接待社名称、全陪或领队姓名、联系方式、团队人数等 6. 集合登车：清点人数、清点行李、提醒游客带好随身物品、带领团队登车、再次清点人数、提醒游客再次检查各自的行李物品和重要证件 三、实训考核、点评 指导老师点评，小组互评，总结任务要点并掌握接站的方式和流程要求

实训任务四：致欢迎辞和首次途中导游

表 2-5　致欢迎辞和首次途中导游

实训项目	致欢迎辞和首次途中导游
实训要求	1. 掌握欢迎辞的主要内容，能够针对不同的旅游团队致欢迎辞 2. 掌握首次沿途导游的创作技巧，针对不同团队做好首次沿途导游，积极给游客树立良好的第一印象
实训地点	教室或模拟导游实训室

续表

实训材料	麦克风或话筒、导游旗
实训内容与步骤	一、实训准备 1. 学生分组,以小组成员为单位扮演导游与不同类型的旅游团 2. 创作欢迎辞和首次途中导游词 二、实训开始 欢迎辞 1. 要求保持正确的讲解仪表、仪态(微笑、站姿、话筒位置等) 2. 考核欢迎辞的内容 首次途中导游词 1. 介绍旅游行程:有重点地介绍本地旅游行程,突出地方特色 2. 沿途风光导游:讲解内容简明扼要,语言节奏要明快、清晰。景物取舍得当,随机应变,与游客的欣赏同步 3. 本地风情介绍:介绍游览地的概况、气候条件、人口、行政区划、社会生活、文化传统、土特产品、历史沿革、市容市貌、经济发展概况及沿途重要建筑和街道等情况 4. 介绍下榻酒店:酒店的名称、位置、距机场(车站、码头)的距离、星级、规模、入住手续等 三、实训考核、点评 指导老师点评,小组互评,总结任务要点并掌握欢迎辞和首次途中导游词的创作和讲解技巧

实训任务五:核对商定日程

表2-6 核对商定日程

实训项目	核对商定日程
实训要求	1. 熟悉导游服务集体商定日程时各自的职能 2. 掌握商定活动日程的程序和方法 3. 掌握处理各种日程变更的方法和技巧
实训地点	酒店实训室或教室
实训材料	组团社旅游计划单,地接社旅游行程单
实训内容与步骤	一、实训准备 1. 学生分组,分别扮演领队、全陪、地陪、游客代表 2. 熟悉旅游接待计划 3. 模拟旅游活动日程变更情形的任务 二、实训开始 设定三种常见的行程变更情形: 1. 组团社旅游计划单行程变更 2. 地接社旅游计划单自行改动 3. 游客代表团队成员希望变动部分行程安排 按照以上情形,扮演各角色的学生需注意处理行程变更的原则依据以及彼此间工作沟通的技巧 三、实训考核、点评 指导老师点评,小组互评,总结任务要点并掌握商定日程活动程序以及处理日程变更的原则和沟通技巧

实训任务六：送行服务

表 2-7 送行服务

实训项目	送行服务
实训要求	1. 熟悉和掌握欢送辞的创作和讲解技巧 2. 掌握送行服务的程序
实训地点	教室或导游模拟实训室
实训材料	旅游团意见征询表、旅游团（者）意见反馈表、导游旗
实训内容与步骤	一、实训准备 1. 学生分组，分别扮演领队、全陪、地陪、游客 2. 创作欢送辞 3. 制作旅游团意见征询表（全陪、领队填写）、旅游团（者）意见反馈表（游客填写） 二、实训开始 1. 酒店退房和集合登车：注意酒店退房的程序以及涉及个人消费问题的结算，清点人员和行李，处理酒店退房时的遗留问题 2. 致欢送辞：考核欢送辞的主要内容 3. 机场（车站、码头）送站流程：包括登机（车、船）服务流程、欢送地点等 三、实训考核、点评 指导老师点评，小组互评，总结任务要点并掌握送行服务的流程

知识归纳

在旅游接待过程中，由于导游类型的不同从而相应地产生不同的分工任务。本章主要介绍了不同类型导游的带团服务程序。通过本章的学习，学生应了解和掌握地方陪同导游服务的流程、全程陪同导游服务的流程，了解和熟悉出境游领队服务的流程、旅游景区讲解服务的流程。

案例解析

【案例一】小颜是个从事导游工作时间不长的小伙子，一次，旅游旺季的时候，他出任全陪，带一个26人的旅游团去黄山。依照计划，该团在黄山住××酒店，客房由黄山地接社代订。下了车，进了酒店，小颜把游客安顿在大厅后，就随地陪、领队去总台办理入住事宜。地陪刚报完团号，总台小姐就不好意思地说："对不起，今晚酒店客房非常紧张，原订的13间客房只能给11间客房，有4名游客只能加床入住，但明天就可以给13间客房。"山上酒店本就少，附近更没有其他酒店，而此时天色已晚，若下山找酒店，因索道已停开，也无可能。小颜是个急性子，这种情况又是第一次碰到，当确知酒店已不可能提供客房后，他转过身来对着站在自己后边的地陪，脱口说道："你们社怎么搞的，订客房能力那么差！"地陪也不是个好捏的软柿子，听了这话，起先还一愣，但马上针尖对麦芒地回了一句："有本事，你们社可以自订啊，何必委托我们订房呢！"说完，就离开了总台，赌气地在大厅沙发上坐了下来。领队看到小颜、地陪闹意见，也没多说什么，拿了11间客房的钥匙，把游客召集到一起，把情况和大家摊了牌，然后态度诚恳地说："各位，情况就是这样，希望大家能相互体谅。有愿睡加床的朋友请举手。"说完,领队自己先举起了手,跟着好几位游客都举起了手。就这样,领队轻而易举地解决了问题。

【问题讨论】结合案例谈谈地陪、全陪、领队在旅游团分房时各自的职责。

【分析参考】带团过程中,全陪、地陪、领队只有"协作共事",才能战胜困难,才能完成共同的任务。本案例中,因为组团社委托地接社订房,但结果酒店少给了两间客房,责任似乎在于地接社。但是,地接社作为组团社的合作伙伴恰恰是经过组团社认可的,地接社方面出了问题,难道作为"资格审定者"的组团社没有责任?小颜作为组团社方派出全陪难道仅仅是责怪、埋怨吗?正确的做法是:小颜应该和地陪、领队紧密配合,商量出问题的解决方法。应该说,领队的做法是给小颜和地陪上了一课。埋怨、赌气不但无济于事情的解决,反而会加剧双方的矛盾,这种做法是绝对不可取的。

【案例二】全陪小沈带的是由25位游客组成的大团,行程时间长达13天。第三天的行程下来后,小沈发觉有点不对劲。准备去吃晚餐的时候,坐在后面的一拨游客突然提出要去另外一家知名度较大的酒楼。再想想这三天的游览过程中,25位游客好像是三个旅游团似的:在旅行车上,三拨游客分别占据前、中、后的位置,绝不含混;下了车也是你一团、我一堆、他一伙,旅游团拉得很长;用餐时,你坐你的,我坐我的,他有他的位置。总之,这一拨游客与那一拨游客绝少交谈,形同路人。面对这种情况,小沈心里想:旅游团行程已好几天了,但游客仍然这样三三两两,长此以往,后面这样那样的事一定不会少,得想办法改善这种状况。但是这种情况小沈以前又没有碰到过,我虽然心里有想法,可又不知从何处着手去解决。

【问题讨论】结合案例,谈谈如何构建一支和谐的旅游团队。

【分析参考】本案例叙述的是一个旅游团中存在着数个"小团体"的情况。导游作为旅游团的管理者,作为旅游这出戏的"导演",一定要注意到这种情况的存在及演变,要及时地加以引导,使之往好的一方面发展,从而促使旅游团拥有和睦、友好的氛围。导游人员可以分三步走:第一步,了解小团体形成的原因,是来自同一单位、同一地区的,或者是相互之间在加入旅游团前就形成的等;第二步,找出几个"小团体"的核心人物,这些"小团体"的核心人物由于自身社会地位或经济地位等原因,往往身后有许多追随者,一呼百应,他们说话较有影响力;第三步,对症下药,采取适当的措施:从"小团体"的核心人物开始做工作,介绍他们相互认识,请求他们对自己工作的配合,然后设法提供让所有游客相互接触、认识的机会,如互换位置、全团游客自我介绍、举行文娱表演,等等。总之,作为导游,应该认识到旅游团的目标是要靠大家、靠旅游团中每一个人的齐心协力才能实现的。越是向心力强的旅游团,行程就越有吸引力,能给大家留下深刻的印象。

复习思考

一、单项选择题

1. _____是旅游计划的具体体现。(　　)

    A. 旅游合同　　　　　　　　B. 旅行社团队运行计划表

    C. 游客意见表　　　　　　　D. 旅游黄皮书

2. 下面对于导游人员熟悉接待计划应着重注意的问题表述不正确的是(　　)。

A. 检查全程旅游线路是否妥当　　　B. 了解团队旅行证件办理情况
C. 了解有无特殊身份的游客及特殊要求　D. 了解有无领导迎送、会见、宴请等活动

3. 地陪在接团时应按飞机抵达的预定时间提前_____到达机场。(　　)
   A. 20 分钟　　　B. 30 分钟　　　C. 60 分钟　　　D. 10 分钟

4. 地陪在接团后的初次讲解时，首先应当是(　　)。
   A. 说明事项　　B. 致欢迎辞　　C. 沿途讲解　　D. 概况介绍

5. 国内旅游团行程确定后，由_____告知全体游客。(　　)
   A. 团员代表　　B. 地陪　　　　C. 全陪　　　　D. 领队

6. 入境旅游团在办理酒店入住登记手续时，其房卡一般可由_____分发。(　　)
   A. 领队　　　　B. 全陪　　　　C. 地陪　　　　D. 行李员

7. 导游送乘坐国内航班出境的游客必须在飞机起飞前_____分钟到达机场。(　　)
   A. 120　　　　B. 90　　　　C. 60　　　　D. 45

8. 导游送乘坐国际航班出境的游客必须在飞机起飞前_____分钟到达机场。(　　)
   A. 120　　　　B. 90　　　　C. 60　　　　D. 45

9. 送外国旅游团出境时，地陪在_____可以离开机场。(　　)
   A. 旅游团所乘航班起飞后　　　　B. 旅游团办理登机手续时
   C. 与旅游团成员交接完行李、告别后　D. 旅游团进入隔离区后

10. 关于全陪在衔接工作中的表述不准确的是(　　)。
    A. 处理好司机、地陪和全陪等之间的沟通
    B. 做好游客与地陪的沟通工作
    C. 及时通报团队情况
    D. 做好游客与旅行社之间的沟通

二、多项选择题

1. 熟悉旅游团成员情况的内容包括(　　)。
   A. 团队人数　　B. 团队性别比例　C. 成员姓名　　D. 成员的职业和学历
   E. 成员收入和消费水平　　　　　F. 成员的宗教信仰及有无特殊要求

2. 导游人员熟悉旅游团团队特点应注意的内容有(　　)。
   A. 来自哪个国家或地区　　　　B. 团队性质
   C. 主要成员使用的语种　　　　D. 领队或全陪的姓名
   E. 其他导游人员的联系方式

3. 地陪的准备工作主要包括_____等内容。(　　)
   A. 落实接待事宜　B. 知识准备　C. 物质准备
   D. 心理准备　　　E. 形象准备

4. 地陪接站时的迎接工作主要包括(　　)。
   A. 认找旅游团　B. 介绍下榻酒店　C. 核实人数
   D. 集合登车　　E. 介绍自己和司机

5. 赴酒店过程中，导游初次讲解应主要以哪些内容为主？(　　)
   A. 致欢迎辞　　B. 本地概况介绍　C. 说明事项　　D. 讲解沿途景观

E. 介绍下榻酒店的概况
6. 欢迎辞的内容一般有（　　）。
　　A. 向游客问好
　　B. 介绍自己和司机
　　C. 代表接待社、自己及司机欢迎游客的到来
　　D. 大致的行程安排
　　E. 表明愿为大家服务的态度
7. 欢送辞一般包括（　　）。
　　A. 回顾行程　　　B. 表达惜别　　　C. 感谢并征求意见
　　D. 表达竭诚服务的态度　　　　　　E. 表达祝愿
8. 在团队接待过程中，全陪若发现地接社有违背合同内容或降低服务标准的现象，应采取的措施有（　　）。
　　A. 向地陪提出意见，督促对方改进并给予游客合理的补偿
　　B. 向组团社报告，请组团社与地接社协商解决
　　C. 告知游客，组织游客与地接社进行协商
　　D. 若地陪不愿改进，要求地接社更换导游
9. 全陪的服务类型有（　　）。
　　A. 陪同旅行社组织的海外旅华团队在国内跨省市旅游
　　B. 提供全程陪同游览和生活服务
　　C. 陪同旅行社组织的国内旅游团队到外埠旅游
　　D. 提供翻译讲解等服务
10. 出国说明会的工作有（　　）。
　　A. 旅行社领导向游客致谢并介绍领队
　　B. 领队致欢迎辞
　　C. 领队回答游客问题
　　D. 领队讲解行程大纲和旅行注意事项
　　E. 登记游客的特殊要求

三、判断题

1. 等游客进房后，地陪要委托全陪或领队通知全体游客用餐的时间和地点。（　　）
2. 旅游团到达本地后，地陪就要与领队、全陪一起商定日程安排。（　　）
3. 全陪或领队应提前通知游客离店的时间和行李收运时间。（　　）
4. 全陪应积极主动地协助领队办理旅游团的住店手续，并代替领队为游客分配住房。（　　）
5. 各国卫生检疫人员有权拒绝未携带《国际预防接种证明》的人员入境。（　　）

四、简答题

1. 地陪和全陪在接待工作中有哪些异同？
2. 接团前，全陪在熟悉接待计划时要注意哪些问题？
3. 出境游时领队如何开展出国前的说明会？

第三章

散客导游服务程序

学习目标

了解散客旅游的类型。
熟悉散客旅游的特点。
掌握散客导游服务的程序与质量要求。

实训要求

通过本章的实训任务，使学生了解和掌握散客接站的服务流程，熟悉和掌握散客入店的服务以及散客参观游览的服务流程和方法。

本章知识要点

第一节 散客旅游概述

一、散客旅游的概念

散客旅游又称自助或半自助旅游，它是由游客自行安排旅游行程，零星现付各项旅游费用的旅游形式。

散客旅游并不意味着全部旅游事务都由游客自己办理而完全不依靠旅行社。实际上，不少散客的旅游活动均借助了旅行社的帮助，如出游前的旅游咨询、交通票据和酒店客房的代订、委托旅行社派遣人员的途中接送、参加旅行社组织的菜单式旅游等。

小知识　　　　　　团队旅游与散客旅游的区别

1. 旅游方式

团队旅游的食、住、行、游、购、娱一般都是由旅行社或旅游服务中介机构提前安排而散客旅游则不同,其外出旅游的计划和旅游行程都是由游客自己来安排,当然,也不排除游客与旅行社产生各种各样的联系。

2. 人数多少

团队旅游一般是由10名以上的游客组成。而散客旅游以人数少为特点,一般由一个人或几个人组成,可以是单个的旅游者也可以是一个家庭,还可以是几个好友。

3. 服务内容

团队旅游有组织,按预定的行程、计划进行旅游。而散客旅游的随意性很强,变化多,服务项目不固定,而且自由度大。

4. 付款方式和价格

团队旅游是通过旅行社或旅游服务中介机构,采取支付综合包价的形式来进行,即全部或部分旅游服务费用由游客在出游前一次性支付。而散客旅游的付款方式有时是零星现付,即购买什么,购买多少,按零售价格当场现付。

由于团队旅游的人数多、购买量大,在价格上有一定的优惠。而散客旅游则是零星购买,相对而言数量较少,所以,散客旅游的服务项目的价格比团队旅游的服务项目的价格就相对贵一些。另外,每个服务项目散客都按零售价格支付,而团队旅游在某些服务项目(如机票、住房)上可以享受折扣或优惠,因而,相对较为便宜。

二、散客旅游服务的类型

(一)单项委托服务

单项委托服务是指旅行社为散客提供的各种按单项记价的可供选择的服务。

旅行社为散客提供的单项委托服务主要有:抵离接送,行李提取和托运,代订饭店,代租汽车,代订、代购、代确认交通票据,代办入境、出境、过境临时居住和旅游签证,代办国内旅游委托,提供导游服务,代向海关办理申报检验手续等。

小知识 **单项委托服务的类型**

单项委托服务分为受理散客来本地旅游的委托、代办散客赴外地旅游的委托和受礼散客在本地的各种单项服务委托。

1. 受理散客来本地旅游的委托

(1) 记录有关内容。

要记录散客的姓名、国籍、人数、性别、散客抵达本地的日期、所乘航班、车(船)次、接站导游语种、要求提供的服务项目和付款方式等。若是要求预订在本地出境的交通票据,还需记录散客护照上的英文或拉丁文姓名、护照或身份证号码、出生年月、所乘机、车、船的舱位或铺别,以及外地委托社的名称、通话人姓名与通话时间。

(2) 填写任务通知书。

任务通知书一式两份,一份留存备查,一份连同原件送经办人办理,若散客要求提供导游接待服务,应及时通知导游人员。

(3) 如果旅行社无法提供散客所委托的服务项目,应在24小时之内通知外地委托旅行社。

2. 代办散客赴外地旅游的委托

旅行社为散客代办赴外地旅游的委托需在其离开本地前三天受理，若代办当天或第二天赴外地的委托，需加收加急长途通信费。

代办赴外地旅游委托时，如散客在国外，旅行社散客部人员可告之到该国与其有业务关系的外国旅行社，通过该旅行社办理；如果散客在我国境内，也可直接到旅行社在有关饭店设立的门市柜台办理。

如果散客委托他人代办委托手续，受托人必须在办理委托时，出示散客的委托信函及受托人本人的身份证件，然后依照上述程序进行。

3. 受理散客在本地的各种单项服务委托

受理散客在本地的各种单项服务委托的运作，与代办散客赴外地旅游的委托程序相同。

（二）旅游咨询服务

旅游咨询服务是旅行社散客部人员向散客提供各种与旅游有关的信息和建议的服务。

> **小知识**　　　　　　　**旅游咨询服务的类型**
>
> 旅游咨询服务分为电话咨询服务、信函咨询服务和人员咨询服务。
>
> 1. 电话咨询服务
>
> 电话咨询服务是旅行社散客部人员通过电话回答散客关于旅行社散客旅游及其他旅游服务方面的问题，并向其推荐本旅行社有关旅游产品的建议。在进行电话咨询服务中，散客部人员应做到"尊重客人""主动推荐"。
>
> 2. 信函咨询服务
>
> 信函咨询服务是旅行社散客部人员以书信形式答复散客提出的有关散客旅游和旅行社旅游产品的各种问题，并提供各种旅游建议的服务方式。信函咨询服务的书面答复应做到语言准确、简练规范、字迹清楚。
>
> 3. 人员咨询服务
>
> 人员咨询服务是指旅行社散客部所设立的门市柜台人员接待前来进行旅游咨询的散客，回答散客提出的有关散客旅游方面的问题，并向其介绍、建议和推荐本旅行社散客旅游产品的服务。在向散客面对面地提供旅游咨询服务时，门市柜台接待人员应做到"热情接待""主动宣传""促其成交"。

（三）选择性旅游服务

选择性旅游服务是通过招徕，将赴同一旅行线路或地区或相同旅游景点的来自不同地方的游客组织起来，分别按单项价格计算的旅游形式。

选择性旅游的具体形式多样，主要有小包价旅游中的可选择部分；散客的市内游览、晚间文娱活动、风味品尝；到近郊或邻近城市旅游景点的短期游览参观活动，如"半日游""一日游""几日游"以及"购物游"等。

接待购买选择性旅游产品的游客，是旅行社散客旅游服务的另一个重要方面。为此，旅行社应重点做好及时采购和搞好接待两个方面的工作。

1. 及时采购

旅行社应及时、迅速地做好有关旅游服务的采购工作，即建立和完善包括饭店、餐厅、旅游景区景点、文化娱乐单位、交通运输部门、商店等企事业单位的服务采购网络，以确保游客预订的服务项目得以实现。此外，旅行社还应经常了解这些企事业单位的服务价格、优惠条件、预订政策、退订手续等情况及其变化，以便在保障游客服务供应的前提下，尽量降低产品成本，扩大采购选择余地，增加旅行社的经济效益。

2. 搞好接待

为接待好选择性旅游团队，旅行社应当为其配备经验比较丰富、独立工作能力较强的导游人员。在接待过程中，导游人员在组织好各项旅游活动的同时，应随时注意观察游客的动向，听取其反映和要求，在不违反对游客提供有关服务的承诺和不增加旅行社经济负担的前提下，对旅游活动的内容可做适当调整。

三、散客旅游的特点

1. 规模小

由于散客旅游多为游客本人单独出行或与朋友、家人结伴而行，因此同团体旅游相比，人数规模小。对旅行社而言，接待散客旅游的批量比接待团体旅游的批量要小得多。

2. 批次多

虽然散客旅游的规模小、批量小，但由于散客旅游发展迅速，采用散客旅游形式的游客人数大大超过团体旅游的人数，各国、各地都在积极发展散客旅游业务，为其发展提供了各种便利条件，散客旅游更得到长足的发展。旅行社在向散客提供旅游服务时，由于其批量小、总人数多的特征，从而形成了批次多的特点。

3. 要求多

散客旅游中，大量的公务和商务游客的旅行费用多由其所在的单位或公司全部或部分承担，所有他们在旅游过程中的许多交际应酬及其他活动，一般都要求旅行社为其安排，这种活动不仅消费水平较高，而且对服务的要求也较多。

4. 变化大

由于散客的旅游经验还有待完善，在出游前对旅游计划的安排缺乏周密细致的考虑，因而在旅游过程中常常需随时变更其旅游计划，导致更改或全部取消出发前向旅行社预定的服务项目，要求旅行社为其预订新的服务项目。

5. 预定期短

同团体旅游相比，散客旅游的预定期比较短。因为散客旅游要求旅行社提供的不是全套旅游服务，而是一项或几项服务，有时是在出发前临时提出的，有时是在旅行过程中遇到的，他们往往要求旅行社能够在较短的时间内安排好或办妥有关的旅行手续，从而对旅行社的工作效率提出了更高的要求。

四、散客导游服务的特点和要求

（一）散客导游服务的特点

虽然散客导游服务在内容和程序上与团队旅游有相同之处，但其自身的特点亦十分明显。

1. 服务项目少

由于散客导游服务的服务项目完全是散客个人自主选择而定,所以除散客包价旅游之外,其他形式的散客导游服务在服务项目上相对较少,有的只提供单项服务,如接站服务、送站服务。

2. 服务周期短

散客导游服务由于服务项目少,有的比较单一,因而同团队旅游相比,所需服务的时间较短,人员周转较快,同一导游在同一时期内接待的游客数量也较多。

3. 服务相对复杂

由于散客导游服务的服务周期短,周转时间快,导游人员每天、每时都将面对不同面孔、不同类型、不同性格的游客,与游客的沟通、对游客的适应时间都非常短,从而使得导游人员在进行导游服务时会比团队导游服务要相对复杂。

4. 游客自由度高

散客由于自主意识强,兴趣爱好各异,在接受导游服务时,一方面不愿导游人员过多地干扰其自由,另一方面又经常向导游人员提出一些要求,并且往往根据各自的喜好,向导游人员提出一些变动的要求,如提前结束旅游活动或推迟结束游览时间等。

(二)散客导游服务的要求

1. 接待服务效率高

散客旅游由于游客的自主意识强,往往要求导游人员有较强的时间观念,能够在较短的时间内为其提供快速、高效的服务。在接站、送站时,散客不仅要求导游人员要准时抵达接、送现场,而且也急于了解行程的距离和所需的时间,希望能够尽快抵达目的地,所以要求导游人员能迅速办理好各种相关手续。

2. 导游服务质量高

一般选择散客旅游的游客,往往旅游经验较为丰富,希望导游人员的讲解更能突出文化内涵和地方特色,能圆满回答他们提出的各种问题,以满足其个性化、多样化的需求。因此,导游人员在对散客服务时,要有充分的思想准备和知识准备,以便为游客提供高质量的导游服务。

3. 独立工作能力强

散客旅游没有领队和全陪,导游服务的各项工作均由导游人员一人承担,出现问题时,无论是哪方面的原因,导游人员都需要独自处理。所以,散客导游服务要求导游人员的独立工作能力强,能够独自处理导游活动中发生的一切问题。

4. 语言运用能力强

由于散客的情况比较复杂,他们中有不同国家或地区的、不同文化层次的、不同信仰的。在带领选择性旅游团时,导游人员进行讲解时,在语言运用上需综合考虑各种情况,使所有的游客均能从中获得受益,切忌偏重某一方。

第二节 散客旅游服务流程

散客旅游与团队旅游,在接待工作和接待程序上有许多相似的地方,但也有不同之处。

地陪不能全盘照搬团队旅游的导游服务程序,而应掌握散客服务的特点。

散客部导游人员随时都在办理接待散客的业务,按散客的具体要求提供办理单项委托服务的事宜。一般情况下,柜台工作人员先用电话通知散客部计调人员,请其按要求配备地陪和车辆,并填写《旅游委托书》(即接待计划),地陪按《旅游委托书》的内容进行准备。

一、接站服务

(一)服务准备

导游人员接受迎接散客的任务后,应认真做好迎接散客的准备工作,这是接待好散客的前提。

1. 认真阅读《旅游委托书》

导游人员应明确迎接的日期,航班(车、船)的抵达时间,散客的姓名、人数和下榻的酒店,有无航班(车、船)及人数的变更,提供哪些服务项目,是否与其他散客合乘一辆车至下榻的酒店等。

2. 做好出发前的准备

导游人员要准备好迎接散客的姓名或小包价旅游团的欢迎标志、地图,随身携带的导游证、胸卡、导游旗或接站牌;检查所需票证,如离港机(车、船)票、餐单、游览券等。

3. 联系交通工具

导游人员要与计调部或散客部确认司机姓名并与司机取得联系,约定出发的时间、地点,了解车型、车号。

(二)接站服务

接站时要使散客或小包价旅游团受到热情友好的接待,有宾至如归之感。

1. 提前到港等候

导游人员要提前抵达接站地点。若接的是乘飞机来的散客,导游人员应提前30分钟到达机场,在国际或国内进港隔离区门外等候;若接的是乘火车或轮船来的散客,导游人员也应提前30分钟抵达接站地点。

2. 迎接散客

接散客比接团队游客要困难,因为人数少,稍有疏忽,就会出现漏接。比如:散客自行到酒店或被别人接走。因此,在航班(火车、轮船)抵达时,导游人员和司机应站在不同的出口迎接散客。

如果没有接到应接的散客,导游人员应该:

(1)询问机场或车站工作人员,确认本次航班(火车、轮船)的乘客确已全部下车或在隔离区内,确已没有出港乘客。

(2)导游人员(如有可能与司机一起)在尽可能的范围内寻找(20~30分钟)。

(3)与散客下榻酒店联系,查询其是否已自行到酒店。

(4)若确实找不到应接的散客,导游人员应电话与计调人员联系并告知情况,进一步核实散客抵达的日期和航班(火车、轮船)及是否有变更的情况。

(5)当确定迎接无望时,导游人员需经计调部或散客部同意方可离开机场(车站、码头)。

(6) 对于未在机场（车站、码头）接到散客的导游人员来说，回到市区后，应前往散客下榻的酒店前台，确认散客是否已入住酒店。如果散客已入住酒店，必须主动与其联系，并表示歉意。

（三）沿途导游服务

在从机场（车站、码头）至下榻的酒店途中，导游人员对散客应像对团队游客一样进行沿途导游，介绍所在城市的概况、下榻酒店的地理位置和设施，以及沿途景物和有关注意事项等。对个体散客，沿途导游服务可采取对话的形式进行。

（四）入住酒店服务

入住酒店服务应使散客进入酒店后尽快完成住宿登记手续，导游人员应热情介绍酒店的服务项目及入住的有关注意事项，与散客确认日程安排与离店的有关事宜。

1. 帮助办理入住手续

散客抵达酒店后，导游人员应先帮助其办理酒店入住手续；然后按接待计划向散客明确说明酒店将为其提供的服务项目，并告知散客离店时要现付的费用和项目；再记下散客的房间号码；待散客的行李抵达酒店后，还应负责核对行李，并督促行李员将行李运送到散客的房间。

2. 确认日程安排

导游人员在帮助散客办理入住手续后，要与散客确认日程安排。当散客确认后，导游人员将填好的安排表、游览券及赴下站的飞机（火车、轮船）票交与散客，并让其签字确认。如散客参加大轿车游览，应将游览券、游览徽章交给散客，并详细说明各种票据的使用方法，集合时间、地点，以及大车的导游人员召集散客的方式，在何处等车、上车，等等相关事宜。对于有送机（车、船）服务项目的散客，导游人员要与其商定好离站的时间和送站安排。

3. 确认机票

若散客将乘飞机去下一站，而散客又不需要旅行社为其提供机票时，导游人员应叮嘱散客要提前预订和确认机座；如散客需要协助确认机座时，导游人员可告知其确认机票的电话号码；如散客愿意将机票交与导游人员帮助确认，而《旅游委托书》上又未注明需协助确认机票，导游人员可向散客收取确认费，并开具证明。导游人员帮助散客确认机票后，应向散客部或计调部报告确认后的航班号和离港时间，以便及时派人、派车，提供送机服务，并将收取的确认机票服务费交给旅行社。

4. 推销旅游服务项目

导游人员在迎接散客的过程中，应相机询问散客在本地停留期间还需要旅行社为其代办何种事项，并表示愿竭诚为其提供服务。

（五）后续工作

迎接散客完毕后，导游人员应及时将同《旅游委托书》有出入的信息及散客的特殊要求反馈给散客部或计调部。

二、参观游览服务

参加散客旅游的游客通常文化层次较高，而且有较丰富的旅游经验。因此，他们对服务的要求更高、更重视旅游产品的文化内涵，所以接待散客对导游人员的素质要求也比较高，其应有高度的责任感，多听散客的意见，做好组织协调工作。

在游览过程中，散客旅游因无领队、全陪，因此相互之间互无约束，集合很困难，导游人员更应尽心尽力，多做提醒工作，多提合理建议，努力使散客参观游览安全、顺利。

（一）出发前的准备

出发前，导游人员应做好有关的准备工作，如携带游览券、导游小旗、宣传材料、游览图册、导游证、胸卡、名片等，并与司机联系，约定好集合的时间、地点，督促司机做好有关的准备工作。

导游人员应提前15分钟抵达集合地点，引导散客上车。如是散客小包价旅游团，散客分住不同的酒店，导游人员应偕同司机驱车按时到各酒店接散客。散客到齐后，导游人员再驱车前往游览地点。根据接待计划的安排，导游人员必须按照规定的路线和景点率团进行游览。

（二）沿途导游服务

散客的沿途导游服务与旅游团队大同小异。如果导游人员接待的是临时组合起来的小包价旅游团，初次与散客见面时，应代表旅行社、司机向散客表示热烈的欢迎，表示愿竭诚为大家服务，希望大家予以合作，多提宝贵意见和建议，并祝大家旅途愉快、顺利！

导游人员除做好沿途导游之外，应特别向散客强调在游览景点过程中要注意安全。

（三）现场导游讲解

抵达游览景点后，导游人员应对景点的历史背景、特色等进行讲解，语言要生动，有声有色，引导散客参观。

如果是单个散客，导游人员可采用对话或问答形式进行讲解，更觉亲切自然。有些零星散客，有考察社会的兴趣，善于提出问题、讨论问题，导游人员要有所准备，多向散客介绍我国各方面的情况，从中了解散客的观点和意见。

如果是散客小包价旅游团，导游人员应陪同旅游团，边游览边讲解，随时回答散客的提问，并注意观察散客的动向和周围的情况，以防散客走失或发生意外事故。

游览结束后，导游人员要负责将散客分别送回各自下榻的酒店。

（四）其他服务

由于散客旅游的自由活动时间较多，导游人员应当好他们的参谋和顾问：可介绍或协助安排晚间娱乐活动，把可观赏的文艺演出、体育比赛、宾馆饭店的活动告诉散客，请其自由选择，但应引导他们去健康的娱乐场所。

（五）后续工作

散客多采用付现款的方式参加游览，因此，如果《旅游委托书》中注明需收现金，则导游人员应在收款后立即将现金上交旅行社财务部。

接待任务完成后，导游人员应及时将接待中的有关情况反馈给散客部或计调部，或填写《零散旅游者登记表》。

三、送站服务

散客在结束本地的参观游览活动后,导游人员应使其顺利、安全地离站。

(一)服务准备

1. 详细阅读《送站计划》

导游人员接收到《送站计划》后,应详细阅读,明确所送散客的姓名或散客小包价旅游团的人数、离开本地的日期、所乘航班(火车、轮船)以及下榻的酒店;有无航班(火车、轮船)与人数的变更;是否与其他散客或散客小包价旅游团合乘一辆车去机场(车站、码头)。

2. 做好送站准备

导游人员必须在送站前24小时与散客或散客小包价旅游团确认送站时间和地点。若散客不在房间,导游人员应留言并告知再次联络的时间,然后再联系、确认;要备好散客的机(车、船)票;同散客部或计调部确认与司机会合的时间、地点及车型、车号。

如散客乘国内航班离站,导游人员应掌握好时间,使散客提前90分钟到达机场;如散客乘国际航班离站,导游人员必须使散客提前2小时到达机场;如散客乘火车离站,导游人员应使散客提前40分钟到达车站。

(二)酒店接送散客

按照与散客约定的时间,导游人员必须提前20分钟到达散客下榻的酒店,协助散客办理离店手续、交还房间钥匙、付清账款、清点行李,提醒散客带齐随身物品,然后照顾散客上车、离店。

若导游人员到达散客下榻的酒店后,未找到要送站的散客,导游人员应到酒店前台了解散客是否已离店,并与司机共同寻找;若超过约定的时间20分钟仍未找到,应向散客部或计调部报告,请计调人员协助查询,并随时保持联系;当确认实在无法找到散客,经计调人员或有关负责人同意后,方可停止寻找,离开酒店。

若导游人员要送站的散客与住在其他饭店的散客合乘一辆车去机场(车站、码头),导游人员要严格按照约定的时间顺序抵达各酒店。

若合车运送散客的途中遇到严重交通堵塞或其他极特殊情况,需调整原约定的时间顺序和行车路线时,导游人员应及时打电话向散客部或计调部报告,请计调人员将时间上的变化通知尚未抵达的酒店的散客,或请其采取其他措施。

(三)送站工作

在送散客到机场(车站、码头)的途中,导游人员应向散客征求在本地停留期间或游览过程中的感受、意见和建议,并代表旅行社向散客表示感谢。

散客到达机场(车站、码头)后,导游人员应提醒和帮助散客带好行李和物品,协助其办理机场税。一般情况下,机场税由散客自付;但当《送站计划》上注明旅行社代为散客缴纳机场税时,导游人员应照计划办理,回去后再凭票报销。

导游人员在同散客告别前,应向机场人员确认航班是否准时起飞,若航班推迟起飞,应主动为散客提供力所能及的服务和帮助。

若确认航班准时起飞,导游人员应将散客送至隔离区入口处,同其告别,欢迎其下次再来。若有散客再次返回本地,导游人员要同散客约好返回等候的地点。散客若乘国内航班离站,导游人员要待飞机起飞后方可离开机场。

若送散客去火车站时,导游人员要安排好散客从规定的候车室上车入座,协助散客安顿好行李后,将车票交给散客,然后同其道别,欢迎再来。

(四)结束工作

由于散客经常有因临时增加旅游项目或其他变化的情况而需要导游人员向其收取各项费用的现象,因此,导游人员在完成接待任务后,应及时结清所有账目,并及时将有关情况反馈给散客部或计调部。

本章实训任务

实训任务如表 3-1~表 3-3 所示。

实训任务一:散客接站服务

表 3-1 散客接站服务

实训项目	散客接站服务
实训要求	熟悉和掌握散客接站的服务流程
实训地点	教室或模拟导游实训室
实训材料	多媒体、导游旗、接站牌等材料
实训内容与步骤	一、实训准备 1. 制作旅游接待计划单 2. 学生分组,分别扮演导游、散客、司机等相关角色 二、实训开始 1. 认真阅读《旅游接待计划》,提前与司机联系,沟通接站的时间、地点等信息 2. 导游手持接站牌认找散客(设定导游处理个别游客没出现的突发情况) 3. 致欢迎辞 三、实训考核、点评 指导老师点评,小组互评,总结任务要点,并掌握散客团接站的特点和服务流程

实训任务二:入住酒店服务

表 3-2 入住酒店服务

实训项目	入住酒店服务
实训要求	熟悉和掌握散客入住酒店的服务流程
实训地点	教室或酒店模拟实训室
实训材料	多媒体等
实训内容与步骤	一、实训准备 学生分组,分别扮演导游、散客、酒店总台接待员、行李员等相关角色

续表

实训内容与步骤	二、实训开始 1. 帮助办理入住手续：帮助散客办理酒店入住手续、向散客明确说明酒店将为其提供的服务项目、记下散客的房间号码、负责核对行李并督促行李员将行李运送到散客的房间 2. 确认日程安排：与散客确认日程安排 3. 推销旅游服务项目：询问散客在本地停留期间还需要旅行社为其代办何种事项，并表示愿竭诚为其提供服务 三、实训考核、点评 指导老师点评，小组互评，总结任务要点并掌握散客团入住酒店的服务流程

实训任务三：参观游览服务

表3-3 参观游览服务

实训项目	参观游览服务
实训要求	熟悉和掌握散客的参观游览服务流程
实训地点	教室或导游模拟实训室
实训材料	多媒体等
实训内容与步骤	一、实训准备 学生分组，分别扮演导游、不同类型的散客 二、实训开始 1. 沿途讲解 2. 景点现场导游讲解 （1）单个旅游者：导游人员可采用对话或问答形式进行讲解 （2）散客小包价旅游团：导游人员应陪同旅游团，边游览边讲解，随时回答旅游者的提问 3. 其他推荐服务：介绍或协助安排晚间娱乐活动，把可观赏的文艺演出、体育比赛、宾馆酒店的活动告诉旅游者，请其自由选择 三、实训考核、点评 指导老师点评，小组互评，总结任务要点并掌握散客讲解服务的技巧

知识归纳

近年来我国旅游业快速发展，旅游消费的人数激增，其中散客旅游的增长更为明显，因此，了解散客旅游的特征、熟悉散客服务的特点，也成为导游人员必须掌握的课程。本章主要介绍了散客旅游的接待要点，重点阐述了散客旅游的类型、特点，以及散客导游服务的流程、接待方法和技巧。通过本章的学习，学生可了解散客旅游的类型和特点，熟悉散客导游服务的特点，掌握散客导游服务的程序与质量要求。

案例解析

【案例】地陪王小姐在陪同一对老年夫妇游览故宫时工作认真负责，在两个半小时内向其详细讲解了午门、三大殿、乾清宫和珍宝馆。这对老夫妇提出了一些有关故宫的问题，王小姐说："时间很紧，现在先游览，回酒店后我一定详细回答你的问题。"老夫妇建议她休息，她都谢绝了。虽然很累，但她很高兴，认为自己出色地完成了导游讲解的任务。然而，出乎她意料的是那对老夫妇不仅没表扬她，反而写信给旅行社，投诉了她。她很委屈，但领导了解情况后说，老夫妇批评得对。

【问题讨论】为什么说老夫妇批评得对？应该怎样接待老年散客？

【分析参考】老年夫妇的批评很有道理。

（1）很显然，王小姐不了解老年散客的兴趣爱好、体力和心情，让他们做了一次疲劳的游览。

（2）老夫妇看似是在劝王小姐休息，实际上是他们累了，很想休息一会儿，可惜王小姐不理解。

（3）王小姐不应该不在现场回答他们关于故宫的问题，也不应让老夫妇在短时间内游览那么多景点。

接待老年散客的正确做法应该是：

（1）对游览线路，导游人员要提出建议，做好顾问，但应由老年散客选择，不能勉强其接受导游人员的安排。

（2）对老年散客，一定要注意劳逸结合，他们提出要休息，就应找地方休息，有时还要建议他们休息，绝不能强拉其去游览。

（3）对景点做必要的介绍后，导游人员的讲解应以对话、讨论形式为主。

（4）一般情况下，导游人员要在现场回答游客提出的与景点相关的问题。

复习思考

一、单项选择题

1. 散客旅游与团队旅游相比，最明显的特点是（　　）。
   A. 批量小　　　　B. 批次多　　　　C. 预定期短　　　　D. 变化多

2. 散客旅游与团队旅游相比，最大的区别是（　　）。
   A. 批量小　　　　B. 批次多　　　　C. 预定期短　　　　D. 变化多

3. 抵离接送、行李提取和托运、代订饭店等服务属于（　　）。
   A. 单项委托服务　　　　　　　　B. 选择性旅游服务
   C. 团队旅游服务　　　　　　　　D. 旅游咨询服务

4. 旅游咨询服务可以分为电话咨询服务、信函咨询服务、人员咨询服务和（　　）。
   A. 见面咨询　　　B. 网络咨询　　　C. QQ 咨询　　　D. 门店咨询

5. 安排散客的市区游览、晚间文娱活动以及风味品尝等活动属于（　　）。
   A. 单项委托服务　　　　　　　　B. 旅游咨询服务
   C. 选择性旅游服务　　　　　　　D. 散客旅游服务

6. 选择性旅游按照旅游产品形态又称为（　　）。
   A. 组合旅游　　　B. 小包价旅游　　　C. 零包价旅游　　　D. 单项服务

7. 下列不属于散客导游服务主要部分的是（　　）。
   A. 接站服务　　　B. 入住酒店服务　C. 参观游览服务　D. 送站服务
8. 导游人员若迎接的是乘飞机来华旅游的游客，应提前＿＿＿＿分钟到达机场。（　　）
   A. 10　　　　　　B. 20　　　　　　C. 30　　　　　　D. 60
9. 导游人员若迎接的是乘火车来的游客，应提前＿＿＿＿分钟到达车站站台等候。（　　）
   A. 10　　　　　　B. 20　　　　　　C. 30　　　　　　D. 60
10. 如果导游人员在机场未接到应接的散客或小包价旅游团，并确认乘客已经全部出港，应当与司机在尽可能的范围内至少寻找（　　）。
    A. 10分钟　　　　B. 20分钟　　　　C. 30分钟　　　　D. 60分钟

二、多项选择题

1. ＿＿＿＿是比较典型的散客旅游方式。（　　）
   A. 自由行　　　　B. 自助行　　　　C. 组合旅游　　　D. 包价旅游
2. 散客旅游与团队旅游相比，主要的不同在于（　　）。
   A. 散客旅游的旅游行程由散客自行安排和计划
   B. 团队旅游的旅游行程多由旅行社或旅游服务中介机构来安排
   C. 散客旅游的付费方式是零星现付，团队旅游多采用包价的方式
   D. 散客旅游的旅游项目价格相对较贵，团队旅游相对较为便宜
   E. 散客旅游的预定期比较短
3. 与散客旅游相比，团队旅游（　　）。
   A. 价格相对便宜　B. 批次少　　　　C. 自由度小　　　D. 选择性强
4. 散客旅游的特点有（　　）。
   A. 散客自行计划和安排旅游行程
   B. 由旅行社或其他导游服务中介机构计划和安排行程
   C. 采取一次性预付团费的报价旅游
   D. 采用零星先付方式
   E. 价格优惠
5. 为了提高散客服务的质量、接待更多的散客，旅行社应（　　）。
   A. 增加旅游产品的文化含量　　　B. 尽量降低旅游价格
   C. 建立高效的电脑网络预定系统　D. 建立广泛、高效、优质的旅游服务供应网络
   E. 严格按照散客旅游导游服务程序接待
6. 与接待团队旅游相比，接待散客旅游具有批量小、批次多和＿＿＿＿等特点。（　　）
   A. 预定期短　　　B. 变化多　　　　C. 零星现付　　　D. 价格相对较贵
   E. 自由度大
7. 下列关于散客旅游说法正确的是（　　）。
   A. 由散客自行安排旅游行程
   B. 具有批量多、批次小的特点
   C. 旅游项目的收费相对团队旅游要贵一些
   D. 包括自助游或半自助游

E. 与团队旅游相比，散客旅游的预定期比较长
8. 散客导游服务就是旅行社按照散客的要求提供各项导游服务，主要有（　　）。
   A. 门市单项委托服务　　　　　　B. 旅游咨询服务
   C. 选择性旅游　　　D. 定制旅游　　　E. 导游服务
9. 单项委托服务可以分为（　　）。
   A. 受理散客来本地旅游的委托
   B. 办理散客赴外地旅游的委托
   C. 受理散客在本地和各种单项服务委托
   D. 办理散客所有单项服务的委托
10. 旅游咨询服务主要提供的咨询内容有（　　）。
    A. 旅游交通　　　B. 酒店住宿　　　C. 餐饮设施　　　D. 旅游景点
    E. 各种旅游产品的价格

三、判断题

1. 散客旅游又称小包价旅游，它是由游客自行安排旅游行程，零星现付各项旅游费用的旅游形式。（　　）
2. 与团队旅游相比，散客旅游具有形式灵活、明码标价、自由度大、选择性强的特点。（　　）
3. 散客旅游的发展是旅游市场成熟的标志。（　　）
4. 散客旅游与团队旅游相比，具有批量大、批次少的特点。（　　）
5. 定制旅游可以是全包价或小包价，能比常规线路更好地满足有较高服务需求的游客，其利润也较高。（　　）

四、简答题

1. 散客旅游和团队旅游有哪些区别？
2. 简述散客导游服务的特点。
3. 散客旅游服务流程有哪些程序？
4. 在接散客时，导游人员如果没有接到散客应如何处理？
5. 在给散客讲解时，导游人员应采取何种形式？

第四章

游客个别要求的处理

学习目标

掌握游客个别要求的处理原则。
掌握游客在住房、餐饮、娱乐、购物等方面个别要求的处理办法。
掌握游客要求自由活动、亲友随团活动、转递物品和信件、中途退团或延长旅游期限的处理办法。

实训要求

通过本章的实训任务,使学生掌握游客在餐饮方面有特殊要求的处理办法,了解和熟悉游客在住宿方面有特殊要求的处理办法,掌握游客在娱乐方面有特殊要求的处理办法,掌握游客在购物方面有特殊要求的处理办法,掌握游客探视亲友及亲友随团的处理办法,掌握游客中途退团的处理办法,掌握游客延长旅游期限的处理办法。

本章知识要点

第一节 处理游客个别要求的基本原则

游客的个别要求是指参加团体旅游的游客提出的各种计划外的特殊要求。面对游客的种种特殊要求,导游人员应该怎样处理?怎样才能使要求得到基本满足的游客高高兴兴,又使个别要求没有得到满足的游客也满意导游人员的服务,甚至使爱挑剔的游客也对导游人员提不出更多的指责?这是对导游人员处理问题能力的一个考验,也是保证并提高旅游服务质量的重要条件之一。

面对个别游客的苛刻的要求和过分的挑剔,导游人员一定要认真倾听,冷静、仔细地分析;绝不能置之不理,更不能断然拒绝;不应在没有听完对方讲话的情况下就胡乱解释,或表示反感、恶语相加,意气用事。对不合理或不可能实现的要求和意见,导游人员要耐心解释,实事求是;处理问题要合情合理,尽量使游客心悦诚服;导游人员千万不能一口回绝,不能轻易地说出"不行"两字。当然,旅游团队中也难免有个别无理取闹者,遇见这种情况,导游人员应沉着冷静、不卑不亢,既不伤主人之雅又不损客人之尊,理明则让。经过导游人员的努力仍有解决不了的困难时,导游人员应向接待社领导汇报,请其帮助。总之,对游客提出的要求,不管其难易程度、合理与否,导游人员都应给予足够的重视并正确及时、合情合理地予以处理,力争使游客愉快地旅行游览。

一般来看,游客的个别要求可以分为四种情况:

(1) 合理的,经过导游人员的努力可以满足的要求。
(2) 合理的,但在现实中难以满足的要求。
(3) 不合理的,经过努力可以满足的要求。
(4) 不合理的,无法满足的要求。

根据国际惯例和导游服务的经验,导游人员在处理游客的个别要求时,一般应遵循以下五条基本原则。

一、符合法律原则

《导游人员管理条例》和《旅行社管理条例》中规定了游客、导游人员、旅行社三者之间的权利和义务,导游人员在处理游客个别要求时,要符合法律对这三者的权利和义务规定。同时,还要考虑游客的个别要求是否符合我国法律的其他规定,如果相违,应断然拒绝。

二、合理可行原则

"合理"的基本判断标准是不影响大多数游客的权益、不损害国家利益、不损害旅行社和导游人员的合法权益,"可行"是指具备满足游客合理要求的条件。

导游人员在服务过程中,应努力满足游客合理而可行的需要,使他们能够获得一次愉快的旅游经历,从而为旅游目的地的形象、旅行社的声誉带来正面影响。

三、公平对待原则

公平对待原则是指导游人员对所有游客应一视同仁、平等对待。游客不管来自哪个国家、属于哪个民族、有哪种宗教信仰、是何种肤色,不管其社会地位高低、年老年幼、男性女性,也不管身体是否残疾,都是我们的客人,都是导游人员服务的对象。导游人员要尊重他们的人格,热情周到地为他们提供导游服务,维护他们的合法权益,满足他们合理、可行的要求,切忌厚此薄彼、亲疏偏颇。

四、尊重游客原则

游客提出的要求,大多数是合情合理的,但总会有游客提出一些苛刻的要求,使导游人员为难,旅游团中也不可避免地会出现无理取闹的人。对待这种情况,导游人员一定要记住自己的职责,遵循尊重游客的原则,对游客要礼让三分。游客可以挑剔,甚至吵架和谩骂,但导游人员要保持冷静,始终有礼、有理、有节,不卑不亢。

在游客提出个人要求时,导游人员一要认真倾听,不要还没有听完就指责游客的要求不合理或胡乱解释;二要微笑对待,切忌面带不悦、恶言相向;三要实事求是、耐心解释,不要以"办不到"一口拒绝。需强调的是,导游人员一定不要和游客发生正面冲突,以免影响整个旅游活动。

五、维护尊严原则

导游人员在对待游客的个别要求时,要坚决维护祖国的尊严和自己的人格尊严。对游客提出的有损国家利益和民族尊严的要求应断然拒绝、严正驳斥;对游客提出的侮辱自身人格尊严或违反导游人员职业道德的不合理要求,有权拒绝。

第二节 餐饮、住房、娱乐、购物方面个别要求的处理

食、住、购、娱是旅游活动的主要组成部分,也是游程顺利进行的基本保证。导游人员应高度重视游客的此类个别要求,认真、热情、耐心地设法予以解决。

一、餐饮方面个别要求的处理

"民以食为天",跨国界、跨地区的游客对餐饮的要求各不相同,因餐饮问题引起的游客投诉屡见不鲜。下面就常见的六种情况讲述导游人员面对此类要求时的处理方法。

(一)对特殊饮食要求的处理

由于宗教信仰、生活习惯、身体状况等原因,有些游客会提出饮食方面的特殊要求,例如,不吃荤,不吃油腻、辛辣食品,不吃猪肉或其他肉食,甚至不吃盐、糖、味精等。对游客提出的此类特殊要求,要区别对待。

(1)事先有约定。若游客所提要求在《旅游协议书》中有明文规定的,接待方旅行社需早作安排,地陪在接团前应检查落实情况,不折不扣地兑现。

(2)抵达后提出。若旅游团抵达后或到定点餐厅后临时提出要求,则需视情况而定。一般情况下地陪应立即与餐厅联系,在可能的情况下尽量满足游客的要求;如情况复杂,确实有困难,满足不了游客的特殊要求,地陪则应向其说明情况,协助游客自行解决,如建议游客到零点餐厅临时点菜或带他去附近餐馆(最好是旅游定点餐馆)用餐,餐费自理。

(二)要求换餐

部分外国游客不习惯中餐的口味,在几顿中餐后要求改换成西餐;有的外地游客想尝尝当地小吃,要求换成风味餐。诸如此类的要求,导游人员在处理时应考虑以下几方面。

(1)首先要看是否有充足的时间换餐。如果旅游团在用餐前3个小时提出换餐的要求,地陪应尽量与餐厅联系,但需事先向游客讲清楚,如能更换,其产生的差价由游客自付。

(2)询问餐厅能否提供相应服务。若计划中的供餐单位不具备供应西餐或风味餐的能力,应考虑换餐厅。

(3)如果是在接近用餐时间或到餐厅后提出换餐要求,应视情况而定:若该餐厅有该

项服务,地陪应协助解决;如果情况复杂,餐厅又没有此项服务,一般不应接受此类要求,但应向游客做好解释工作。

(4) 若游客仍坚持换餐,地陪可建议其到零点餐厅自己点菜或单独用餐,费用自理并告知原餐费不退。

(三) 要求单独用餐

由于旅游团的内部矛盾或其他原因,个别游客要求单独用餐。此时,导游人员要耐心解释,并告诉领队请其调解;如游客坚持,导游人员可协助与餐厅联系,但餐费自理,并告知综合服务费不退。

由于游客外出自由活动、访友、疲劳等原因不随团用餐,导游人员应同意其要求,但要说明餐费不退。

(四) 要求在客房内用餐

若游客生病,导游人员或酒店服务员应主动将饭菜端进房间以示关怀。若是健康的游客希望在客房用餐,应视情况办理;如果餐厅能提供此项服务,可满足游客的要求,但需告知服务费标准。

(五) 要求自费品尝风味

旅游团要求外出自费品尝风味,导游人员应予以协助,可由旅行社出面,也可由游客自行与有关餐厅联系订餐;风味餐订妥后旅游团若又不想去,导游人员应劝他们在约定时间内前往餐厅,并说明若不去用餐需赔偿餐厅的损失。

(六) 要求推迟就餐时间

由于生活习惯不同,或在某旅游地游兴未尽等原因,游客要求推迟用餐时间。导游人员可与餐厅联系,视餐厅的具体情况处理。一般情况下,导游人员要向旅游团说明餐厅有固定的用餐时间,劝其入乡随俗,过时用餐需另付服务费;若餐厅不提供过时服务,最好按时就餐。

二、住房方面个别要求的处理

旅游过程中,酒店是游客临时的家。对于游客在住房方面的要求,导游人员一定要尽力协助解决。

(一) 要求调换酒店

旅游团到一地旅游时,享受什么星级酒店的住房在《旅游协议书》中有明确规定,有的在什么城市、下榻于哪家酒店都写得清清楚楚。所以,当接待旅行社向旅游团提供的客房低于标准,或使用同星级的酒店替代《旅游协议书》中标明的酒店时,游客都会提出异议。

如果接待旅行社未按《旅游协议书》安排酒店或《旅游协议书》中的酒店确实存在卫生、安全等问题而致使游客提出换酒店,地陪应随时与接待旅行社联系,接待旅行社应负责予以调换。如确有困难,导游人员应按照接待旅行社提出的具体办法妥善解决,并向游客摆出有说服力的理由,提出补偿条件。

(二) 要求调换房间

根据游客提出的调换房间的不同缘由,有不同的处理方法。

(1) 若由于房间不干净，如有蟑螂、臭虫、老鼠等，游客提出换房，导游人员应立即满足，必要时应调换酒店。

(2) 由于客房设施尤其是房间卫生达不到清洁标准，应立即打扫、消毒，如游客仍不满意，坚持换房，导游人员应与酒店有关部门联系，予以满足。

(3) 若游客对房间的朝向、层数不满意，要求调换另一朝向或另一楼层的同一标准客房时，若不涉及房间价格并且酒店有空房，可与酒店客房部联系，适当予以满足，或请领队在旅游团内部进行调整。无法满足时，导游人员应耐心解释，并向游客致歉。

(4) 若游客要住高于合同规定标准的房间，如有，可予以满足，但要告知游客要交付退房损失费和房费差价。

（三）要求住单间

团队旅游一般安排住标准间或三人间。由于游客的生活习惯不同或因同室游客之间闹矛盾，个别游客会要求住单间。这时导游人员应先请领队调解或内部调整，若调解不成，酒店又有空房，可满足游客的要求。但导游人员必须事先说明，房费由游客自理（一般由提出方付房费）。

（四）要求延长住店时间

由于某种原因（生病、访友、改变旅游日程等）而中途退团的游客提出延长在本地的住店时间。导游人员可先与酒店联系，若酒店有空房，可满足其要求，但延长期内的房费由游客自付；如原住酒店没有空房，导游人员可协助联系其他酒店，房费由游客自理。

（五）要求购买房中物品

如果游客看中客房内的某件摆设或物品，要求购买，导游人员应积极协助，与酒店有关部门联系，满足游客的要求。

三、娱乐活动方面个别要求的处理

（一）要求调换计划内的文娱节目

凡在计划内注明有文娱节目的旅游团，一般情况下，地陪应按计划准时带游客到指定娱乐场所观看文艺演出。若游客提出调换节目，地陪应针对不同情况，本着"合理而可行"的原则，做出如下处理。

(1) 如全团游客提出更换，地陪应与接待社计调部门联系，尽可能调换，但不要在未联系妥当之前许诺；如接待社无法调换，地陪要向游客耐心解释，并说明票已订好，不能退换，请其谅解。

(2) 部分游客要求观看别的演出，处理方法同上。若决定分路观看文娱演出，在交通方面导游人员可做如下处理：如两个演出点在同一线路，导游人员要与司机商量，尽量为少数游客提供方便，送他们到目的地；若不同路，则应为游客安排车辆，但车费由其自理。

（二）要求自费观看文娱节目

在时间允许的情况下，导游人员应积极协助。以下两种方法地陪可酌情选择。

(1) 与接待社有关部门联系，请其报价。将接待社的对外报价（其中包括节目票费、车费、服务费）报给游客，并逐一解释清楚。若游客认可，请接待社预定，地陪同时要陪同前往，将游客交付的费用上交接待社并将收据交给游客。

（2）协助解决，提醒游客注意安全。地陪可帮助游客联系购买节目票，请游客自乘出租车前往，一切费用由游客自理。但应提醒游客注意安全、带好酒店地址。必要时，地陪可将与自己联系的电话告诉游客。

如果游客执意要去大型娱乐场所或情况复杂的场所，导游人员需提醒游客注意安全，必要时陪同前往。

（三）要求前往不健康的娱乐场所

游客要求去不健康的娱乐场所和过不正常的夜生活，导游人员应断然拒绝，并介绍中国的传统观念和道德风貌，严肃指出不健康的娱乐活动和不正常的夜生活在中国是禁止的，是违法行为。

四、购物方面个别要求的处理

购物是旅游活动的重要组成部分，游客往往会有各种各样的特殊要求，导游人员要不怕麻烦、不图私利，设法予以满足。

（一）要求单独外出购物

（1）在自由活动时间导游人员要尽力帮助游客，当好购物参谋。如建议去哪家商场、联系出租车、写中文便条等。

（2）在离开本地当天导游人员要劝阻游客外出购物，以防误机（车、船）。

（二）要求退换商品

游客购物后发现是残次品、计价有误或对物品不满意，要求导游人员帮其退换，导游人员应积极协助，必要时陪同前往。

（三）要求再次前往某商店购物

游客欲购买某一商品，出于"货比三家"的考虑或对于商品价格、款式、颜色等犹豫不决，当时没有购买。后来经过考虑又决定购买，要求地陪帮助。对于这种情况，地陪应热情帮助：如有时间可陪同前往，但车费由游客自理；若因故不能陪同前往，可为游客写张中外文便条，写清商店地址及欲购商品的名称，请其乘出租车前往。

（四）要求购买古玩或仿古艺术品

游客希望购买古玩或仿古艺术品时，导游人员应带其到文物商店购买，买妥物品后要提醒其保存发票，不要将物品上的火漆印（如有的话）去掉，以便海关查验。当游客要在地摊上选购古玩时，导游人员应劝阻，并告知中国的有关规定。若发现个别游客有走私文物的可疑行为，导游人员须及时报告有关部门。

（五）要求购买中药材

有些外国游客想买些中药材，并携带出境。导游人员应告知中国海关的有关规定（数量、品种、限量等）。

（六）要求代办托运

外汇商店一般都经营托运业务，导游人员应告诉购买大件物品的游客。若外汇商店无托运业务，导游人员要协助游客办理托运手续。

游客欲购买某一商品，但当时无货，请导游人员代为购买并托运，对游客的这类要求，导游人员一般应婉拒。实在推托不掉时，导游人员要请示领导，一旦接受了游客的委托，导游人员应在领导指示下认真办理委托事宜：收取足够的钱款（余额在事后由旅行社退还委托人），发票、托运单及托运费收据寄给委托人，旅行社保存复印件，以备查验。

第三节　要求自由活动和转递物品的处理

旅游线路安排中往往有自由活动时间，在集体活动时间内也有游客要求单独活动的要求。导游人员应根据不同情况，妥善处理。

一、应劝阻游客自由活动的几种情况

（1）如旅游团计划去另一地游览，或旅游团即将离开本地时，导游人员要劝游客随团活动，以免误机（车、船）。

（2）如地方治安不理想、复杂、混乱的地方，导游人员要劝阻游客外出活动，更不要单独活动，但必须实事求是地说明情况。

（3）不宜让游客单独骑自行车去人生地不熟、车水马龙的街头游玩。

（4）游河（湖）时，游客提出希望划小船或在非游泳区游泳的要求，导游人员应拒绝，不能置旅游团于不顾而陪少数人去划船、游泳。

（5）游客要求去不对外开放的地区、机构参观游览，导游人员不得答应此类要求。

二、允许游客自由活动时导游人员应做的工作

1. 要求全天或某一景点不随团活动

由于有些游客已来多次，或已游览过某一景点，不想重复，因而不想随团活动。要求不游览某一景点或一天、数天离团自由活动。如果其要求不影响整个旅游团的活动，导游人员可以满足并提供必要帮助，但要向游客说明一些相关事宜。

（1）提前说明如果不随团活动，无论时间长短，所有费用不退，增加的各项费用需自理。

（2）告诉游客用餐的时间和地点，以便其归队时用餐。

（3）提醒游客注意安全，保护好自己的财物。

（4）提醒游客带上酒店卡片（卡片上有中英文酒店名称、地址、电话）备用。

（5）用中英文写张便条，注明游客要去的地点的名称、地址及简短对话，以备不时之需。

（6）必要时将自己的手机号告诉游客。

2. 到游览点后要求自由活动

到某一游览点后，若有个别游客希望不按规定的线路游览而希望自由游览或摄影，若环境许可（游人不太多，秩序不乱），可满足其要求。导游人员要提醒其集合的时间、地点及

旅游车的车号，必要时留一字条，上面写清集合时间、地点，车号，酒店名称和电话号码，以备不时之需。

3. 自由活动时间或晚间要求单独行动

导游人员应建议游客不要走得太远，不要携带贵重物品（可寄存在前台），不要去秩序乱的场所，不要太晚回酒店等。

三、游客要求为其转递物品的处理

由于种种原因，游客要求旅行社或导游人员帮其转递物品。一般情况下，导游人员应建议游客将物品或信件亲手交给或邮寄给收件部门或收件人，若确有困难，可予以协助。转递物品和信件，尤其是转递重要物品和信件，或向外国驻华使、领馆转递物品和信件时，手续要完备。

（1）必须问清转递的是何物。若是应税物品，应促其纳税；若转移物品是食品应婉言拒绝，请其自行处理。

（2）请游客写委托书，注明物品的名称、数量，并当面点清、签字并留下详细通信地址及电话。

（3）将物品或信件交给收件人后，请收件人写收条并签字、盖章。

（4）将委托书和收条一并交旅行社保管，以备后用。

（5）若是转递给外国驻华使、领馆及其人员的物品或信件，原则上不能接收。在推托不了的情况下，导游人员应详细了解情况并向旅行社领导请示，经请示同意后将物品或信件交旅行社有关部门，由其转递。

第四节　游客其他个别要求的处理

一、要求探视亲友活动的处理

游客到达某地后，希望探望在当地的亲戚或朋友，这可能是其旅游的目的之一。导游人员应设法予以满足，并根据以下情况进行处理：

（1）如果游客知道亲友的姓名、地址，导游人员应协助联系，并向游客讲明具体的乘车路线。

（2）如果游客只知道亲友姓名或某些线索，地址不详，导游人员可通过旅行社请公安户籍部门帮助寻找，找到后及时告诉游客并帮其联系；若旅游期间没找到，可请游客留下联系电话和通信地址，待找到其亲友后再通知他（她）。

（3）如果海外游客要会见中国同行洽谈业务、联系工作或进行其他活动，导游人员应向旅行社汇报，在领导指示下给予积极协助。

（4）如果导游人员发现个别中国人与游客之间以亲友身份作掩护进行不正常往来，或游客会见人员中有异常现象，应及时向旅行社领导汇报。

（5）如果外国游客要求会见在华外国人或驻华使、领馆人员，导游人员不应干预；如果游客要求协助，导游人员可给予帮助；若外国游客盛情邀请导游人员参加使馆、领馆举办的活动，导游人员应先请示领导，经批准后方可前往。

二、要求亲友随团活动的处理

游客到某地希望会见亲友，但时间有限又不舍得放弃旅游活动，因此向导游人员提出亲友随团的要求，导游人员要做到以下几点。

（1）首先要征得领队和旅游团其他成员的同意。

（2）与接待社有关部门联系，如无特殊情况可请欲随团活动的人员准备好有效身份证件到接待社填写表格，交纳费用；办完随团手续后方可随团活动。

（3）如因时间关系无法到旅行社办理相关手续，导游人员可电话与接待社有关部门联系，得到允许后代为查阅欲随团活动的人员的证件，收取费用，并尽快给其收据。

（4）若是外国驻华使馆人员或外国记者要求随团活动，应请示领导，按照我国政府的有关规定办理。

三、中途退团的处理

1. 因特殊原因提前离开旅游团

游客因患病，或因家中出事，或因工作上急需，或因其他特殊原因，要求提前离开旅游团、中止旅游活动，经接待社与组团社协商后可以满足，至于未享受的综合服务费，按《旅游协议书》规定，或部分退还，或不予退还。

2. 无特殊原因执意退团的

游客无特殊原因，只是因某个要求得不到满足而提出提前离团。导游人员要配合领队做说服工作，劝其继续随团旅游；若接待社确有责任，应设法弥补；若游客提出的是无理要求，导游人员要耐心解释，若劝说无效，游客仍执意要退团，可满足其要求，但应告知其未享受的综合服务费不予退还。

外国游客不管因何种原因要求提前离开中国，导游人员都要在领导指示下协助游客进行重订航班、机座，办理分离签证及其他离团手续，所需费用由游客自理。

四、延长旅游期限的处理

游客要求延长旅游期限一般有以下两种情况。

1. 由于某种原因中途退团，但本人继续在当地逗留，需延长旅游期限

对无论何种原因中途退团并要求延长在当地旅游期限的游客，导游人员应帮其办理一切相关手续。对那些因伤病住院，不得不退团并需延长在当地居留时间的游客，导游人员除了办理相关手续外，还应前往医院探视，并帮助解决其或陪伴家属在生活上的困难。

2. 不随团离开或出境

旅游团的游览活动结束后，由于某种原因，游客不随团离开或出境，要求延长逗留期限。对这种情况地陪应酌情处理：若不需办理延长签证的一般可满足其要求；无特殊原因的游客要求延长签证，原则上应予以婉拒；若确有特殊原因需要留下但需办理签证延期的，导游人员应请示旅行社领导，向其提供必要的帮助。

（1）办理延长签证手续的具体做法。导游人员先到旅行社开证明，然后陪同游客持旅

行社的证明、护照及集体签证到公安局外国人出入境管理处办理分离签证手续和延长签证手续，费用由游客自理。

（2）如果离团后继续留下的游客需要帮助，导游人员一般可帮其做以下工作。协助游客重新订妥机票（或火车票）、酒店等，并向其讲明所需费用自理；如游客要求继续提供导游或其他服务，则导游人员应告知其应与接待社另签合同。

（3）离团后的一切费用均由游客自理。

本章实训任务

实训任务如表4-1~表4-7所示。

实训任务一：处理游客餐饮方面的特殊要求

表4-1 处理游客餐饮方面的特殊要求

实训项目	处理游客餐饮方面的特殊要求
实训要求	掌握处理游客特殊餐饮要求的原则和方法
实训地点	教室或模拟餐厅实训室
实训材料	菜单、餐桌椅等
实训内容与步骤	一、实训准备 1. 准备相关资料 2. 学生分组，按任务需要扮演游客、导游及餐厅工作人员 二、实训开始 　　要求导游人员及时处理游客餐饮方面的特殊要求，尽可能使游客满意。游客特殊餐饮要求可以设定为以下三种情境： 1. 个别游客与团队发生矛盾，临时表示不愿与团队一起用餐 2. 个别游客临时对餐饮提出不适应现有的菜肴口味，要求换餐 3. 团队绝大部分成员提前半天要求导游更换晚餐标准，改团体餐为风味餐 三、实训考核、点评 　　指导老师点评，小组互评，总结任务要点并掌握如何处理游客的特殊餐饮要求及与游客语言沟通的技巧

实训任务二：处理游客住宿方面的特殊要求

表4-2 处理游客住宿方面的特殊要求

实训项目	处理游客住宿方面的特殊要求
实训要求	掌握处理游客特殊住宿要求的原则和方法
实训地点	教室或模拟客房实训室
实训材料	多媒体或客房相关设施
实训内容与步骤	一、实训准备 1. 准备相关资料 2. 学生分组，按任务需要扮演游客、导游及酒店前台工作人员

	续表
实训的内容与步骤	二、实训开始 要求导游人员及时处理游客住宿方面的特殊要求，尽可能使游客满意。游客特殊住宿要求可以设定为以下三种情境： 1. 酒店存在过失导致部分客房不足，团队原有标间先只能改为三人间，游客不满意，表示不愿入住 2. 个别游客与同室成员发生摩擦，指责对方晚上睡觉打呼噜影响自己休息，要求导游为其调换房间 3. 个别游客对现定客房的设施不满意，要求调换档次更高的客房 三、实训考核、点评 指导老师点评，小组互评，总结任务要点并掌握如何处理游客的特殊住宿要求及与游客语言沟通的技巧

实训任务三：处理游客娱乐方面的特殊要求

表4-3　处理游客娱乐方面的特殊要求

实训项目	处理游客娱乐方面的特殊要求
实训要求	掌握处理游客特殊娱乐要求的原则和方法
实训地点	教室或模拟导游实训室
实训材料	多媒体
实训内容与步骤	一、实训准备 1. 准备相关资料 2. 学生分组，按任务需要扮演游客、导游及娱乐项目的工作人员 二、实训开始 要求导游人员及时处理游客娱乐方面的特殊要求，尽可能使游客满意。游客娱乐要求可以设定为以下两种情境： 1. 几名游客表示已经看过原计划中的娱乐项目，希望能去市商业中心参观，并请求旅游车接送 2. 旅游团绝大部分成员对晚间的无活动表示不满，希望导游推荐和安排一项晚间活动，并希望有旅游车接送 三、实训考核、点评 指导老师点评，小组互评，总结任务要点并掌握如何处理游客的特殊娱乐要求及与游客语言沟通的技巧

实训任务四：处理游客购物方面的特殊要求

表4-4　处理游客购物方面的特殊要求

实训项目	处理游客购物方面的特殊要求
实训要求	掌握处理游客购物方面特殊要求的原则和方法
实训地点	教室或模拟导游实训室
实训材料	多媒体、购物商品
实训内容与步骤	一、实训准备 1. 准备相关资料 2. 学生分组，按任务需要扮演游客、导游及商场工作人员

第四章 游客个别要求的处理

续表

实训内容与步骤	二、实训开始 　要求导游人员及时处理游客购物方面的特殊要求，尽可能使游客满意。游客特殊购物要求可以设定为以下三种情境： 　1. 一名游客在购物场所未发现心仪的商品，旅程结束时希望导游能够替他代购一些当地的土特产，并邮寄给他 　2. 一名美国游客提出要求购买中国的中药和古玩，请导游提供一些建议 　3. 游客购买商品后，第二天找导游投诉说买到的商品属于假冒伪劣商品，希望导游协助其办理退货手续 　三、实训考核、点评 　指导老师点评，小组互评，总结任务要点并掌握如何处理游客的特殊购物要求及与游客语言沟通的技巧

实训任务五：处理游客探视亲友及亲友随团方面的要求

表 4-5　处理游客探视亲友及亲友随团方面的要求

实训项目	处理游客探视亲友及亲友随团方面的要求
实训要求	掌握处理游客探视亲友及亲友随团要求的原则和方法
实训地点	教室或模拟导游实训室
实训材料	旅行社团队报名表
实训内容与步骤	一、实训准备 　1. 准备相关资料 　2. 学生分组，按任务需要扮演游客、导游及游客亲友 　二、实训开始 　要求导游人员及时处理游客探视亲友及亲友随团方面的特殊要求，尽可能使游客满意。可以设定为以下两种情境： 　1. 一名游客在旅游过程中向导游表示本地有位远方亲戚，希望当日能不随团活动，以便去探视一下 　2. 一名游客临时得知一位亲戚明天将抵达本地，并希望能和自己一起参加团队旅游，这名游客咨询导游是否可以让这位亲戚随自己一起参加团队旅程 　三、实训考核、点评 　指导老师点评，小组互评，总结任务要点并掌握如何处理游客探视亲友及亲友随团等要求及与游客语言沟通的技巧

实训任务六：处理游客中途退团方面的要求

表 4-6　处理游客中途退团方面的要求

实训项目	处理游客中途退团方面的要求
实训要求	掌握处理游客中途退团要求的原则和方法
实训地点	教室或模拟导游实训室
实训材料	多媒体

续表

实训内容与步骤	一、实训准备 1. 准备相关资料 2. 学生分组，按任务需要扮演游客、导游 二、实训开始 要求导游人员及时处理游客中途退团方面的特殊要求，尽可能使游客满意。游客中途团队要求可以设定为以下两种情境： 1. 一名游客因个人原因不想继续随团旅游，向导游提出中途退团的要求 2. 一名游客在旅游过程中脚踝意外受伤，行走困难，向导游提出中途退团的要求 三、实训考核、点评 指导老师点评，小组互评，总结任务要点并掌握如何处理游客中途退团等要求及与游客语言沟通的技巧

实训任务七：处理游客延长旅游期限方面的要求

表4-7　处理游客延长旅游期限方面的要求

实训项目	处理游客延长旅游期限方面的要求
实训要求	掌握处理游客延长旅游期限要求的原则和方法
实训地点	教室或模拟导游实训室
实训材料	多媒体
实训内容与步骤	一、实训准备 1. 准备相关资料 2. 学生分组，按任务需要扮演游客、导游 二、实训开始 要求导游人员及时处理游客延长旅游期限方面的特殊要求，尽可能使游客满意。可以设定为以下两种情境： 1. 一名外国游客因生病住院需要延长在本地的滞留时间，并且还导致签证延期等方面的问题，该游客向导游求助，希望导游能协助他处理延长旅游期限的问题 2. 一名游客因业务需要向导游表示自己要在本地多滞留3天，将无法继续随团旅游，希望导游能提供订房等多项服务 三、实训考核、点评 指导老师点评，小组互评，总结任务要点并掌握如何处理游客延长本地旅游期限等要求及与游客语言沟通的技巧

知识归纳

随着旅游业的快速发展，游客群体的消费需求也日益多样化。针对游客的特殊要求，导游人员务必要加以重视，并应采取合理的方法和技巧予以应对，这样才能真正在满足游客需求的同时提升其导游服务质量。通过本章的学习，学生可了解和掌握导游在处理游客餐饮、住宿、娱乐、购物方面个别要求的原则和方法，处理游客探视亲友、亲友随团方面个别要求的原则和方法，处理游客中途退团、延长旅游期限等个别要求的原则和方法。

第四章 游客个别要求的处理

案例解析

【案例】导游小王带领一旅游团在北京开展为期四天的旅游行程。前两天都比较顺利，小王的工作安排非常合理，游客的兴致也非常好。第三天，一名魏姓游客私下找到小王，提出要提前退团。小王想要了解魏先生提前离团的原因，但他一直不肯说出具体原因，只坚持要求提前退团，声称他有权利提出这样的个人要求。小王只好先稳定一下魏先生的情绪，说先和旅行社沟通一下再答复他的要求。

【问题讨论】导游人员如何处理游客中途退团的要求？

【分析参考】处理游客中途退团问题时要视情况采取不同的应对方法。

(1) 游客因患病，或因家中出事，或因工作急需等特殊原因，要求提前离开旅游团、中止旅游活动，经接待社和组团社协商后，可予满足。未享受的综合服务费，按《旅游协议书》的规定，或部分退还，或不予退还。

(2) 游客无特殊原因，只是因为某个要求没有得到满足而要求中途退团，导游人员要协助领队尽量劝说其继续随团活动；如果接待社确有责任，应设法弥补；若游客提出的是无理要求，导游人员要耐心解释，若劝说无效，可满足其要求，但应告知未享受的综合服务费不予退还。

(3) 若由于旅行社和导游服务太差、漏洞太多，领队一再交涉而无改进，可能会导致整个旅游团集体提出中途退团，这种情况处理起来非常麻烦，可按投诉相关规定办理。

(4) 若由于严重的天灾人祸，旅游团或部分游客被迫或要求尽早结束旅游活动，可允许，但由于非旅行社原因造成的经济损失，旅行社不予赔偿。

(5) 导游人员可以协助中途退团的游客重订航班、机座、办理分离签证及相关离团手续，所需费用由游客自理。

复习思考

一、单项选择题

1. 游客个别要求处理的原则是（　　）。
   A. 以客为尊　　B. 合理但有节制　　C. 合理而可能　　D. 以旅游合同为准
2. 面对游客要求退换餐时，下面表述准确的是（　　）。
   A. 游客接近用餐时间才提出退换餐，导游人员应该说服餐厅满足游客的要求
   B. 向餐厅询问，如果餐厅同意退换餐，导游人员可以答应
   C. 一般情况下这种要求需要提前1小时联系餐厅才行
   D. 游客坚持换餐，导游可以满足，但要告知游客所产生的新费用要在原有的餐费基础上多退少补
3. 下面说法中不正确的是（　　）。
   A. 计划内的文娱演出，游客不想去，导游应该同意
   B. 游客想去看其他文娱演出，导游可以协助帮忙购买门票、安排车辆
   C. 游客自费观看计划外的文娱演出时，导游也应该陪同前往，相关费用由游客自理

D. 游客要求去不健康的娱乐场所，导游应当拒绝

4. 下面哪些因素会导致导游不同意游客自由活动的请求？（　　）

　　A. 有安全保证

　　B. 不影响全团行程

　　C. 团队无活动，想去单独划小船

　　D. 到达景点后不愿意随团队游览，自己到旅游车上等候

5. 旅游团活动结束后，有外籍游客要求继续在华旅行游览。若该游客需延长签证时，导游应该（　　）。

　　A. 陪同该游客到当地公安局办理延长签证手续

　　B. 一般可满足其要求

　　C. 原则上应予以婉拒

　　D. 请示旅行社是否同意

6. 当外籍游客想购买中国的古玩或仿古艺术品时，导游人员应该提醒（　　）。

　　A. 超出合理数量的物品将不准带出海关

　　B. 外汇商店可办理涉外托运业务

　　C. 不到非定点旅游商店购买

　　D. 保存好购物发票，方便海关查验放行

7. 入住酒店时，有一位游客的房间发现了蟑螂，游客要求退房，导游人员应（　　）。

　　A. 满足其要求

　　B. 让客人将就一下

　　C. 马上换酒店

　　D. 马上与酒店联系，并要求马上处理，不能立即解决的，要求必须更换房间

8. 晚上没有活动安排，游客要求自由活动，导游人员应（　　）。

　　A. 满不在乎地同意

　　B. 提醒游客带好酒店的名片，以便急需，并且要注意安全，不要走太远

　　C. 断然拒绝

　　D. 必须陪游客一起去

9. 游客因为患病或其他特殊原因，要求提前离开旅游团并且中止旅游活动，要经_____协商后给予满足。（　　）

　　A. 接待社和游客　　B. 接待社和组团社　　C. 组团社和游客　　D. 接待社和旅游局

10. 对于游客要求转递的物品导游人员应_____处理。（　　）

　　A. 断然拒绝　　　B. 婉言相拒　　　C. 欣然接受　　　D. 交给有关部门处理

二、多项选择题

1. 导游处理游客个别要求的原则中对"合理"的表述准确的有（　　）。

　　A. 游客的要求不违法

　　B. 游客的要求是导游人员可以办到的

　　C. 不违反旅游协议或旅游合同

　　D. 尽量不改变旅行社已预订的票证和餐饮、住宿安排

E. 符合中国人的道德规范，符合导游人员的职业道德

2. 下面哪些情况可能会引起游客单独用餐？（   ）
   A. 游客之间吵架、怄气　　　　　B. 部分游客看不起另一部分游客
   C. 游客之间的性格、脾气合不来　　D. 个别游客怕吃亏

3. 下面哪些情况下导游人员应不同意游客自由活动的请求？（   ）
   A. 旅游团即将离开本地前3小时，游客提出去购物
   B. 游客在高海拔地区或高山悬崖区要求探险
   C. 游客在有安全保证且不影响全团行程的前提下要求自行参观
   D. 在江河湖泊旅游时，游客要求单独划小船

4. 旅游团内一位台湾游客请求地陪允许其在当地的两位亲戚随团活动，地陪应该（   ）。
   A. 请示组团社　　B. 婉言谢绝　　C. 征求领队意见
   D. 征求旅游团其他成员的意见　　E. 看车辆有没有空座

5. 对游客在饮食方面的特殊要求，有以下哪几种情况？（   ）
   A. 特殊的饮食要求　　　　　　B. 要求换餐
   C. 要求单独用餐　　　　　　　D. 要求提供客房内用餐服务
   E. 要求自费品尝风味　　　　　F. 要求推迟用餐时间

6. 游客要求高于合同标准的房间，如有可以满足，但游客要交付原酒店的（   ）。
   A. 住房费用　　B. 房费差价　　C. 退房损失费　　D. 手续费
   E. 确认费

7. 游客提出已多次游览过某一景点，因而要求自由活动。导游人员要提醒游客带上酒店的店徽，写一便条交给游客，便条上要写明（   ）。
   A. 前往目的地的名称　　　　　B. 目的地地址
   C. 下榻酒店的名称　　　　　　D. 酒店的电话

8. 游客到达某旅游目的地后提出希望其亲友随团游览，如无特殊情况可到旅行社办理哪些入团手续？（   ）
   A. 填写表格　　B. 交纳团费　　C. 出示有效证件　　D. 办理签证

9. 游客因_____原因要求提前离开旅游团、中止旅游活动，经接待社与组团社协商后可予以满足，至于未享受的综合服务费，按《旅游协议书》规定，或部分退还，或不予退还。（   ）
   A. 患病　　　　　　　　　　　B. 家中有事
   C. 与其他游客意见不合　　　　D. 工作急事

10. 外国游客因伤病需要延长在中国的居留时间，导游人员应（   ）。
    A. 办理有关手续
    B. 前往医院探视
    C. 帮助解决该游客及其家属的生活困难
    D. 照顾其起居饮食

三、判断题

1. 计划内的文娱演出，导游应该带游客去演出场所，之后只要能保障游客的安全，导

游可以提前离开。（　　）

2. 对自费观看计划外的文娱演出，导游可以帮助游客购买门票、安排车辆等，且需要陪同前往以保证游客的安全。（　　）

3. 游客要去大型或复杂的娱乐场所，导游应提醒安全，必要时可陪同前往。（　　）

4. 对于游客委托导游人员代为购买商品，导游人员可以欣然接受。（　　）

5. 若要求随团的亲友具有外交官身份，导游不宜同意其随团，可以婉言谢绝。（　　）

四、简答题

1. 当游客要求自费观看文娱节目时，导游人员应提供哪些服务？
2. 当游客购买古玩时，导游人员应提醒其一些什么内容？
3. 哪些情况下导游人员应不允许游客自由活动？
4. 游客有亲友要求随团活动时，导游人员应如何处理？
5. 游客因多次提出的不合理要求被拒绝而要求退团，导游人员应如何处理？

第五章

旅游故障的预防与处理

学习目标

了解旅游故障的类型、特点,熟悉旅游事故的成因。
掌握旅游事故处理的基本原则和程序。
掌握旅游计划和行程变更的处理办法。
掌握漏接、错接、空接和误机事故的预防与处理办法。
掌握游客的证件、行李、钱物遗失和游客走失的预防与处理办法。
掌握游客越轨言行的处理办法。
了解游客投诉的原因,熟悉游客投诉的心理,掌握游客投诉的处置办法。
了解自然灾害的类型;掌握地震、台风、洪水、泥石流等重大自然灾害,重大传染疾病的应对措施。
掌握旅游交通事故、治安事故、火灾事故,食物中毒、溺水等事故的预防和处理办法。
熟悉晕车、中暑等旅游常见疾病和急症的防治知识,掌握游客旅游过程中患病、死亡的处理办法。

实训要求

通过本章的实训任务,使学生掌握处理漏接、错接、空接事故的能力,了解和掌握处理游客证件、财物丢失以及游客走失事故的能力,掌握处理游客摔伤、食物中毒、死亡及遇到火灾等事故的能力。

本章知识要点

第一节　旅游故障的类型与处理程序

一、旅游故障的含义与类型

（一）旅游故障的含义

旅游故障是指在导游服务过程中发生的各种妨碍旅游活动顺利进行并可能或已经对游客或接待方造成损害的问题和事故。

一般来说，由旅游故障引起的损害主要有人身损害、财务损失、心理损害、形象与声誉的损害。其中，第一种和第三种损害主要是针对游客而言的；第二种损害可能发生在游客身上，也有可能发生在旅游接待方；而第四种损害则属于旅游接待方的损害，它可能由第一、二、三种损害引起。由此可见，旅游故障造成的损害常常涉及游客和旅游接待方两个方面。为了减少故障的发生和一旦发生后造成的损失，导游人员应从维护游客与旅游接待方双方的利益出发，采取积极有效的措施进行预防和处理。预防工作做得好，故障可能少发生；故障处理得好，不但游客满意，导游人员的威望也会得到提高，而且旅游接待方的利益也得到了维护。

（二）旅游故障的类型

旅游故障可从不同的角度来进行分类。不同类型的故障，起因不同、性质不同、造成的损失不同，那么预防与控制的程度就不同，处理的方法也不同。因此，对旅游故障进行分类，有助于导游人员做到心中有数，对某些类型的旅游故障采取必要的预防措施，而对另一些类型的旅游故障也有思想准备。

1. 按故障发生原因，分为技术性故障和自然性故障

（1）技术性故障。技术性故障是指由旅游接待方运行机制某方面出现问题而引起的故障。这类旅游故障有的是由于旅游接待环节出现差错或失误引起的，如旅行社计调人员接到上站通知游客乘机改为乘火车抵达后，未及时告诉导游人员，造成空接；有的是接待单位的服务质量不符合标准引起的，如餐饮量少、质差引起游客不满和投诉；有的是导游人员或有关工作人员考虑不周或责任心不强造成的，如导游人员在游客离站前安排自由活动，导致在规定的时间内游客无法聚齐而导致误机；有的是机械临时故障造成的，如游客登机时飞机因出现了机械故障而被迫推迟几个小时起飞，导致游客滞留等。总之，这类故障多属于人为因素造成的，即使是机械故障也是人为的失察和检修不到位所致。因此，只要旅游接待方和有关工作人员加强工作责任心，这类故障是可以预防和控制的。

（2）自然性故障。自然性故障是指由非人力所能预防和控制的原因所引起的故障。如洪水、地震使旅游计划的行程受阻，暴风雪、大雾、沙尘暴使航班改期或取消，游客突患重病或猝死等。这类故障一般突如其来，难以预见和控制，造成的损害也较大，处理也甚为急迫。但是，这类故障由于非人力所能左右，所以虽然给游客带来了许多不便，使行程受阻，但较容易得到游客的理解。

2. 按性质不同，分为问题性故障和事故性故障

（1）问题性故障。问题性故障是指由旅游活动中出现的矛盾、疑难所引起的故障。这

类故障有的发生在游客与导游人员之间，如游客不满导游人员安排的参观游览项目，使旅游活动一时出现不协调的情况；有的发生在领队与导游人员之间，如有的领队故意刁难导游人员，煽动部分游客对导游人员的不满，使旅游气氛变得紧张；有的发生在游客与接待单位之间，如餐厅忽略了游客的宗教信仰和生活习惯，安排了禁忌食品，引起游客不满，甚至投诉；有的发生在游客之间或游客自身，如出发上车时，有游客迟迟未到，影响旅游活动的按时进行，其他游客有抱怨情绪。这类故障虽然不至于造成多大损失，但导游人员也需要认真应对，设法予以缓和或解决，因为若继续发展下去有可能影响整个旅游活动的正常进行。

（2）事故性故障。事故性故障是指造成了意外损失或灾难的故障。它分为两种，一种是安全事故，一种是非安全事故。

①安全事故。安全事故是指造成了人身伤害或财物损失的事故，如治安事故、交通事故、火灾、食物中毒等。根据人身伤害情况与财物损失大小，安全事故分为如下四个等级。

a. 轻微事故。指一次事故造成游客轻伤，或经济损失在1万元以下的事故。

b. 一般事故。指一次事故造成游客重伤，或经济损失在1万元（含1万元）至10万元的事故。

c. 重大事故。指一次事故造成游客死亡或旅游者重伤致残，或经济损失在10万元（含10万元）至100万元的事故。

d. 特大事故。指一次事故造成多名游客死亡，或经济损失在100万元以上，或性质特别严重，产生重大影响的事故。

②非安全事故。指由非安全因素造成财物损失的事故。从导游人员角度说，它分为责任事故和非责任事故。前者是由导游人员工作疏忽或安排不当引起的事故，如导游人员未认真核实机票上的航班时间造成误机所引起的经济损失；后者是由其他接待环节出现差错或者工作失误所引起的事故，如航班班次变更，旅行社有关方面未及时通知导游人员，使游客未能及时赶上班机造成的经济损失（此责任不在导游人员）。

总之，事故性故障由于危害大、影响广，一旦发生，不管是否是导游人员的责任，导游人员都应该尽力做好有关工作，使其危害和影响尽可能减小。

3. 按故障涉及面的大小，分为单一性故障和复合性故障

（1）单一性故障。单一性故障是指涉及面比较狭小的故障，如游客丢失钱包、游客患病等。这类故障由于涉及的只是个别游客，处理面小，因而相对容易解决。

（2）复合性故障。复合性故障是指涉及面较大的故障。如旅游团发生了交通事故，既要将受伤的游客尽快送往医院，又要及时报告交通管理部门和旅行社领导。如果受伤的是外国游客，还需同国际救援组织联系，对其他游客还要做好安抚工作并安排好其游览活动。这类故障由于牵涉面较广，因而处理起来比较烦琐，不仅要考虑多个方面，而且在处理时间上要求甚为急迫。

此外，旅游故障还可按旅游活动六要素进行分类，以及按旅游活动的进程分为游客出发前的故障、旅途中的故障、游览中的故障、返程中的故障和酒店下榻中的故障，等等。

二、旅游故障处理的基本原则

旅游故障，无论是何种类型、涉及面大小如何，导游人员在处理过程中都应从维护游客

合法权益与维护旅行社、旅游目的地国家或地区的利益相统一这一基本原则出发，其具体表现在以下三个方面。

（一）将损失降至最小

多数旅游故障都可能同时使游客和旅行社乃至旅游目的地的利益受损，但受损的程度以及受损的表现（直接受损和间接受损）存在不同。比如，旅行车在游览途中抛锚，游客游览的时间减少了，游客可能会抱怨，旅行社的形象也受到影响。前者的利益受损是直接的，后者的利益受损是间接的。因为游客可能会抱怨旅行社为什么不安排一辆好车而安排一辆有毛病的车，由此对旅行社产生某种负面的看法。

面对旅游故障的发生，导游人员在处理时首先应尽可能使双方利益损失降到最低限度，采取相应措施尽快排除故障。如上例，若旅行车一时无法修好，导游人员应立即与旅行社联系，从速派车前来（如路途较近）或就近租车，以缩短游客减少的游览时间。其次，旅游故障的处理应及时。因为，"及时"意味着矛盾的较快解决，双方利益受损也较小。否则，拖的时间越长，双方利益受损将会越大。最后，某些旅游故障可能使双方利益面临直接冲突，导游人员在处理时应先考虑游客的利益。因为考虑游客的利益在一定意义上也是考虑旅行社的利益，它同以牺牲旅行社的利益为代价片面讨好游客有本质的不同。

（二）确保旅游活动正常进行

确保旅游活动正常进行是游客、旅行社和旅游目的地三方利益的根本所在。

"旅游活动正常进行"既是游客的需要，也是旅行社和旅游目的地旅游产品价值最终得以实现的需要。因此，在旅游故障发生时，导游人员首先应从双方的根本利益出发，及时尽早地使旅游故障得到妥善处理，确保旅游活动的正常进行。其次，在某些只涉及个别或少数游客的旅游故障发生时，要确保其余多数游客旅游活动的正常进行。例如，某游客突然患病，或因交通事故导致几位游客受伤，导游人员一方面要从速将患病或受伤的游客送医院治疗，另一方面要在安慰其他游客的同时安排好他们的参观游览活动。最后，在旅游团内对旅游项目的安排出现严重分歧之类的旅游故障发生时，导游人员应分别做好各方工作，或在安排上尽可能同时兼顾，使旅游活动得以正常进行。例如，对计划安排的文娱节目，一部分游客表示参加，另一部分游客要求观看另一文娱节目，还有少数游客则希望自由活动。如果时间许可，导游人员可同旅行社后勤联系，若有可能调整，导游人员可在妥善安排好车辆的基础上同意他们的要求。

（三）按规章办事

按规章办事是指按照我国有关法律、法规和规范来处理旅游故障。这些法律、法规和规范对有关问题的规定既吸取了国际上有关规定和通行做法的合理之处，又结合了我国的实际；既考虑了游客的利益，又考虑了我国的根本利益。因此，对于旅游故障的处理，凡是我国有关法律、法规有明确规定的，导游人员都应按规章办事，不得自行其是。例如，1988年我国外交部发布了《外国人在华死亡后的处理程序》，1994年国家旅游局发布了《重大旅游安全事故处理程序实行办法》，这两份文件对游客人身重伤、死亡、火灾和恶性事故以及造成其他重大经济损失的事件的处理办法、处理程序进行了规定。导游人员在协助旅行社领导处理这类旅游故障时，都应遵照执行。对于法律、法规没有规定的涉及旅游业务运行的有关旅游故障，如游客日程变更、游客行李丢失等，导游人员也应及时报告旅行社，根据旅行社的意见或在旅行社的协助下进行处理。

三、旅游故障处理的主要程序

由于旅游故障的突发性，导游人员往往没有思想准备，尤其是某些重大旅游事故的发生，常常使导游人员不知所措。因此，了解和熟悉旅游故障处理的主要程序，有助于导游人员正确对待和有效处理旅游故障。旅游故障处理的主要程序如下：

（一）沉着冷静，稳定游客

面对旅游故障的发生，导游人员首先应做到处变不惊、沉着冷静，这是处理好旅游故障的先决条件。因为心理上的慌张必然会导致行为上的手足无措，对于某些紧迫性的故障，如游客突发急病，就可能会丧失有效处理的良机。并且，导游人员的行为表现还会对游客产生影响，如果导游人员一时慌张，游客可能更加不知道如何是好。在游客面前，导游人员在事故处理中处于中心位置，游客都期待导游人员尽快拿出办法。所以，在面临旅游故障时，导游人员必须沉着冷静，这不仅有利于稳定其他游客的情绪，而且有助于自己保持清晰的思路，尽快采取相应的措施。

（二）分清孰轻孰重，拟定处置方案

对于涉及面较广的复合性旅游故障，导游人员要先分清轻重缓急。一般说来，应先外后内，先重后轻。

先外后内是指先考虑游客后考虑接待方有关方面；先重后轻是指先处理最紧迫的事情或造成危害最大的事情，然后根据轻重缓急拟定处置方案。例如，某外国游客下午游览回来发现其贵重物品在客房被盗，对此旅游故障的处理既涉及安抚被盗游客的情绪和听取其他游客的反映，又涉及酒店有关部门、旅行社、公安部门和保险公司报告，还涉及游客的晚餐和晚间活动的安排。此时，导游人员要有许多事情要办，应该先办什么、后办什么，导游人员必须厘清要办各项事情的轻重缓急和先后顺序，在心中拟定出初步处置方案，然后有条不紊地实施。

（三）实施拟定的处置方案

导游人员既是初步处置方案的拟定者，又是处置方案的执行者或协助执行者。所谓初步处置方案，是指某些重大旅游故障在未来得及报告旅行社之前所采取的应急方案，如发生交通事故造成游客重伤时，导游人员首先应将重伤游客送至医院，然后向旅行社和有关部门报告，再根据旅行社的意见处理余下事务。如果游客重伤导致死亡，旅行社会拟定一套具体处置方案，导游人员应协助执行。

在上文提到的外国游客物品被盗一例中，导游人员第一应解决的紧迫问题是向被盗游客了解失窃物品的名称、颜色、形状、价值、存放位置、失窃前后的情况并保护好现场；第二是向酒店报告（或委托酒店保卫部门向公安部门报案）；第三是听取旅行社的意见；第四是请公安部门侦查；第五是安排晚餐和晚间活动，并听取其他游客的反映。在公安部门侦查过程中，导游人员应协助侦查人员查清线索，力争破案。

在复合性旅游故障处理过程中，由于要办的事情较多，导游人员分身无术，所以有必要请有关人员协助具体操作,如上例中请酒店保卫人员照看现场或委托他们向公安部门报案。有些旅游故障,如游客伤亡送往医院,还需请其他随团亲属或领队一同前往,以避免随后可能带来的麻烦。

（四）遗留问题的处理

有些旅游故障虽然暂时处理了,但可能存在一些遗留问题,还需要导游人员继续协助办理。如上面的游客的物品被盗一例中,如果失窃物品没有找回,导游人员还需协助失窃游客在旅行社开具证明,再持旅行社证明到公安局部门开具失窃证明书,然后到保险公司办理索赔或供出关时查验。

（五）撰写总结报告

一些重大旅游故障处理完毕后,导游人员应向旅行社和有关旅游部门呈交事故处理书面报告,其内容主要包括:

(1) 事故发生的情况和原因。发生的时间、地点、经过、危害程度、原因及其分析。

(2) 事故处理过程。处理步骤、进展情况、参与处理的单位与人员、有关方面的反映与要求（如当事人及其亲属、领队与其他游客、当事人所在国驻华使/领馆）。

(3) 善后处理情况,如赔偿等。

(4) 事故造成的影响、应吸取的经验教训、今后的防范与改进措施。

(5) 其他需报告的事项。

在带团过程中,或大或小的旅游故障时有发生,导游人员一方面要做好各种预防工作,另一方面,不管责任在谁,都要全力以赴,认真对待,及时、果断、合情合理地进行处理。

第二节　漏接、空接、错接的预防和处理

旅游活动无论计划多么周密,都还存在一些不可控因素。对游客而言,发生任何事故都是不愉快的,甚至是不幸的。因此,问题、事故一旦发生,导游人员必须当机立断、沉着冷静,在领导的指示下合情合理地处理一系列问题,力争将事故的损失和影响减少到最低限度。

有的时候,问题、事故的发生并不是导游人员的责任,但导游人员是独立工作在旅游接待第一线的工作人员,负有帮助解决问题和协助处理事故的责任。并且,在导游服务过程中对问题和事故的处理,也是对导游人员工作能力和独立处理问题能力的重大考验,处理得好,游客满意了,导游人员的威信就会因此提高;反之,不仅游客不满,还可能留下隐患,使旅游活动不能顺利进行,甚至会演变为涉外事件。因此,在旅游活动过程中,出现问题、发生事故,不管责任在哪一方,导游人员都必须全力以赴、认真对待,及时、果断、合情合理地进行处理。

一、漏接的预防与处理

漏接是指旅游团（者）抵达后,无导游人员迎接的现象。漏接,无论是何原因引起,都会造成游客抱怨、发火,这都是正常的。导游人员应尽快消除游客的不满情绪,做好

工作。

(一) 由于主观原因所造成的漏接

1. 主观原因

（1）工作不细心。没有认真阅读接待计划，将旅游团（者）抵京的日期、时间、地点搞错。

（2）迟到。没有按规定时间提前抵达接站地点。

（3）没看变更记录。只阅读接待计划，没阅读变更记录，仍按原计划接站。

（4）没查对新的航班时刻表。特别是新、旧时刻表交替时，"想当然"地仍按旧时刻表的时间接站，因而造成漏接。

（5）导游人员举牌接站的位置选择不当。

2. 处理方法

（1）实事求是地向游客说明情况，诚恳地赔礼道歉，求得谅解。

（2）如果有费用问题（如游客乘出租车到酒店的车费），导游人员应主动将费用赔付给游客。

（3）提供更加热情周到的服务，高质量地完成计划内的全部活动内容，以求尽快消除因漏接而给游客造成的不愉快情绪。

(二) 由于客观原因造成的漏接

1. 客观原因

（1）由于种种原因，上一站接待社将旅游团原定的班次或车次变更而提前抵达，但漏发变更通知，造成漏接。

（2）接待社已接到变更通知，但有关人员没有能及时通知该团地陪，造成漏接。

（3）司机迟到，未能按时到达接站地点，造成漏接。

（4）由于交通堵塞或其他预料不到的情况发生，未能及时抵达机场（车站），造成漏接。

（5）由于国际航班提前抵达或游客在境外中转站乘其他航班而造成漏接。

2. 处理方法

（1）立即与接待社联系，告知现状，查明原因。

（2）耐心向游客作解释工作，消除误解。

（3）尽量采取弥补措施，使游客的损失减少到最低限度。

（4）必要时请接待社领导出面赔礼道歉，或酌情给游客一定的物质补偿。

(三) 漏接的预防

（1）认真阅读接待计划。导游人员接到任务后，应了解旅游团抵达的日期、时间、接站地点（具体是哪个机场、车站、码头）并亲自核对清楚。

（2）核实交通工具到达的准确时间。旅游团抵达的当天，导游人员应与旅行社有关部门联系，弄清班次或车次是否有变更，并及时与机场（车站、码头）联系，核实抵达的确切时间。

（3）提前抵达接站地点。导游人员应与司机商定好出发时间，保证按规定提前半小时到达接站地点。

二、空接的原因及处理

空接是指由于某种原因旅游团推迟抵达某站,导游人员仍按原计划预定的班次或车次接站而没有接到旅游团。

（一）空接事故的原因

（1）接待社没有接到上一站的通知。由于天气原因或某种故障,旅游团（者）仍滞留在上一站或途中。而上一站旅行社并不知道这种临时的变化,没有通知下一站接待社。此时,全陪或领队也无法通知接待社,因此,造成空接。

（2）上一站忘记通知。由于某种原因,上一站旅行社将该旅游团原定的航班或车次变更,变更后推迟抵达。但上一站有关人员由于工作疏忽,没有通知下一站接待社,造成空接。

（3）没有通知地陪。接到了上一站的变更通知,但接待社有关人员没有及时通知该团地陪,造成空接。

（4）游客本身原因。由于游客本人生病、急事,或其他原因,临时决定取消旅游,没乘飞机或火车前往下一站,但又没及时通知下一站接待社,造成空接。

（二）空接的处理

（1）导游人员应立即与旅行社有关部门联系,查明原因。

（2）如推迟时间不长,可留在接站地点继续等候,迎接旅游团的到来,同时要通知各接待单位。

（3）如推迟时间较长,导游人员应按旅行社有关部门的安排,重新落实接团事宜。

三、错接的预防及处理

错接是指导游人员接了不应由其接的旅游团（者）。

（一）错接的预防

（1）导游人员应提前到达接站地点迎接旅游团。

（2）接团时认真核实。导游人员要认真逐一核实旅游客源地派出方旅行社的名称,旅游目的地组团旅行社的名称,旅游团的代号、人数、领队姓名（无领队的团要核实游客的姓名）、下榻酒店等。

（3）提高警惕,严防社会其他人员非法接走旅游团。

（二）错接的处理

一旦发现错接,地陪应立即采取以下措施。

（1）报告领导。发现错接后马上向接待社领导有关人员报告,查明两个错换团的情况,再做具体处理。

（2）将错就错。如果经调查核实,错接发生在本社的两个旅游团之间,两个导游人员又同是地陪,那么就将错就错,两名地陪将接待计划交换之后就可继续接团。

（3）必须交换。经核查,错接的团是两家接待社的团,这种情况必须交换旅游团;两个团都属于一个旅行社接待，但两个导游人员中有一名是地陪兼全陪，那么，就应该交换旅游团。

（4）地陪要实事求是地向游客说明情况，并诚恳地道歉，以求得游客的谅解。

（5）如发生其他人员（非法导游）将游客带走，地陪应马上与酒店联系，看游客是否已住进应下榻的酒店。

第三节　旅游活动计划和日程变更的处理

一、旅游团（者）要求变更计划行程

在旅游过程中，由于种种原因，游客可能会向导游人员提出变更旅游路线或旅游日程，这时原则上应按旅游合同执行；遇有较特殊的情况或由领队提出时，导游人员也无权擅自做主，要上报组团社或接待社有关人员，需经有关部门同意，并按照其指示和具体要求做好变更工作。

二、客观原因需要变更计划和日程

旅游过程中，因客观原因、不可预料的因素（如天气、自然灾害、交通问题等）需要变更旅游团的旅游计划、路线和活动日程时，一般会出现三种情况，导游人员针对不同情况要有灵活的应变措施。

（一）缩短或取消在某地的游览时间

1. 旅游团（者）抵达时间延误，造成旅游时间缩短

（1）仔细分析因延误带来的困难和问题，并及时向接待社外联或计调部门报告，以便将情况尽快反馈给组团社，找出补救措施。

（2）在外联或计调部门的协助下，安排落实旅游团（者）的交通、住宿、游览等事宜。提醒有关人员与酒店、车队、餐厅联系，及时办理退房、退餐、退车等一切相关事宜。

（3）地陪应立即调整活动日程，压缩在每一景点的活动时间，尽量保证不减少计划内的游览项目。

2. 旅游团（者）提前离开，造成游览时间缩短

（1）地陪应立即与全陪、领队商量，采取尽可能的补救措施；立即调整活动时间，抓紧时间将计划内的游览项目完成；若有困难，无法完成计划内所有游览项目，应选择最有代表性、最具特色的重点旅游景点，以求游客对游览景点有个基本的了解。

（2）做好游客的工作。不要急于将旅游团提前离开的消息告诉游客，以免引起混乱。待与领队、全陪制定出新的游览方案后，找准时机向旅游团中有影响的游客实事求是地说明困难，诚恳地道歉，以求得谅解，并将变更后的安排向他们解释清楚，争取他们的认可和支持，最后分头做游客的工作。

（3）地陪应通知接待社计调部门或有关人员办理相关事宜，如退酒店、退餐、退车等。

（4）给予游客适当的补偿。必要时经接待社领导同意可采取加菜、风味餐、赠送小纪念品等物质补偿的办法。如果旅游团的活动受到较大的影响，游客因损失较大而引起强烈的

不满,地陪可请接待社领导出面表示歉意,并提出补偿办法。

(5) 若旅游团(者)提前离开,全陪应立即报告组团社,并通知一下站接待社。

(二) 延长旅游时间

游客提前抵达或推迟离开都会造成延长游览时间而变更游览日程。出现这种情况,地陪应该采取以下措施。

(1) 落实有关事宜。与接待社有关部门或有关人员联系,重新落实旅游团(者)的用房、用餐、用车的情况,并及时落实离站的机票、车票。

(2) 迅速调整活动日程。适当地延长在主要景点的游览时间。经组团社同意后,酌情增加游览景点,努力使活动内容充实。

(3) 提醒有关接待人员通知一下站该团的日程变化。

(4) 在设计变更旅游计划时,地陪要征求领队和全陪的建议和要求,共同商量,取得他们的支持和帮助。在改变的旅游计划决定之后,地陪应与领队、全陪商量好如何向游客解释说明,取得他们的谅解与支持。

(三) 逗留时间不变,但被迫改变部分旅游计划

出现这种情况,肯定是外界客观原因造成的。如大雪封山、维修改造进入危险阶段等,这时导游人员应采取以下措施。

(1) 实事求是地将情况向游客讲清楚,求得谅解。

(2) 提出由另一景点代替的方案,与游客协商。

(3) 以精彩的导游讲解、热情的服务激起游客的游兴。

(4) 按照有关规定做些相应补偿,如用餐时适当地加菜,或将便餐改为风味餐,赠送小礼品等。必要时,由旅行社领导出面,诚恳地向游客表示歉意,尽量让游客高高兴兴地离开。

第四节 误机(车、船)事故的预防和处理

误机(车、船)事故是指因故造成旅游团(者)没有按原定航班(车次、船次)离开本站而导致暂时滞留。

一、误机(车、船)事故的原因

(一) 客观原因导致的非责任事故

由于游客走失、不听安排或由于途中遇到交通事故、严重堵车、汽车发生故障等突发情况而造成迟误。

(二) 主观因素导致的责任事故

由于导游人员或旅行社其他人员工作上的差错造成迟误,如导游人员安排日程不当或过紧,没有按规定提前到达机场(车站、码头);导游人员没有认真核实交通票据;班次已变更但旅行社有关人员没有及时通知导游人员等。

二、误机（车、船）事故的预防

误机（车、船）带来的后果严重，杜绝此类事故的发生关键在预防，地陪应做到：

（1）认真核实机票（车票、船票）的班次、车次、日期、时间及在哪个机场（车站、码头）乘机（车、船）等。

（2）如果票据未落实，接团期间地陪应随时与接待社有关人员保持联系。没有行李车的旅游团在拿到票据核实无误后，地陪应立即将其交到全陪或游客手中。

（3）离开当天不要安排旅游团到地域复杂、偏远的景点参观游览，不要安排自由活动。

（4）留有充足的时间去机场、车站、码头，要考虑到交通堵塞或突发事件等因素。

（5）保证按规定的时间到达机场、车站、码头。乘国内航班需提前一个半小时到达机场，乘国际航班出境需提前两个小时到达机场，乘火车需提前一个小时到达火车站。

三、误机（车、船）事故的处理

一旦发生误机（车、船）事故，导游人员应按照下列步骤进行处理。

（1）导游人员应立即向旅行社领导及有关部门报告并请求协助。

（2）地陪和旅行社尽快与机场（车站、码头）联系，争取让游客乘最近班次的交通工具离开本站，或使用包机（车厢、船），或改乘其他交通工具前往下一站。

（3）稳定旅游团（者）的情绪，安排好其在当地滞留期间的食宿、游览等事宜。

（4）及时通知下一站，对日程做相应的调整。

（5）向旅游团（者）赔礼道歉。

（6）写出事故报告，查清事故的原因和责任，责任者应承担经济损失并受政纪处分。

第五节　遗失的预防和处理

一、证件、钱物、行李遗失的预防

（1）多做提醒工作。参观游览时，导游人员要提醒游客带好随身物品和提包；在热闹、拥挤的场所和购物时，导游人员要提醒游客保管好自己的钱包、提包和贵重物品；离开酒店时，导游人员要提醒游客带好随身物品和行李，检查是否带齐了旅行证件；下车时提醒游客不要将贵重物品留在车上。

（2）不替游客保管证件。导游人员在工作中需要游客的证件时，要经由领队收取，用完后立即如数归还，不要代为保管；还要提醒游客保管好自己的证件。

（3）切实做好每次行李的清点、交接工作。

（4）游客每次下车后，导游人员都要提醒司机清车、关窗并锁好车门。

二、遗失证件的处理

当游客遗失证件时，导游人员应做到：

（1）请失主冷静地回忆，详细了解丢失的情况，找出线索，尽量协助寻找。

（2）如确已丢失，导游人员应马上报告公安部门、接待社领导和组团社，并留下失主的详细地址、电话。

（3）根据领导或接待社有关人员的安排，导游人员应协助失主办理补办手续，所需费用由失主自理。

证件有多种，导游人员应根据游客遗失证件的不同类型，采用不同的办法处理或协助游客处理。

（一）丢失外国护照和签证

（1）由旅行社出具证明。

（2）请失主准备照片。

（3）请失主本人持证明去当地公安局（外国人出入境管理处）报失，由公安局出具证明。

（4）请失主持公安局的证明去所在国驻华使/领馆申请补办新护照。

（5）失主领到新护照后，再请其去公安局办理签证手续。

（二）丢失团体签证

（1）由接待社开具遗失公函。

（2）准备原旅游团体签证复印件（副本）。

（3）重新打印与原旅游团体签证格式、内容相同的该团人员名单。

（4）准备该团全体游客的护照。

（5）持以上证明材料到公安局（外国人出入境管理处）报失，并填写有关申请表（可由一名游客填写，其他成员附名单）。

（三）丢失中国护照和签证

1. 华侨丢失护照和签证

（1）接待社开具遗失证明。

（2）请失主准备彩色照片。

（3）请失主持证明、照片到公安局（外国人出入境管理处）报失并申请办理新护照。

（4）失主持新护照到其居住国驻华使/领馆办理入境签证手续。

2. 中国公民出境旅游时丢失护照、签证

（1）请当地陪同协助到当地警察机构报案，并取得警察机构开具的报案证明。

（2）持遗失证明到当地警察机构报案，并取得警察机构开具的报案证明。

（3）持当地警察机构的报案证明和有关材料到我国驻该国使/领馆领取《中华人民共和国旅行证》。

（4）回国后，可凭《中华人民共和国旅行证》和境外警方的报失证明，申请补发新护照。

（四）丢失港澳居民来往内地通行证（港澳同胞回乡证）

（1）向公安局报失，并取得报失证明；或由接待社开具遗失证明。

（2）持报失证明或遗失证明到公安局（外国人出入境管理处）申请领取赴港澳证件。

（3）经出入境管理部门核实后，给失主签发一次性《中华人民共和国入出境通行证》。

（4）失主持该通行证回港澳地区后，填写《港澳居民来往内地通行证件遗失登记表》和申请表，凭本人的港澳居民身份证，向通行证受理机关申请补发新的通行证。

（五）丢失台湾同胞旅行证明

失主向遗失地的中国旅行社或户口管理部门或侨办报失，经核实后给其发一次性有效的入出境通行证。

（六）丢失中华人民共和国居民身份证

由接待社开具证明，失主持证明到公安局报失，经核实后开具身份证明，机场安检人员核准放行。失主回到居住所在地后，凭公安局报失证明和有关材料到当地派出所办理新身份证。

三、丢失钱物的处理

（一）外国游客丢失钱物的处理

（1）稳定失主情绪；详细了解物品丢失的经过，物品的数量、形状、特征、价值；仔细分析物品丢失的原因、时间、地点；迅速判断丢失的性质，是不慎丢失还是被盗。

（2）立即向公安局或保安部门以及保险公司报案（特别是贵重物品的丢失）。

（3）及时向接待社领导汇报，听取领导指示。

（4）接待社出具遗失证明。

（5）若丢失的是贵重物品，失主应持遗失证明、本人护照或有效身份证件到公安局（外国人出入境管理处）填写《失物经过说明》，列出遗失物品清单。

（6）若失主遗失的是入境时向海关申报的物品，要出示《中国海关行李申报单》。

（7）若将《中国海关行李申报单》遗失，失主要在公安局（外国人出入境管理处）申请办理《中国海关行李申报单报失证明》。

（8）若遗失物品已在国外办理财产保险，领取保险时需要证明，失主可以向公安局（外国人出入境管理处）申请办理《财物报失证明》。

（9）若遗失物品是旅行支票、信用卡等票证，失主在向公安机关报失的同时也要及时向有关银行挂失。

失主持以上由公安局开具的所有证明，可供出海关时查验或向保险公司索赔。发生证件、财物、特别是贵重物品被盗是治安事故，导游人员应立即向公安机关及有关部门报警，并积极配合有关部门早日破案，挽回因此事给旅行社带来的不良影响。若不能破案，导游人员要尽力安慰失主，帮助其按上述步骤办理。

（二）国内游客丢失钱物的处理

（1）立即向公安局、保安部门或保险公司报案。

（2）及时向接待社领导汇报。

（3）若旅游团结束时仍未破案，导游人员可根据失主丢失钱物的时间、地点、责任方等具体情况做善后处理。

四、行李遗失的处理

（一）来华途中丢失行李

（1）带失主到机场失物登记处办理行李丢失和认领手续。失主需出示机票及行李牌，详细说明始发站、转运站,说清楚行李件数及丢失行李的大小、形状、颜色、标记、特征等,并将其一一填入失物登记表;导游人员将失主将下榻酒店的名称、房间号和电话号码(如果已经知道的话)告诉机场失物登记处并记下其电话和联系人,记下有关航空公司办事处的地址、电话,以便联系。

（2）游客在当地游览期间,导游人员要不时打电话询问寻找行李的情况,一时找不回行李,要协助失主购置必要的生活用品。

（3）若离开本地前行李还没有找到,导游人员应帮助失主将接待旅行社的名称、全程旅游线路以及各地可能下榻的酒店名称转告有关航空公司,以便行李找到后及时运往相应地点交还失主。

（4）如行李确实丢失,失主可向有关航空公司索赔或按国际惯例求得赔偿。

（二）在中国境内丢失行李

外国游客在我国境内旅游期间丢失行李,一般是在三个环节上出了差错,即交通运输部门、酒店行李部门和旅行社的行李员。导游人员必须认识到,不论是在哪个环节出现的问题,都是我方的责任,应积极设法负责查找。

（1）仔细分析,找出差错的线索或环节。

①如果游客在机场领取行李时找不到托运的行李,则很有可能是上一站行李交接或机场行李托运过程中出现了差错。这时,一方面,全陪应马上带领失主凭机票和行李牌到机场行李查询处登记,办理行李丢失或认领手续,并由失主填写行李丢失登记表;另一方面,地陪应立即向接待社领导或有关人员汇报,安排有关人员与机场、上一站接待社、有关航空公司等单位联系,积极寻找。

②如果抵达酒店后,游客告知没有拿到行李,问题则可能出现在四个方面。其一:本团游客误拿;其二:酒店行李部投递出错;其三:旅行社行李员与酒店行李员交接时有误;其四:行李在往返运送行李途中丢失。

出现这种情况,地陪应立即依次采取以下措施。首先,地陪与全陪、领队一起先在本团内寻找。其次,如果不是以上原因,地陪应立即与酒店行李部取得联系,请其设法查找。最后,如果仍找不到行李,地陪应马上向接待社领导或有关部门汇报,请其派人了解旅行社行李员的有关情况,设法查找。

（2）做好善后工作。导游人员应主动关心失主,对因丢失行李给失主带来的诸多不便表示歉意,并积极帮助其解决因行李丢失而带来的生活方面的困难。

（3）随时与有关方面联系,询问查找进展情况。

（4）若行李找回,导游人员应及时将找回的行李归还失主;若确定行李已丢失,应由责任方负责人出面向失主说明情况,并表示歉意。

（5）帮助失主根据有关规定或惯例向有关部门索赔。

（6）事后写出书面报告(事故的全过程:行李丢失的原因、经过、查找过程、赔偿情况及失主和其他游客的反映)。

第六节　游客走失的预防和处理

在参观游览或自由活动时，时常有游客走失的情况。一般说来，造成游客走失的原因有三种：一是导游人员没有向游客讲清车号、停车位置或景点的游览路线；二是游客对某种现象和事物产生兴趣，或因在某处摄影滞留时间较长而脱离团队自己走失；三是在自由活动、外出购物时，游客没有记清酒店地址和路线而走失。

无论哪种原因，都会影响游客的情绪、有损导游人员的带团质量。导游人员只要有责任心，肯下功夫，就会降低这种事故的发生率。一旦发生这种事故，也要立即采取有效措施以挽回不良影响。

一、游客走失的预防

（1）做好提醒工作。导游人员要提醒游客记住接待社的名称，旅行车的车号和标志，下榻酒店的名称、电话号码，要带上酒店的店徽等。团体游览时，要提醒游客不要走散；自由活动时，提醒游客不要走得太远；不要回酒店太晚；不要去热闹、拥挤、秩序混乱的地方。

（2）做好各项活动的安排和预报。在出发前或旅游车离开酒店后，地陪要向游客报告一天的行程，上、下午游览点和吃中、晚餐餐厅的名称和地址。到游览点后，在景点示意图前，地陪要向游客介绍游览线路，告知旅游车的停车地点，强调集合时间和地点，再次提醒旅游车的特征和车号。

（3）时刻和游客在一起，经常清点人数。

（4）地陪、全陪和领队应密切配合，全陪和领队要主动负责做好旅游团的断后工作。

（5）导游人员要以高超的导游技巧和丰富的讲解内容吸引游客。

二、游客走失的处理

（一）游客在旅游景点走失

（1）了解情况，迅速寻找。导游人员应立即向其他游客、景点工作人员了解情况并迅速寻找。地陪、全陪和领队要密切配合，一般情况下是全陪、领队分头去找，地陪带领其他游客继续游览。

（2）寻求帮助。在经过认真寻找仍然找不到走失者后，导游人员应立即向游览地的派出所和管理部门求助，特别是面积大、范围广、进出口多的游览点，因寻找工作难度较大，争取当地有关部门的帮助尤其必要。

（3）与酒店联系。在寻找过程中，导游人员可与酒店前台、楼层服务台联系，请他们注意走失游客是否已经回到酒店。

（4）向旅行社的报告。如采取了以上措施仍找不到走失的游客，地陪应向旅行社及时报告并请示帮助，必要时请示领导，并向公安部门报案。

（5）做好善后工作。找到走失的游客后，导游人员要做好善后工作，分析其走失的原因。如属导游人员的责任，导游人员应向该游客赔礼道歉；如果责任在游客，导游人员也不应指责或训斥对方,而应对其进行安慰,讲清利害关系,提醒以后注意。

(6)写出事故报告。若发生严重的走失事故,导游人员要写出书面报告,详细记述游客走失经过、寻找经过、走失原因、善后处理情况及其他游客的反映等。

(二)游客在自由活动时走失

(1)立即报告接待社和公安部门。导游人员在得知游客自己在外出时走失,应立即报告旅行社领导,请求指示和帮助;通过有关部门向公安局管区派出所报案,并向公安部门提供走失者可辨认的特征。

(2)做好善后工作。找到走失者,导游人员应表示高兴;问清情况,安抚其因走失而受惊的情绪,必要时提出善意的批评,提醒其引以为戒,避免走失事故再次发生。

(3)若游客走失后出现其他情况,应视具体情况作为治安事故或其他事故处理。

第七节 游客患病、死亡问题的处理

一、游客患病的预防

(1)游览项目选择有针对性。在做准备工作时,导游人员应根据旅游团的信息材料,了解旅游团成员的年龄及旅游团其他情况,做到心中有数。

(2)安排活动日程要留有余地。要做到劳逸结合,使游客感到轻松愉快;不要将一天的游览活动安排得太多、太满;更不能将体力消耗大、游览项目多的景点集中安排,要有张有弛;晚间活动的时间不宜排得过长。

(3)随时提醒游客注意饮食卫生,不要买小商小贩的食品,不要喝生水。

(4)及时报告天气变化。提醒游客要随着天气的变化及时增减衣服,带雨具等,尤其是炎热的夏季要提醒游客注意预防中暑。

二、游客患一般疾病的处理

经常有游客会在旅游期间感到身体不适或患一般疾病,如感冒、发烧、水土不服、晕车、失眠、便秘、腹泻等,这时导游人员应做到以下几点。

(1)劝游客及早就医,注意休息,不要强行游览。在游览过程中,导游人员要注意观察游客的神态、气色。若发现游客有病态时,应对其多加关心,让其坐在较舒服的座位上,或留在酒店休息,但一定要通知酒店给予关照,切不可劝其强行游览。游客患一般疾病时,导游人员应劝其及早去医院就医。

(2)关心患病的游客。对因病没有参加游览活动,留在酒店休息的游客,导游人员要主动前去问候其身体状况,以示关心。必要时通知餐厅为其提供送餐服务。

(3)需要时,导游人员可陪同患病游客前往医院就医,但应向其讲清楚,所需费用自理,还应提醒其保存诊断证明和收据。

(4)导游人员严禁擅自给患病游客用药。

此外,导游人员还需了解和掌握以下一些旅游过程中常见的疾病预防和处理方法。

1. 晕车、晕船、晕机

晕车、晕船和晕机一样，医学上统称为运动病。其原因除了身体对交通工具的某些不适外，还有其他一些原因。凡是有这些问题的游客，旅行前应有足够的睡眠，睡眠充足，精神养好，才能提高对运动刺激的抗衡能力；乘坐交通工具前半小时口服晕车药或用止痛膏贴于肚脐上；乘坐前不宜过饥或过饱，只吃七八分饱，尤其不能吃高蛋白和高脂肪食品，否则容易出现恶心、呕吐等症状；在乘坐交通工具时不要紧张，要注意保持精神放松，不要总想着会晕，最好跟人聊天，以分散注意力；尽量坐比较平稳且与行进方向一致的座位，头部适当固定，避免过度摆动，同时使交通工具内适当通风，保持空气流通和新鲜。

旅途中尽量不要看窗外快速移动的景物；有恶心、呕吐等征兆时，可作深呼吸；有条件的，用热毛巾擦脸或在额头放置凉的湿毛巾。发生晕车、晕机、晕船时，最好静卧休息或尽量将座椅向后放平，闭目养神；千万不能在车厢内走动，否则会加重症状；此外，不可进食、饮水。

老人在乘坐交通工具时发生头昏、呕吐、恶心、出冷汗等征兆时，切勿考虑为运动病，因为老人的前庭器官功能较迟钝，对运动反应不太敏感，一般不会发生运动病。同时，心脑血管急症（如心肌梗死、中风）患者也有以上症状，所以，应找医务人员处理较妥。

2. 腹泻

出门旅行时，腹泻会给旅途生活带来很大麻烦。因此，游客应注意饮食卫生，养成良好的个人卫生习惯。只要在旅途中时时牢记"防止病从口入"这一警语并严格遵守，一般是不会发生腹泻现象的。

腹泻时可适当地服用药物。黄连素片是预防和治疗腹泻的良药，如果在旅途中感到进食后有胃肠不适，或对饮食店的卫生觉得不尽如人意，或进食的食物不太新鲜，均可立服黄连素片2~3片，定能起到预防作用。如果不慎染上急性腹泻，就立刻采取治疗措施。急性腹泻若治疗不及时，就会转变成慢性肠炎，慢性肠炎可反复发作，很难彻底治愈，虽不致危及生命，但可伴follow终生。

3. 骨折

（1）发生骨折，一般分内伤、外伤两种情况。导游人员应采取现场紧急救护，办法是：止血（手压法、加压包扎法、止血带法）、包扎（清洗伤口，包扎松紧适度）、上夹板（固定两端关节，避免转动骨折肢体）。

（2）及时送医院救治。导游人员应保存好诊断书、医疗费用清单等单据，以便向保险公司索赔。

（3）报告旅行社，并写出事故报告。

4. 中暑

夏季在湿热无风的山区中开展登山活动时，由于身体无法靠汗液蒸发来控制体温，人就会中暑。中暑的主要症状为：头痛，晕眩，烦躁不安，脉搏强而有力，呼吸有杂音，体温可能上升至40℃以上，皮肤干燥泛红。如果不及时救治，中暑者可能很快会失去意识，且程度很深，有可能导致意外的发生。

因此，在夏季登山前一定要准备好预防和治疗中暑的药物，如：十滴水、清凉油、人丹等。另外，还应该准备一些清凉饮料和太阳镜、遮阳帽等防暑装备。

旅途中，一旦有游客中暑，导游人员应尽快将其移至阴凉通风处，将其衣服用冷水浸湿，裹住身体，并保持潮湿，或不停地扇风散热并用冷毛巾擦拭其身体，直到其体温降到38℃以下。如果中暑者意识清醒，应让其一半坐姿休息，头与肩部给予支撑；若中暑者已失去意识，则应让其平躺。通过以上救治措施，中暑者的体温如已下降，则改以干衣物覆盖，并充分休息；否则，重复以上措施，并尽快送医院救治。

5. 虫咬皮炎和蜂蜇蛇咬

虫咬皮炎往往是由臭虫、跳蚤、蚊子、蜈蚣等昆虫叮咬或接触其毒毛所致的皮肤炎症反应。多见于暴露部位皮肤，表现为小出血点、丘疹、风团等，常可见皮疹中央有虫咬痕迹，伴有不同程度的瘙痒或疼痛。一般采取的方法有涂花露水、防蚊油、清凉油、风油精等，瘙痒剧烈者者应及时赴医院就诊。

对蜂蜇要注意预防，蜂巢常在地草丛和灌木丛远处，发现蜂巢应绕行。如有人误惹了蜂群，而招致攻击，唯一的办法是用衣物保护好自己的头颈，反向逃跑或原地趴下，千万不要试图反击，否则只会招致更多的攻击。如果不幸已被蜂蜇，可用针或镊子挑出蜂刺，但不要挤压，以免剩余的毒素进入体内；然后用氨水、苏打水甚至尿液涂抹被蜇伤处，以中和毒性；可用冷水浸透毛巾敷在伤处，以减轻肿痛；最后，赴医院就诊。

野外旅游活动中，如果游客不慎被蛇咬伤，导游人员首先应判断是否为毒蛇所咬，若伤口无牙痕，并在20分钟内没有局部疼痛、肿胀、麻木和无力等症状，则为无毒蛇咬伤，只需要对伤口清洗、止血、包扎，若有条件再送医院注射破伤风针即可。如果伤口上有两个较大和较深的牙痕，则为毒蛇咬伤，咬后10～20分钟后，其症状才会逐渐呈现。可先找一根布带或长鞋带在伤口靠近心脏上端扎紧，缓解毒素扩散，每隔10分钟左右，放松2～3分钟，以防肢体坏死，同时用冷水反复冲洗伤口表面的蛇毒；再以牙痕为中心，用消过毒的小刀将伤口的皮肤切成十字形，用力挤压、拔火罐，或在伤口上覆盖4～5层纱布，用嘴隔纱布用力吸吮，尽量将伤口内的毒液吸出；然后让伤者服用解蛇毒药片，再将解蛇毒药粉涂抹在伤口周围，尽量减缓伤者的行动，并迅速将其送到附近的医院就诊。

6. 外伤出血

在旅途中如被刀等利器割伤，可用干净水冲洗，然后用清洁的布或手巾等包住。轻微出血可采用压迫止血法，一小时过后每隔10分钟左右要松开一下，以保障血液循环。如仍出血不止，可用布条或带子扎紧止血，一般扎在出血部位的上方，每半小时放松一下，直至血止住。

7. 心脏病猝发

首先要了解心脏病发作的症状有哪些。心脏病的常见症状有：胸前压迫样疼痛并可能放射到双臂颈及下颌，心跳不规则、呼吸困难、焦虑恐惧、眩晕、恶心呕吐、大汗、口唇甲床苍白或紫绀，皮肤苍白、青紫及意识丧失等。

游客心脏病猝发时，导游人员切忌急着将其抬或背着去医院，而应立即拨打急救电话，同时，进行急救措施。

（1）检查呼吸道。检查呼吸及循环，如果患者没有呼吸、脉搏及心跳，应开始心肺复苏。

（2）保持患者镇静、舒适。应解开患者颈、胸、腰部比较紧的衣服，如果患者神志丧失,应将其摆成恢复性体位(支撑患者的头部并使其处于腹卧位,将靠近导游人员这一侧的上臂及膝关节屈曲,轻轻地将头部后仰,以保证呼吸道的通畅)。保持患者温暖,必要时可用毛毯或衣物盖其身体,用凉的湿毛巾敷在其前额上。注意:不要摇晃患者或用冰水泼患者以试图弄醒他,不要让患者进食及喝水。

(3) 由患者亲属或领队或其他游客从患者口袋中寻找备用药物让其服用,如将硝酸甘油 1 片,让其舌下含服,10 分钟后如仍未缓解,可再含 1 片。

(4) 持续监测其呼吸及脉搏,必要时开始心肺复苏。

三、游客突患重病的处理

(一) 在前往景点途中突然患病

游客在去旅游景点的途中突然患病,导游人员应做到:

(1) 在征得患病游客或其亲友、领队的同意后,立即将患病游客送往就近的医院治疗,或拦截其他车辆将其送往医院。必要时,暂时中止旅行,用旅游车将患病游客直接送往医院。

(2) 及时将情况通知接待社有关人员。

(3) 一般由全陪、领队、患病游客亲友同往医院。如无全陪和领队,地陪应立即通知接待社请求帮助。

(二) 在参观游览时突然患病

(1) 不要搬动患病游客,让其就地坐下或躺下。

(2) 立即拨打电话叫救护车(医疗急救电话:120)。

(3) 向景点工作人员或管理部门请求帮助。

(4) 及时向接待社领导及有关人员报告。

(三) 在酒店突然患病

游客在酒店突患重病,应先由酒店医务人员抢救,然后送往医院,导游人员再将具体情况及时向接待社领导汇报。

(四) 在向异地转移途中突患重病

在乘飞机、火车、轮船前往下一站的途中,游客突患重病,这时导游人员应做到:

(1) 全陪应请求乘务员帮助,在乘客中寻找从医人员。

(2) 通知下一站旅行社做好抢救的各项准备工作。

(五) 处理要点

(1) 游客病危,需要送往急救中心或医院抢救时,需由患病游客家属、亲友或领队陪同前往。

(2) 如果患病游客是国际急救组织的投保者,导游人员应提醒其亲属或领队及时与该组织的代理机构联系。

(3) 在抢救过程中,需要领队或患病游客亲友在场,并详细记录患病游客患病前后的症状及治疗情况,并请接待社领导到现场或与接待社保持联系,随时汇报患病游客情况。

（4）如果需要做手术，需征得患病游客亲属的同意，如果亲属不在，需由领队同意并签字。

（5）若患病游客病危，但亲属又不在身边，导游人员应提醒领队及时通知其亲属。如果患病游客亲属是外国人士，导游人员要提醒领队通知其所在国使/领馆。待患病游客亲属到后，导游人员要协助其解决生活方面的问题；若找不到亲属，一切按使/领馆的书面意见处理。

（6）有关诊治、抢救或动手术的书面材料，应由主治医生出具证明并签字，导游人员要妥善保存。

（7）地陪应请求接待社领导派人帮助照顾患病游客、办理医院的相关事宜，同时安排好旅游团继续按计划活动，不得将全团活动中断。

（8）患病游客转危为安但仍需要继续住院治疗，不能随团继续旅游或出境时，接待社领导和导游人员（主要是地陪）要不时地去医院探望，帮助其办理分离签证、延期签证以及出院和回国手续等事宜。

（9）患病游客住院和医疗费用自理。如患病游客没钱看病，领队或组团社应与境外旅行社、其家人或保险公司联系，解决相关费用问题。

（10）患病游客在离团住院期间未享受的综合服务费由中外旅行社之间结算后，按协议规定处理。患病游客亲属滞留期间的一切费用自理。

四、游客因病死亡的处理

游客在旅游期间不论因什么原因导致死亡，都是一件很不幸的事情。当出现游客死亡的情况时，导游人员应沉着冷静，立即向接待社领导和有关人员汇报，按有关规定办理善后事宜。

（1）如果死者的亲属不在身边，导游人员应立即通知其亲属前来处理后事；若死者是外国人士，应通过领队或有关外事部门迅速与死者所属国的驻华使/领馆联系，通知其亲属来华。

（2）由参加抢救的医生向死者的亲属、领队及好友详细报告抢救经过，并出示"抢救工作报告""死亡诊断证明书"，由主治医生签字后盖章，复印后分别交给死者的亲属、领队或旅行社。

（3）对死者一般不做尸体解剖，如果要求解剖尸体，应由死者的亲属或领队，或其所在国家使/领馆有关官员签字的书面请求，经医院和有关部门同意后方可进行。

（4）如果死者属非正常死亡，导游人员应保护好现场，立即向公安局和旅行社领导汇报，协助查明死因。如需解剖尸体，要征得死者亲属和领队或所在国驻华使/领馆人员的同意，并签字认可。解剖后写出《尸体解剖报告》（无论属何种原因解剖尸体，都要写《尸体解剖报告》），此外，旅行社还应向司法机关办理《公证书》。

（5）死亡原因确定后，在与领队、死者亲属协商一致的基础上，请领队向全团宣布死亡原因及抢救、死亡经过等情况。

（6）遗体的处理。一般以火化为宜，遗体火化前，应由死者亲属或领队，或所在国家驻华使/领馆写出《火化申请书》，并签字后进行火化。

（7）死者遗体由领队、死者亲属护送火化后，火葬场出具死者《火化证明书》，将其交给领队或死者亲属；若死者是外国人士，我国民政部门将发给其亲友携带骨灰出境的证明。各有关事项的办理，旅行社应予以协助。

（8）死者如在生前已办理人寿保险，旅行社应协助死者亲属办理人寿保险索赔、医疗费报销等有关证明。

（9）出现因病死亡事件后，除领队、死者亲属和旅行社代表负责处理外，其余游客仍按原计划参观游览。至于旅行社派何人处理死亡事故、何人负责团队游览活动，一律请示旅行社领导。

（10）若死者是外国人士，其亲属要求将其遗体运回国，除需办理上述手续外，还应由医院对尸体进行防腐处理；并办理《尸体防腐证明书》《装殓证明书》《外国人运送灵柩（骨灰）许可证》和《尸体灵柩进出境许可证》等有关证件；再由死者所属国驻华使/领馆办理一张经由国的通行证，此证随灵柩通行，如此方可将遗体运出境。灵柩要按有关规定包装运输，要用铁皮密封，外廓要包装结实。

（11）有关抢救死者的医疗、火化、尸体运送、交通等各项费用，一律由死者亲属或该团队交付。

（12）死者的遗物由其亲属或领队、死者生前好友代表、全陪或其所在国驻华使/领馆有关官员共同清点造册，列出清单，清点人要在清单上一一签字，一式两份，签字人员分别保存。遗物要交给死者亲属或死者所在国家驻华使/领馆有关人员。接收遗物者应在收据上签字，收据上应注意接收的时间、地点、在场人员等。

> **小贴士**　　**处理游客死亡事故**
>
> 在处理游客死亡事故时，导游人员应注意的问题是：
> （1）必须有死者的亲属、领队、使/领馆人员及旅行社有关领导在场，导游人员和旅行社人员切忌单独行事。
> （2）有些环节还需公安局、旅游局、保险公司的有关人员在场。每个重要环节应经得起事后查证并有文字根据。
> （3）口头协议或承诺均属无效。事故处理后，导游人员应将全部报告、证明文件、清单及有关材料存档备单。

第八节　游客越轨言行的处理

越轨行为一般是指游客侵犯一个主权国家的法律和世界公认的国际准则的行为。外国游客在中国境内必须遵守中国的法律，若犯法，必将受到中国法律的制裁。

对于游客越轨言行的处理，导游人员事前要认真调查核实，处理时要特别注意"四个分清"：分清越轨行为和非越轨行为的界限，分清有意和无意的界限，分清无故和有因的界限，分清言论和行为的界限。

导游人员应积极向游客介绍中国的有关法律及注意事项，多做提醒工作，以免个别游客无意中做出越轨、犯法行为；发现可疑现象，导游人员要有针对性地给予必要的提醒和警告，迫使预谋越轨者知难而退；对顽固不化者，其越轨言行一经发现，应立即汇报，并协助有关部门进行调查，分清性质。处理这类问题时，导游人员要严肃认真、实事求是，合情、合理、合法。

一、对攻击和诬蔑言论的处理

对于海外游客来说，由于其国家的社会制度与我国的不同，政治观点也会有差异，因此，他们中的一些人可能对中国的方针政策及国情有误解或不理解，在一些问题的看法上产生分歧也是正常现象，可以理解。此时，导游人员要积极友好地介绍我国的国情，认真地回答游客的问题，阐明我国对某些问题的立场、观点。总之，多做工作，求同存异。

对于个别游客站在敌对的立场上进行恶意攻击、蓄意诬蔑挑衅，作为一名中国的导游人员要严正驳斥，驳斥时要理直气壮、观点鲜明。导游人员应首先向其阐明自己的观点，指出问题的性质，劝其自制；如果其一意孤行，影响面大，或有违法行为的，导游人员应立即向有关部门报告。

二、对违法行为的处理

对于海外游客的违法行为，导游人员首先要分清其是由于对我国的法规缺乏了解还是明知故犯。对前者，应对其讲清道理，指出错误之处，并根据其违法行为的性质、危害程度，确定是否报有关部门处理；对后者，导游人员要提出警告，明确指出其行为是中国法律和法规所不允许的，并报告有关部门严肃处理。

中外游客中若有窃取国家机密和经济情报，宣传邪教，组织邪教活动，走私，贩毒，偷窃文物，倒卖金银，套购外汇，贩卖黄色书刊、录像、录音带，嫖娼、卖淫等犯罪活动，导游人员一旦发现应立即报告，并配合司法部门查明罪责，公正处理。

三、对散发宗教宣传品行为的处理

海外游客若在中国散发宗教宣传品，导游人员一定要予以劝阻，并向其宣传中国的宗教政策，指出不经我国宗教团体的邀请和允许，不得在我国布道、主持宗教活动和在非完备活动场合散发宗教宣传品。导游人员在处理这类事件时要注意政策界限和方式方法，但对不听劝告并有明显破坏活动者，应迅速报告，由司法、公安有关部门处理。

四、对违规行为的处理

（一）一般性违规的预防及处理

在旅游接待中，导游人员应向游客宣传、介绍、说明旅游活动中涉及的具体规定，防止游客因不知而误从。例如：参观游览中某些地方禁止摄影，禁止进入，等等，导游人员都要事先讲清，并随时提醒。若在导游人员已讲清了、提醒了的情况下明知故犯，当事人要按规定受到应有的处罚（由管理部门、司法机关处理）。

（二）对异性越轨行为的处理

对于游客中举止不端、行为猥亵的任何表现，导游人员都应向其郑重指出其行为的严重性，令其立即改正。导游人员遇到此类情况时，为了自卫要采取断然措施，对情节严重者应及时报告有关部门依法处理。

（三）对酗酒闹事者的处理

游客酗酒，导游人员应先规劝并严肃指出可能造成的严重后果，尽力阻止其饮酒。不听劝告、扰乱社会秩序、侵犯他人、造成物质损失的酗酒游客必须承担一切后果，甚至法律责任。

第九节　旅游投诉的处理

旅游投诉是指游客对旅游产品和服务质量低于旅游合同的约定或其期望所表示的不满，采用口头或书面形式的诉求。旅游投诉有的发生在旅游活动之后，有的发生在旅游活动进行过程之中。后一种情况如果得不到及时处理，会对旅游活动形成障碍，甚至引起更加严重的后果。因此，在导游服务中，导游人员对来自游客的投诉应认真对待，使之得到及时、妥善的处理。

一、旅游投诉产生的原因

（一）旅游服务部门的原因

1. 旅游交通方面

游客没能乘坐上旅游合同中规定的交通工具，旅游交通服务并不安全、准时、规范，交通部门及其司乘人员的服务态度不好，这些常常会引起游客的不满，成为旅游投诉的主要原因之一。

2. 旅游住宿服务方面

游客未能享受到旅游合同中规定的住宿设施和相应的服务，服务人员态度恶劣，卫生条件差、设备破旧等原因也往往是游客采取投诉行为的重要原因。

3. 旅游餐饮服务方面

导游人员安排的游客餐食由于某些餐厅或餐馆的菜肴分量少、质量差，游客吃不饱以及就餐环境脏乱、服务人员态度恶劣等原因，使游客感到价、质不符，因而也会引起游客的投诉。

4. 其他旅游服务部门方面

其他一些旅游服务部门如游览景点、娱乐场所、购物商店等也可能因服务质量低下，成为游客向导游人员提出投诉的原因。

（二）旅行社方面的原因

1. 擅自改变旅游活动日程

有些导游人员在未取得旅游团领队和多数游客的同意，也未向旅行社领导请示的情况下，就擅自改变旅游计划中的日程安排，甚至减少计划规定的部分游览项目，因而引起游客不满，进而进行投诉。

2. 旅游活动日程安排不当

旅游活动日程安排欠妥，包括活动内容重复，老年活动日程过紧，年轻人活动日程过松以及购物时间过多等。它们都可能引发游客提出投诉。

3. 导游人员工作不力和失误

导游人员工作不力和失误包括服务态度恶劣、不提供导游讲解服务以及因工作疏忽而造成各种责任事故，如漏接、误机（车、船）、行李丢失和损坏等。这类情况会造成游客的强烈不满，也是产生投诉的重要原因。

4. 延长购物时间和增加自费项目

有些导游人员为增加个人收入，将游览的时间安排得很紧，以挤出更多的时间和次数安排游客购物，甚至强迫游客参加自费项目，因此常常引发游客提出投诉。

5. 处理旅游投诉的态度消极

有些旅行社管理者和导游人员在接待和处理游客的投诉时态度消极，措施不到位，常常推卸责任，避重就轻，强调客观（如不可抗力），甚至与游客产生对立，从而刺激了游客，使游客更加恼怒，促发了游客的投诉。

（三）游客方面的原因

1. 游客对旅游合同的内容理解不当

有些游客由于不熟悉旅游服务质量标准、旅游法规和旅行社管理体制，在购买旅游产品时没有细致地研究旅游合同各项条款和内容，从自己的认识角度出发来界定旅行社的服务质量，因而感到自身的合法权益受到损害，从而采取投诉行动。

2. 游客对旅游活动的期望值过高

有些游客对旅行社安排的旅游活动期望值过高，认为可以饱览所到各地的锦绣山川、名胜古迹，吃、住、行都很顺利，一旦实际经历与出发前的想法有了距离、形成落差，就感到其合法权益受到了侵害，从而产生不满，也采取了投诉行动。

3. 游客的法律意识淡薄

有些游客的法律意识淡薄，在依法开展旅游活动和维护自身权益方面存在一定程度上的认识偏差。一方面，少数游客随意签约、毁约，强行逃避违约应尽的责任，不愿支付违约金，在与旅行社争持不下的情况下采取了投诉行为；另一方面，一些游客滥用"精神损失"概念，要求赔偿损失时漫天要价，提出不切实际的巨额赔偿要求，认为只有这样才有可能获得更多利益。

小知识　　　　　　　　　　**游客投诉的心理特征**

不同的游客，其投诉的心理也不尽相同，通常主要有三种，即求尊重的心理、求发泄的心理和求补偿的心理。

1. 求尊重的心理

求尊重是人之常情，游客希望在旅游过程中其人格和尊严受到尊重，尤其是那些身份和地位较高的游客。接待人员和有关服务人员若稍不注意，其言行有时在他们看来不仅是不尊重，而简直是一种侮辱，因而引起他们的不满而产生投诉，其目的是求得尊重，而对于经济补偿则不大重视，也不关心旅行社管理者是否会严肃处理被投诉的有关人员。有些时候，当投诉的游客从旅行社管理者那里得到尊重的表示后，甚至会请求不要惩罚被投诉者。

2. 求发泄的心理

求发泄是游客通过投诉来表达其内心的愤懑情绪和不满的一种形式。他们因对导游人员或其他旅游服务人员的态度和行为感到不满，觉得受了委屈或虐待，希望向别人诉说其心中的不快。这类游客在投诉时或反复诉说其不幸遭遇，或十分激动使用激烈的语言对被投诉者进行指责。这类情况往往发生在游客的期望和要求多次提出而得不到满足或旅游产品和服务存在较大或较多缺陷时。具有要求发泄心理的游客提出投诉的主要目的是向旅行社和导游人员发泄其心中的不满和怨气。当他们的怨气发泄完毕，并得到安慰后，往往会感到心理上的满足，而不再提起赔偿的要求。有些游客甚至还会对其在投诉时使用的激烈语言感动后悔，表示歉意。

3. 求补偿的心理

求补偿是游客认为其合法权益受到损害而通过投诉以得到弥补和补偿的心理。这种要求补偿的心理可能是物质上的，例如希望旅行社向其退还部分旅游费用；也可能是精神上的，例如希望旅行社和导游人员向其表示道歉。如果确实因旅行社接待服务的失误给游客造成经济损失或精神损失的，可以适当给予一定的经济补偿或赔礼道歉。如果游客因误会而向旅行社投诉的，则可以婉转地加以解释，以消除误会。

上述三种心理可能存在于不同的游客身上，也可能同一游客存有两种以上的心理。导游人员面对旅游者的投诉，不管投诉的对象是针对旅行社、自己还是相关接待单位和其人员，都应以礼相待，并根据投诉者不同的心理和投诉的问题分别采取相应的处理办法。

二、旅游投诉的处理

旅游投诉的妥善处理，可以将坏事变成好事，导游人员不仅可以从中取得经验，而且也有助于改进旅游接待工作中的一些薄弱环节。旅游投诉的处理应注意以下要点。

（一）耐心倾听，不与争辩

导游人员在接受游客口头投诉时，应尽量采取个别接触的方式，以避免对其他游客形成影响，对于集体投诉，最好请其派出代表，以免人多嘴杂，分散导游人员的思考。在接受旅游投诉时，导游人员要保持冷静，耐心倾听，不管游客的脾气多大、态度多差，也不管投诉的事情是大是小，出入多大，都要让其把话说完。这样不仅有利于缓和游客的激动情绪，让他们心中的不满发泄出来，而且有助于导游人员思索解释的办法。如果游客的话还没讲完，心中的恼怒未发泄完毕时，导游人员就忙于解释、分辨，甚至反驳，不仅不利于原有问题的解决，反而会增加处理的难度，甚至会引发冲突。所以，在接到游客投诉时，导游人员一面要耐心倾听，了解游客的观点，善于听其弦外之音，并请教游客自己的理解是否正确，以体现对其尊重；一面要做必要的记录，捕捉游客投诉的要点，这样既能使游客感到自己听取投诉的态度是真诚的，是愿意帮助他们解决问题的，又能为自己确定投诉问题的性质和严重程度提供依据。必要时导游人员可请游客签名留据，以为妥善解决提供帮助。应注意的是，对游客所要表达的意思切不可理解有误；对于游客投诉中某些不实的内容，甚至过激的言语，导游人员也不要急于争辩；但是，如果游客的发泄对旅游活动构成了障碍，导游人员应适当予以阻止。

若游客投诉时，态度蛮横、气氛紧张，无任何缓和的余地，导游人员无法同其交谈下去,则可有礼貌地提出建议,另找时间再谈。

若游客的投诉涉及导游人员本人,导游人员更应冷静理智地对待,应持"有则改之,无则加勉"的态度,认真倾听。

(二)表示同情和理解,不盲目做出承诺

对于游客的投诉,导游人员要设身处地的从游客的角度着想。因为在游客看来,他们投诉的都不是一般的小问题,而是直接关系到其利益的大事。因此,导游人员要表现出充分的同情和理解,要采取适当的言语来缓和游客的情绪和现场气氛。

如果游客的投诉是针对导游服务的,又基本符合实际,导游人员应向游客表示歉意,在服务中将重点放在游客投诉的问题上,用行动争取游客的谅解。

如果游客投诉的问题属于相关接待单位,导游人员也要有代人受过的胸怀,表示"对这种情况的发生,我也感到甚为遗憾""对你此时的心情我很理解,我将努力转达你的意见"。如果游客要求导游人员对其投诉的问题表示看法,为了缓和紧张的气氛,导游人员可表示"请给我点时间让我好好想想"。

对于游客在投诉中提出的要求,特别是有关赔偿的问题,导游人员不要轻易做出任何承诺,可表示"这个问题让我和有关方面联系一下",以避免工作中的被动和可能带来的麻烦。

(三)调查了解,迅速答复

游客的投诉,既不能全盘肯定,也不能全盘否定,导游人员要对投诉的问题进行全面的调查了解,并同有关方面进行核实,在此基础上根据事实进行处理,不要匆忙地做出判断。如涉及赔偿问题,要同有关单位协商后进行。除了不可控因素导致的服务缺陷,如航班误点、交通堵塞等需要对游客进行耐心解释外,游客投诉的不少问题都可通过提供超常服务和对他们的加倍关心和照顾得到弥补或解决。

在处理游客投诉时,导游人员必须做到:

(1)办理及时,不要拖延。遵循"谁的问题,谁负责",争取"就地消化,现场解决"。如客房卫生差、饭菜质量低等问题,在同相关接待单位磋商后应立即解决。

(2)答复迅速。迅速答复,体现了导游人员对游客投诉的重视程度。若一时无法答复,应向游客明确答复的时间,以让游客放心。在答复之前,导游人员要考虑游客能否接受,答复同游客要求的差距有多大,并根据差距的大小来考虑答复的方法。如果有关接待单位完全同意游客投诉中的要求,导游人员可代其向游客宣布;如果差距较大,导游人员可建议双方协商解决。在协商时,导游人员要注意不要偏袒任何一方,不要下定论,主要做调解工作,劝告双方做合理让步才是上策。协商达成一致后,导游人员事后要做落实检查工作,提醒双方办好必要的手续(尤其是赔偿问题),最好复印一份留存。因为有些游客当时同意了有关单位的赔偿数额和解决办法,但事后一想又觉吃亏,待旅游结束后,会再次投诉,甚至上诉法院。若不保留证据,所做工作便付诸东流。即使旅游期间有些投诉未得到解决,导游人员也应将有关证据和原始记录转交旅行社,也可为进一步协商解决问题提供依据。

(3)对游客投诉中反映的意见表示感谢。

(4)对一些重要投诉或导游人员无力解决的问题要及时报告旅行社。

(5) 注意保护投诉者的隐私。有些游客在旅游活动结束时，向导游人员或组团社对接待社的服务质量提出投诉，导游人员或组团社不要将投诉者的姓名和联系方式反馈给接待社，以避免有的接待社打电话或发短信对投诉者进行骚扰，从而给投诉者带来更多的麻烦，甚至招致进一步的投诉。

第十节 自然灾害事故及重大传染疾病的预防与处理

自然灾害是指给人类生存带来危害或损害人类生活环境的自然现象，包括干旱、洪涝、台风、冰雹、暴雪、沙尘暴等气象灾害，火山、地震、山体崩塌、滑坡、泥石流等地质灾害，风暴潮、海啸等海洋灾害，森林草原火灾和重大生物灾害等。[《自然灾害灾情统计（第1部分）：基本指标（GB/T 24438.1-2009）》]

一、自然灾害的类型

（一）按发生时间快慢分

自然灾害按发生时间快慢可分为突发性自然灾害和缓发性自然灾害。

1. 突发性自然灾害

自然灾害形成的过程有长有短，有缓有急。有些自然灾害，当致灾因素的变化超过一定强度时，就会在几天、几小时甚至几分、几秒钟内表现为灾害行为，像火山爆发、地震、洪水、飓风、风暴潮、冰雹、雪灾、暴雨等，这类灾害称为突发性自然灾害。旱灾、农作物和森林的病、虫、草害等，虽然一般要在几个月的时间内成灾，但灾害的形成和结束仍然比较快速、明显，所以也把它们列入突发性自然灾害。

2. 缓发性自然灾害

另外，还有一些自然灾害是在致灾因素长期发展的情况下，逐渐显现成灾的，如土地沙漠化、水土流失、环境恶化等，这类灾害通常要几年或更长时间的发展，则称为缓发性自然灾害。

突发性自然灾害明显更容易影响旅游活动，因为在很短时间内突发灾害容易造成游客财物和人身的损失，甚至一些危害较大的自然灾害如地震、泥石流等更有可能会造成较多的人员伤亡。

（二）按自然灾害发生的先后顺序分

按自然灾害发生的先后顺序可分为原生灾害和次生灾害。

许多自然灾害，特别是等级高、强度大的自然灾害发生以后，常常会诱发一连串其他灾害接连发生，这种现象叫灾害链。灾害链中最早发生的起作用的灾害称为原生灾害；而由原生灾害所诱发出来的灾害则称为次生灾害。自然灾害发生之后，破坏了人类生存的和谐条件，由此还可以导生出一系列其他灾害，这些灾害泛称为衍生灾害。如大旱之后，地表与浅部淡水极度匮乏，迫使人们饮用深层含氟量较高的地下水，从而导致了氟病，这些都称为衍生灾害。

一般旅游活动受自然灾害的影响都集中在灾害发生的初始阶段，也就是原生灾害更容易造成损失。随着自然灾害的发生,尤其是遇见严重的自然灾害,旅行社一般都会安排旅游团撤离危险区域,所以次生灾害对旅游活动的影响相对而言较小或者不受其影响。

（三）按自然灾害的内容形式分

按自然灾害的内容形式可分为气象灾害、海洋灾害、洪水灾害、地质灾害、地震灾害、农作物生物灾害、森林生物灾害和森林火灾等。

二、重大自然灾害的应对措施

因为一些自然灾害存在不可预测性等特点,一旦发生就有可能带来较严重的人身和财物的损失。所以,在旅游活动开展过程中,一旦发生重大自然灾害,导游人员首先应保持镇定,同时要立即带领团队展开自救措施。

（一）地震

当旅游团正在行车过程中遭遇地震,司机要立即驾车驶离立交桥、高楼下、陡崖边等危险地段,在开阔路面停车避震;乘客不要跳车,待地震过后再下车疏散。

在室内遭遇地震时,如果是酒店内,要远离外墙及门窗,可选择浴室等开间小、不易塌落的地方躲藏。躲藏的具体位置可选择桌子或床下,也可选择坚固的家具旁或紧挨墙根的地方。如果所处是楼房时,千万不要跳楼,同时地震时不能乘坐电梯;如果是在商场、展厅、地铁等公共场所,导游人员要带领游客躲在坚固的立柱或墙角下,避开玻璃橱窗、广告灯箱、高大货架、大型吊灯等危险物。地震过后听从相关工作人员指挥有序撤离。

在山边、陡峭的倾斜地段,有发生山崩、断崖落石的危险。一旦发生,导游应迅速组织游客到安全的场所避难。

在海岸边,有遭遇海啸的危险。感知地震或发出海啸警报的话,导游人员要注意收音机、电视机等的信息,一旦有海啸警报应迅速组织游客到安全的场所避难。

（二）台风

台风是一种综合性天气现象,不但有强大的风暴,还夹带着暴雨。台风是有规律的,甚至每年的行进路线都差不多,所以带团旅游时,导游人员一定要听天气预报,尽量躲开台风进行路线。

（1）如果所带的团正在野外旅游,听到气象台发出的台风预报后,如能离开台风经过地区的要尽早离开。

（2）在海边和低洼地区旅游时,应尽可能到远离海岸的坚固的酒店或台风庇护站躲避。

（3）如果台风发作时旅游团正在旅行车内,导游人员应马上提醒司机将车开到地下停车场或隐藏处。

（4）如果导游人员和游客正在帐篷里,应马上收起帐篷到坚固的房屋中避风;在坚固的房屋里应关紧窗户,如有条件应在玻璃上用胶布条贴成"米"字形,以防玻璃破碎。

（5）台风期间,尽量不要外出行走。若要外出,要穿轻便、防水的鞋子和颜色鲜艳、紧身合体的衣裤,用带子扎紧以减少阻力;要穿雨衣、戴雨帽或头盔;在外行走时应弯腰,将身体重心尽量放低。

（6）台风过后不久,不要马上离开房间或藏身处。因台风的"风眼"在上空掠过后,往往平静不到一个小时，风又会从相反的方向再度横扫过来。

（三）洪水

旅游团遭遇洪水自然灾害时，导游人员一定要保持冷静，迅速判断周边环境，尽快组织游客向山上或较高的地方转移；如一时躲避不了，应选择一个相对安全的地方避洪。山洪暴发时，不要沿着行洪道方向跑，而要向两侧快速躲避，千万不要轻易涉水过河。如果被山洪困在山中，导游人员应及时与当地政府防汛部门取得联系，寻求救援。

（四）泥石流

泥石流的爆发历时短、成灾快、预测难度极大，而且洪水挟带着沙石，会给多数途经之处造成毁灭性的灾害。遇到泥石流时，导游人员应采取的紧急措施有：

（1）迅速组织游客离开危险地段。躲避时应带领游客向山坡两边坚固的高地或连片的石块跑，不要在山坡下的房屋、电线杆、池塘、河边等地停留。

（2）要尽量沿与泥石流流向垂直的方向逃离现场，切勿与泥石流同向奔跑。

（3）不要在土质松软、坡体不稳定的斜坡停留，实在来不及时可上大树躲避。

（4）组织游客躲避、快跑前要提醒游客，先扔掉一切影响速度的物品。

（5）到达安全地带后，要立即与组团社或当地有关部门取得联系，汇报情况，请求援助。

（五）龙卷风

（1）躲避龙卷风的最安全的地方是地下室、半地下室的掩藏处或坚固房屋的小房间。千万不可在临时搭建的野外木屋或帐篷里藏身。

（2）如果是住在普通民宅里，应迅速撤离；撤离时最好沿与龙卷风移动方向垂直或相反的方向快跑，尽量藏于低洼地区。

（3）如果周围没有屏障，应迅速平伏在地面，注意保护好自己的头部并防止水淹。

（4）如正在旅游车内，要立即停车，迅速组织游客躲到离旅游车较远的低洼处。因为龙卷风可能会把车掀上半空；而且由于车内外强烈的气压差，容易引发汽车爆炸。

（5）如果来不及跑到室外，要立即关紧面朝龙卷风刮来方向的所有门窗，而另一侧的门窗要全部打开，这样可以防止龙卷风刮进屋内，掀起屋顶，还可以使屋内外的气压得以平衡，防止房屋爆炸。

（6）关紧和打开窗户后，要迅速到门窗全部打开一侧的房间并采取面向墙壁抱头蹲下的姿势躲避。

三、重大传染疾病的应对措施

当旅游团所在区域发生重大传染病疫情时，导游人员应立即向旅行社汇报，并服从突发公共卫生事件指挥部为处理突发事件做出的决定和命令。如果需要撤离疫区，要服从相关防疫部门的指挥，并做好旅游团的解释说明工作，快速有序地撤离疫情地区。如果暂时必须滞留在疫区，导游人员要随时收集、汇总旅游团成员健康状况的有关信息，引导游客做好相应防护措施。如果团队内出现游客感染，导游人员应立即报告旅行社及公共卫生防疫部门，并积极配合、组织病员的转运，同时要安抚其他游客，合理调整其他游客的生活安排。

第十一节　旅游安全事故的预防与处理

国家旅游局在《旅游安全管理暂行办法实施细则》中规定：凡涉及游客人身、财产安全的事故均为旅游安全事故。旅行社接待过程中可能发生的旅游安全事故，主要包括交通事故、治安事故、火灾事故、食物中毒等。

一、交通事故

（一）交通事故的预防

（1）司机开车时，导游人员不要与司机聊天，以免其分散注意力。

（2）安排游览日程时，在时间上要留在有余地，避免造成司机为抢时间、赶日程而违章超速行驶。不催促司机开快车。

（3）如遇天气不好（下雪、下雨、大雾）、交通堵塞、路况不好，尤其是狭窄道路、山区行车时，导游人员要主动提醒司机注意安全，谨慎驾驶。

（4）如果天气恶劣，地陪对日程安排可适当灵活地加以调整。如遇有道路不安全的情况，可以改变行程，必须把安全放在第一位。

（5）阻止非本车司机开车。提醒司机在工作期间不要饮酒。如遇司机酒后开车，绝不能迁就，地陪要立即阻止，并向领导汇报，请求改派其他车辆或换司机。

（6）提醒司机经常检查车辆，若发现事故的隐患，应及时提出更换车辆的建议。

（二）交通事故的处理

（1）立即组织抢救。导游人员应立即组织现场人员迅速抢救受伤的游客，特别是抢救重伤员，并尽快让其他游客离开事故车辆。立即打电话叫救护车（医疗急救中心电话：120）或拦车将重伤员送往距出事地点最近的医院抢救。

（2）立即报案，保护好现场（交通事故报警台电话：122）。事故发生后，不要在忙乱中破坏现场，要设法保护现场，并尽快通知交通、公安部门，争取尽快派人来现场调查处理。

（3）迅速向接待社报告。地陪应迅速向接待社领导和有关人员报告，讲清交通事故的发生和游客伤亡情况，请求派人前来帮助和指挥事故的处理，并要求派车把未伤和轻伤的游客接走，送至酒店或继续旅游活动。

（4）做好安抚工作。事故发生后，交通事故的善后工作将由交运公司和旅行社的领导出面处理。导游人员在积极抢救、安置伤员的同时，也要做好其他游客的安抚工作，力争按计划继续进行参观游览活动。待事故原因查清后，请旅行社领导出面向全体游客说明事故原因和处理结果。

（5）请医院开出诊断和医疗证明书，并请公安局开具交通事故证明书，以便向保险公司索赔。

（6）写出书面报告。交通事故处理结束后，需有关部门出具有关事故证明、调查结果，导游人员要立即写出书面报告。其内容包括：事故的原因和经过，抢救经过和治疗情况，人员伤亡情况和诊断结果，事故责任及对责任者的处理结果，受伤者及其他游客对处理的反映等。书面报告力求详细、准确、清楚、实事求是，签字部分导游人员最好和领导联署。

二、治安事故

在旅游活动过程中，遇到坏人行凶、诈骗、偷窃、抢劫，导致游客身心及财物受到不同程度的损害，统称治安事故。

（一）治安事故的预防

导游人员在接待工作中要时刻提高警惕，采取一切有效的措施防止治安事故的发生。

（1）入住酒店时，导游人员应建议游客将贵重财物存入酒店保险柜，不要随身携带大量现金或将其放在客房内。

（2）提醒游客不要将自己的房号随便告诉陌生人；更不要让陌生人或自称酒店的维修人员随便进入自己的房间；尤其是夜间绝不可贸然开门，以防意外；出入房间一定要锁好门。

（3）提醒游客不要与私人兑换外币，并讲清我国关于外汇管制的规定。

（4）每当离开游览车时，导游人员都要提醒游客不要将证件或贵重物品遗留在车内。游客下车后，导游人员要提醒司机锁好车门、关好车窗，并尽量不要走远。

（5）在旅游景点活动中，导游人员要始终和游客在一起，随时注意观察周围的环境，发现可疑的人或在人多拥挤的地方，要提醒游客看管好自己的财物，如不要在公共场合拿出钱包，最好不买小贩的东西（防止物品被小贩偷去），并随时清点人数。

（6）汽车行驶途中，不得停车让非本车人员上车、搭车；若遇不明身份者拦车，导游人员要提醒司机不要停车。

（二）治安事故的处理

导游人员在陪同旅游团（者）参观游览的过程中，遇到治安事件的发生时，必须挺身而出，全力保护游客的人身安全；绝不能置身事外，更不能临阵脱逃；一旦发现不正常情况，应立即采取行动。

（1）全力保护游客。遇到歹徒向游客行凶、抢劫时，导游人员应做到临危不惧，毫不犹豫地挺身而出，奋力与歹徒拼搏，勇敢地保护游客。同时，立即将游客转移到安全地点，力争在在场的群众和公安人员的帮助下缉拿罪犯，追回钱物，但也要防备歹徒携带凶器狗急跳墙。所以，切不可鲁莽行事，要以游客的安全为重。

（2）迅速抢救。如果有游客受伤，应立即组织抢救，或送其去医院。

（3）立即报警（匪警电话：110）。治安事故发生后，导游人员应立即向公安局报警，如果罪犯已逃脱，导游人员要积极协助公安局破案。要把案件发生的时间、地点、经过、作案人的特征，以及受害人的姓名、性别、国籍、伤势及损失物品的名称、数量、型号、特征等向公安部门报告清楚。

（4）及时向接待社领导报告。导游人员在向公安部门报警的同时要向接待社领导及有关人员报告。如情况严重，应请求领导前来指挥处理。

（5）妥善处理善后事宜。治安事件发生后，导游人员要采取必要措施稳定游客情绪，尽力使旅游活动继续进行下去。并在接待社领导的指挥下，准备好必要的证明、资料，处理好受害游客的补偿、索赔等各项善后事宜。

（6）写出书面报告。事后，导游人员要按照有关要求写出详细、准确的书面报告。

三、火灾事故

（一）火灾事故的预防

（1）做好提醒工作。提醒游客不要携带易燃、易爆物品；不乱扔烟头和火种，不要躺在床上吸烟；向游客讲清，在托运行李时应按运输部门的有关规定去做，不得将不准作为托运行李运输的物品夹带在行李中。只有这样，才能尽可能地减少火灾。

（2）熟悉酒店的安全出口和转移路线。导游人员带领游客住进酒店后，在介绍酒店内的服务设施时，必须介绍酒店楼层的太平门、安全出口、安全楼梯的位置，并提醒游客进入房间后，看懂房门上贴的安全转移路线示意图，掌握因一旦失火时应走的路线。

（3）牢记火警电话（火警：119）。导游人员一定要牢记火警电话；掌握领队和全体游客的房间号码，以便一旦有火情发生，能及时通知游客。

（二）火灾事故的处理

万一发生了火灾，导游人员应做到：
（1）立即报警。
（2）迅速通知领队及全体游客。
（3）配合工作人员，听从统一指挥，迅速通过安全出口疏散游客。
（4）判断火情，引导游客自救。

小贴士

火灾发生时如何自救

如果情况危急，不能马上离开火灾现场或被困，导游人员应采取的正确做法是：
①千万不能让游客搭乘电梯或慌乱跳楼。尤其是在二层以上的游客，切记不要跳楼。
②用湿毛巾捂住口、鼻，尽量使身体重心下移，使面部贴近墙壁墙根或地面。
③必须穿过浓烟时，可用水将全身浇湿或披上浸湿的衣被，捂住口鼻，贴近地面蹲行或爬行。
④若身上着火了，可就地打滚，将火苗压灭，或用厚重衣物压灭火苗。
⑤大火封门无法逃脱时，可用浸湿的衣物、被褥将门封堵塞严，或泼水降温，等待救援。
⑥当见到消防队来灭火时，可以摇动色彩鲜艳的衣物为信号，争取救援。

（5）协助处理善后事宜。得救后，导游人员应立即组织抢救受伤者，若有重伤者应迅速送医院，若有人死亡，应按有关规定处理；采取各种措施安定游客的情绪，解决其因火灾造成的生活方面的困难，设法使旅游活动继续进行；协助领导处理好善后事宜；写出翔实的书面报告。

四、食物中毒

游客因食用变质或不干净的食物常会发生食物中毒。其特点是：潜伏期短、发病快，且常常集体发病，若抢救不及时会有生命危险。

（一）食物中毒的预防

为防止食物中毒事故的发生，导游人员应做到：
（1）严格执行在旅游定点餐厅就餐的规定。
（2）提醒游客不要在小摊上购买食物。
（3）用餐时，若发现食物、饮料不卫生，或有异味变质的情况，导游人员应立即要求更换，并要求餐厅负责人出面道歉，必要时向旅行社领导汇报。

（二）食物中毒的处理

发现游客食物中毒，导游人员采取措施有：
（1）设法催吐，让食物中毒者多喝水以加速排泄，缓解毒性。
（2）立即将食物中毒者送医院抢救，请医生开具诊断证明。
（3）迅速报告旅行社并追究供餐单位的责任。

五、溺水事故

（一）溺水事故的预防

导游人员应高度重视对旅游者可能出现溺水事故的预防，并采取适当的防范措施。主要包括：
（1）在旅游活动中，导游人员应劝阻旅游者单独或少数人结伴去偏僻或水情不明的地方游泳。
（2）在按照活动日程组织旅游者集体游泳时，导游人员应事先对旅游者进行游泳安全常识的提示，并提示游客在游泳中，如突然觉得身体不适，要立即上岸或呼救。
（3）导游人员应提醒旅游者在下水前要做好准备活动，以防抽筋。
（4）导游人员在游客下水前后及游泳过程中应注意清点游客人数。
（5）旅行社及其接待人员应安排游客到正规的游泳场所游泳，绝不能组织游客到水深过胸、杂草丛生、水情不明或雨后正在涨水的河段、水塘、水库游泳。
（6）导游人员应劝阻身体过度疲劳、过饱或过饿、饮酒后、患有先天性心脏病等疾患的游客下水游泳。
（7）当游泳场所的水温过低时，导游人员应劝阻游客下水游泳。
（8）旅行社在组织游客进行水上漂流活动时，应安排他们穿好救生衣，安放好随身物品。
（9）旅行社组织游客乘船游览时，导游人员应注意不要超载，要注意了解救生设备的存放位置和掌握其使用方法。
（10）旅行社及其导游人员不要组织游客在河湖封冻初期或解冻期的冰上滑冰或行走，以防落水。

（二）溺水事故的处理

（1）如发生游客溺水，导游人员应该迅速对其进行抢救。立即清除溺水者口鼻内的污物。

(2) 垫高溺水者腹部，使其头朝下并压迫其背部，使吸入的水从口鼻流出。

(3) 将溺水者仰卧，进行人工呼吸。

(4) 迅速将溺水者送往医院，途中不要中断抢救。

本章实训任务

实训任务如表 5-1～表 5-3 所示。

实训任务一：处理漏接、错接、空接事故

表 5-1 处理漏接、错接、空接事故

实训项目	处理漏接、错接、空接事故
实训要求	1. 掌握处理漏接、错接、空接事故的原则和方法 2. 仔细阅读接待计划
实训地点	教室或模拟旅行社实训室
实训材料	导游旗、旅行社团队运行计划表等
实训内容与步骤	一、实训准备 1. 准备相关资料 2. 学生分组，按任务需要扮演游客、导游及旅行社计调工作人员 二、实训开始 要求导游人员及时处理漏接、错接、空接事故，尽可能使游客满意。可以设定为以下三种情境： 2. 导游小张，在机场接团，简单地核实了一下全陪之后，就带团乘车奔赴酒店，在办理入店手续时才发现接错了团 3. 导游小王和司机张师傅提前半小时抵达机场，准备接团。但是等了很久也没接到，经询问才了解到该航班已经落地，但就是没接到自己的旅游团 4. 导游小伟按原计划准备接团，途中突然想起来接待计划有变，前天计调已经说过这个旅游团会提前 2 个小时抵达机场，小伟发现自己的健忘导致了漏接事故，马上打电话开展补救措施 三、实训考核、点评 指导老师点评，小组互评，总结任务要点并掌握处理导游漏接、错接、空接事故的方法和原则

实训任务二：处理游客证件、财物丢失以及游客走失事故

表 5-2 处理游客证件、财物丢失以及游客走失事故

实训项目	处理游客证件、财物丢失以及游客走失事故
实训要求	掌握处理游客证件、财物丢失以及游客走失事故的原则和方法
实训地点	教室或模拟旅行社实训室
实训材料	导游旗、有关证件、相关财物等
实训内容与步骤	一、实训准备 1. 准备相关资料 2. 学生分组，按任务需要扮演游客、导游及旅行社工作人员

第五章　旅游故障的预防与处理

续表

内容与实训步骤	二、实训开始 要求导游人员及时处理游客证件、财物丢失以及游客走失事故，尽可能使游客满意。可以设定为以下两种情境： 1. 一入境团，在游玩乐山大佛景区时，一名来自美国的游客急匆匆找到导游小王，说自己的护照和钱包丢了 2. 一个旅游团还有半天就结束行程离开本地，临时有部分游客提出去转转春熙路商业步行街，地陪同意了并提醒集合时间以便送行离站。结果在距离规定的集合时间还有1个小时时，还有两位游客始终未归队，地陪让全陪和其他游客原地等候，自己去找走失的游客，致使时间延误，全团游客都没赶上原定的火车 三、实训考核、点评 指导老师点评，小组互评，总结任务要点并掌握处理游客证件、财物丢失以及游客走失事故的方法和原则

实训任务三：处理游客摔伤、食物中毒、游客死亡及遇到火灾等事故

表5-3　处理游客摔伤、食物中毒，游客死亡及遇到火灾等事故

实训项目	处理游客摔伤、食物中毒，游客死亡及遇到火灾等事故
实训要求	1. 掌握处理游客摔伤、食物中毒，游客死亡及遇到火灾等事故的原则和方法 2. 掌握常用的报警、安全逃生、安全救护的知识和技能
实训地点	教室或模拟旅行社实训室
实训材料	导游旗、灭火材料、纱布、木板等
实训内容与步骤	一、实训准备 1. 准备相关资料 2. 学生分组，按任务需要扮演游客、导游人员 二、实训开始 要求导游人员及时处理处理游客摔伤、食物中毒、游客死亡及遇到火灾等事故，尽可能使游客满意。可以设定为以下情境： 3. 旅游团在室内参加娱乐项目，突然表演舞台冒起黑烟，紧接着火苗蹿起，形势危急，导游带领游客立即展开自救措施 1. 旅游团在登山过程中一游客不小心摔了一跤，结果脚踝肿大，不能动弹，呈现骨折迹象，导游立即采取相应措施 2. 一游客未听取导游建议，偷买了一份路边摊的食物，结果一个小时后，该游客腹痛、腹泻且头晕。导游得知后初步判断为食物中毒，并及时采取了相应措施 三、实训考核、点评 指导老师点评，小组互评，总结任务要点并掌握处理游客摔伤、食物中毒，游客死亡及遇到火灾等事故的方法和原则

知识归纳

旅游活动过程中有可能因遭遇意料之外的情况而导致旅游故障，如何快速反应并及时、合理地解决这些旅游事故是对导游人员应变能力的直接考验。通过本章的学习，要求学生掌

握旅游事故处理的基本原则和程序;掌握旅游计划和行程变更的处理办法;掌握漏接、错接、空接和误机事故的预防与处理办法;掌握游客证件、行李、钱物遗失和游客走失的预防与处理办法;掌握游客越轨言行的处理办法;了解游客投诉的原因,熟悉游客投诉的心理,掌握游客投诉的处置办法;了解自然灾害的类型;掌握地震、台风、洪水、泥石流等重大自然灾害,重大传染疾病的应对措施;掌握旅游交通事故、治安事故、火灾事故、食物中毒、溺水等事故的预防和处理办法;熟悉晕车、中暑等旅游常见疾病和急症的防治知识;掌握游客旅游过程中患病、死亡的处理办法。

案例解析

【案例】××国际旅行社的导游小李带一个境外团赴 B 城海滨旅游度假,下榻 B 城的某酒店。这天中午,当游客们兴致勃勃地从海滨浴场回来用餐时,一位游客发现餐厅所上的菜肴中有一条虫子。顿时一桌游客食欲全无,有的还感到恶心。游客们当即找到小李,气愤地向他投诉,要求换家餐馆用餐。面对愤怒的游客,小李首先代表旅行社和酒店向全体游客表示歉意,然后很快找来酒店餐饮部经理,向其反映了情况,并提出解决问题的建议。餐饮部经理代表酒店向游客做了诚恳的道歉,同时,让服务员迅速撤走了这盘菜,为了表示歉意,还给游客加了一道当地风味特色菜。面对小李和餐饮部经理真诚、积极的态度,游客们谅解了酒店餐厅的失误,也不再提出换餐馆的要求。

【问题讨论】面对游客的投诉,导游人员应该如何应对?

【分析参考】本案例中的导游小李及时、得体地处理了游客的投诉,使得一场本来可能会给旅行社带来麻烦、给自己的合作伙伴——B 城某酒店带来经济损失的意外事故及时化解了,可见,导游人员对待投诉处理的正确与否,其意义非同小可。导游人员应怎样受理和处理游客投诉呢?导游人员在受理投诉时,应遵循以下原则:

(1) 投诉不应影响导游人员对提出投诉的游客及其他游客的态度。对待投诉,不管投诉的对象是谁,甚至是导游人员自己,导游人员都要抱积极的态度,要注意自己的言谈、姿势、表情等,并把成功处理投诉看作是自己义不容辞的责任。作为导游人员,能在顺境下工作固然好,但更应善于在发生故障的逆境下工作。

(2) 对任何投诉,导游人员都应感谢游客。因为投诉本身表明,尽管发生了故障,但游客对导游人员仍然是信任的。游客并没有因此灰心丧气,对导游人员表示冷漠和不予理睬。

(3) 成功处理投诉意味着在困难的情况下顺利地解决问题。导游人员应在尽可能短的时间内处理好游客的投诉,让失望的游客能得到满意的答复。

复习思考

一、单项选择题

1. 为预防漏接,导游应按规定提前_____分钟到达接站地点。( )
    A. 20   B. 30   C. 40   D. 60

2. 下列不属于漏接的处理程序的是（　　）。
   A. 诚恳道歉　　　　　　　　　　B. 提供高质量的服务
   C. 及时通知下一站　　　　　　　D. 给予一定的物质补偿
3. 同一家旅行社的导游人员接错了旅游团，除向游客说明情况、赔礼道歉外，对全陪和地陪要做什么处理？（　　）
   A. 全陪不交换，地陪要交换　　　B. 全陪要交换，地陪不交换
   C. 全陪、地陪都不交换　　　　　D. 全陪、地陪都交换
4. 为预防误机、误车事件的发生，如乘国内航班，应保证旅游团提前_____分钟到达机场；如乘国际航班，应提前_____分钟到达机场；如乘火车，应提前_____分钟到达火车站。（　　）
   A. 120　180　60　　B. 90　120　60　　C. 120　120　60　　D. 120　60　60
5. 导游王小姐所带的一个来自新加坡的旅游团，在旅途中一名侨居新加坡的老华侨丢失了护照，导游王小姐应持遗失证明到_____报失，并申请新护照。（　　）
   A. 新加坡驻华使/领馆
   B. 旅游目的地所在省（区、市）公安局或授权的公安机关
   C. 当地中国旅行社
   D. 当地侨务办公室
6. 游客丢失的如果是在国外办理了财产保险的物品，要在当地公安局（外国人出入境管理处）办理（　　）。
   A. 失物经过证明　B. 财物报失证明　C. 财物经过证明　D. 失物报失证明
7. 游客在来华途中丢失行李，失主（　　）。
   A. 可向有关航空公司索赔　　　　B. 可向境外组团社索赔
   C. 可向旅游目的地组团社索赔　　D. 自己负责
8. 发现游客身体不适时，导游人员应（　　）。
   A. 及时给游客服用药物　　　　　B. 劝其继续随团游览
   C. 劝其回酒店　　　　　　　　　D. 劝其尽早就医并多休息
9. 若有游客生病住院，其离团期间的综合服务费（　　）。
   A. 不退还本人
   B. 由组团社全部退还本人
   C. 由地接社部分退还本人
   D. 由旅行社之间结算，按规定退还本人
10. 参观游览时，地陪、全陪和领队要密切配合，_____举社旗走在队伍最前面，引导游客观赏美景并做精彩讲解，_____则殿后。（　　）
    A. 地陪，领队和全陪　　　　　　B. 全陪，地陪和领队
    C. 领队，地陪和全陪　　　　　　D. 游客，地陪和领队

二、多项选择题

1. 导游人员预防游客丢失证件、财物、行李的措施有（　　）。
   A. 多做提醒工作　　　　　　　　B. 不保管游客的证件、贵重物品

C. 提醒司机关好旅游车的门窗　　　D. 严格按规定交代行李
2. 为预防游客走失，导游人员主要注意做好_____等工作。(　　)
　　A. 做好提醒工作　　　　　　　　　B. 经常清点人数
　　C. 要以讲解吸引游客　　　　　　　D. 强化管理
3. 游客在自由活动时走失，导游应(　　)。
　　A. 了解情况　　B. 立即报告旅行社　C. 做好善后工作　D. 强化管理
4. 为了防止错接旅游团事故的发生，导游应在接到旅游团后，认真核实(　　)。
　　A. 领队姓名　　B. 组团社名称　　C. 团号　　　　D. 人数
5. 旅游团提前离开，造成游览时间缩短，导游人员应采取的应变措施有(　　)。
　　A. 采取补救措施　　　　　　　　　B. 做好游客工作
　　C. 办理相关事宜　　　　　　　　　D. 给予适当补偿
　　E. 通知下一站接待社
6. 关于误机、误车事故的预防，导游人员应(　　)。
　　A. 加强责任心　　　　　　　　　　B. 与各方紧密联系
　　C. 严格按照规章制度办事　　　　　D. 时间安排留有余地
　　E. 认真审阅接待计划
7. 早晨，旅游团集合出发游览前，有游客找到地陪，说他身体不适，希望留在酒店休息，地陪应怎样正确处理该游客的这一要求？(　　)
　　A. 不动员他随团活动　　　　　　　B. 建议他及早就医
　　C. 安排他休息　　　　　　　　　　D. 回酒店后先探视他
　　E. 让他尽量跟团活动
8. 游客的越轨言行系个人问题，但若处理不当也会产生不良后果。处理此类问题时，导游人员要(　　)。
　　A. 实事求是　　B. 合理　　　　　C. 合情　　　　D. 慎重
　　E. 合法
9. 当游客言行越轨时，为了正确处理此类问题，导游人员应做好下述哪些工作？(　　)
　　A. 积极宣传国家的有关法律、法规　B. 必要的提醒和警告
　　C. 认真调查核实　　　　　　　　　D. 报警
　　E. 严肃处理
10. 一位游客感冒发烧，导游人员如何对待？(　　)
　　A. 劝其及时就医　　　　　　　　　B. 劝其休息
　　C. 关心患病游客的病情　　　　　　D. 向患病游客说清看病的费用自理
　　E. 严禁擅自给患病游客用药

三、判断题

1. 漏接是指旅游团（者）抵达一站后，出现了无导游迎接的现象。(　　)
2. 出现漏接属于非责任事故，导游人员不需要对游客做出任何补偿。(　　)
3. 空接是指由于某种原因，旅游团（者）推迟抵达某站，导游仍按照原计划规定的班次或车次接站而没有接到旅游团。空接属于责任事故。(　　)

4. 若错接发生在本旅行社应接的两个旅游团之间时，地陪、全陪要交换旅游团。（   ）

5. 游客突发重病入院治疗，其离团住院期间未享受的综合服务费，可以部分退还。（   ）

四、简答题

1. 缩短在一地的旅游活动日程，地陪应怎样处理？
2. 一旦错接，地陪应采取的措施有哪些？
3. 如果出现游客提前抵达的情况，地陪应采取哪些措施？
4. 游客在游览景点时走失，导游人员应如何处理？

第六章

导游人员的带团技能

学习目标

了解导游人员带团的理念,熟悉导游人员带团的特点和原则。
掌握导游人员同游客交往的原则和技巧。
掌握导游人员引导游客行为、调动游客游兴的方法。
掌握导游人员同旅游接待单位、导游服务集体之间以及同司机之间合作共事的方法。
掌握儿童游客、老年游客、残疾游客等特殊游客的接待技巧。
掌握商务游客、宗教游客、探险游客的特殊接待要求。

实训要求

通过本章的实训任务,学生可掌握正确引导游客购物的方法和技巧,以及接待重点游客的方法和技巧。

本章知识要点

第一节 导游人员带团的特点、原则和模式

一、导游人员带团的特点

(一)环境的流动性

导游人员的工作环境不是静止和固定的,要随着游客的不同和业务的需要不断改变工作场地,全国各地的风景名胜、文物古迹、宾馆饭店、机场码头、购物场所、娱乐场馆等都是导游人员工作的地方。

（二）接触的短暂性

导游人员与旅游团的游客之间通常互不熟悉，仅仅是通过短期的旅游活动才相互有了接触。旅游活动的时间往往不长久，导游人员和游客的接触也多是一种浅层次的泛泛之交。

（三）服务的主动性

导游人员的职责决定了其是旅游团队的焦点，是团队的中心人物。在带团过程中，导游人员负有组织游客、联络协调、传播文化的职能。无论是哪个环节的工作，都需要导游人员动脑筋、想办法，积极主动地为游客做好服务。

二、导游人员带团的原则

导游人员带团时，一般应遵循以下原则：

（一）游客至上

导游人员在带团过程中，要有强烈的责任感和使命感，工作中要明辨是非，任何情况下都要严格遵守职业道德，遇事多从游客的角度去思考，将维护游客的合法利益摆在首位。

（二）履行合同

导游人员带团要以旅游合同为基础，是否履行旅游合同的内容，是评价导游人员是否尽职的基本尺度。一方面，导游人员要设身处地地为游客考虑；另一方面，导游人员也应考虑到本旅行社的利益。力争使游客在合同约定的范围内获得优质的服务，使旅行社获取应得的利益。

（三）公平对待

尊重他人是人际交往中的一项基本准则。不管游客是来自境外或境内，也不管游客的肤色、语言、信仰、消费水平如何，导游人员都应一视同仁、公平对待。特别是不应对一些游客表现出偏爱，从而造成旅游团队内部关系的紧张，影响到导游服务的正常进行。

三、导游人员带团的模式

导游人员带团的模式是指导游人员在带领旅游团队开展旅游活动过程中所表现出来的一种行为特征。应该强调的是，不同的导游人员具有不同的带团模式和带团风格；同一个导游面对不同的旅游团队和不同的场所，其带团模式和风格也应不断变化，以适应不同游客的需要和方便工作的开展。

日常工作中，有的导游人员以活泼热情而受游客欢迎，有的以严谨细心而博得游客赞赏，有的以任劳任怨而获游客支持。带团模式一般受旅游计划和游客需要两方面的影响，导游人员带团的模式可大体分为自我中心型和游客中心型两种。

（一）自我中心型

自我中心型的带团模式是指导游人员带团的主要目标是完成旅游活动的既定计划。在这种模式下，导游人员的所有工作都以旅行社与游客预定的旅游计划为核心，尽量不做调整，对有可能影响或破坏计划实施的因素予以坚决排除。这种带团模式的导游往往很少答应游客计划外的要求，除非万不得已。

虽然这种做法可能会让部分游客感到旅游的愿望没有全部满足,但由于导游人员注重计划内的服务质量和水平,往往超出游客对服务质量的预期,使游客的情绪和注意力被高度调动和集中起来,从而能冲淡部分游客的不悦之感,并且大大降低了意外事故发生的可能性。

（二）游客中心型

游客中心型的带团模式是指导游人员带团的主要目标是尽量满足游客的需要。在这种模式下,导游人员的工作重点是游客而非旅游计划,他们非常关心游客的感受,尽一切可能满足游客各方面的旅游愿望;他们往往根据游客的特点灵活调整自己的导游服务,注重与游客的情感交流,使游客体会到导游人员对自己的关怀,从而获得在精神层面的旅游满足。但这种模式容易使游客滋生松懈和依赖心理,往往会提出许多难度过大的要求,从而导致旅游意外事故的发生。

自我中心型和游客中心型并不是对立的,自我中心型的带团模式并不排斥对游客的关怀,游客中心型的带团模式也要求恪守一定的原则。导游人员可根据自己的个性特点和能力水平,融合以上两种带团模式,针对不同的旅游团队进行不同的导游服务。

第二节　处理工作内容与环节的技能

导游人员的工作首先应遵守工作程序,在此基础之上要注意不断积累经验,不断探索导游服务工作的科学性,使导游服务工作更主动有效,使游客更轻松并获得身心更大的满足。导游服务常见的工作环节与内容的处理技能有以下几点。

一、正确引导游客购物

在游客的食、住、行、游、购、娱的消费结构中,购物占一定的比重。游客多多少少都有购物的需求,因为旅游纪念品能使旅游经历有形化,成为物化的美好回忆,那些可供收藏、玩赏或装饰的旅游纪念品还是游客回国（地区）后馈赠亲朋好友的礼物,所以购物服务是导游人员服务的工作内容之一。游客购物还能为旅游目的地国（地区）增加收入、促进其经济繁荣。因此,导游人员应本着对游客有益的原则,重视并做好这项工作。导游人员在为游客做购物指导时应注意几点：

1. 动机应摆正,以满足游客的需要为出发点

如果导游人员在整个旅游过程中显得过分关心此事,那其在做购物推荐时,游客可能就会觉得导游人员怀有个人目的。个别导游人员与当地不法商贩勾结,出售的商品质次价高,甚至有些商品根本就是假货,令游客上当,个人从中牟取暴利,这是违反导游人员职业道德的。导游人员应讲职业道德,不能把个人利益置于游客利益之上。一般而言,当游客对导游人员的广博知识、魅力和敬业精神予以认可时,就易对导游人员产生理解与信任感,并愿意购买其推荐的商品。

2. 熟悉商品知识,当好购物参谋

游客对旅游商品的需求在种类、档次、数量等方面有很大差异,因此导游人员应该了解当地商品的特色,在游客愿意购物的前提下当好购物参谋与顾问,帮助游客买到称心如意的商品。

二、向游客推荐好的附加旅游项目

很多旅行社都给游客提供一些可供选择的额外支付费用的附加旅游项目,因为满足游客不同兴趣的最理想方法,是帮助游客规划他们的空闲时间。附加的旅游项目是对游客旅游的补充与调剂,好的附加旅游项目能使游客对此次旅行更加满意,成为游客一次有趣的旅行经历。导游人员不能向游客推荐无聊的和货不真价不实的附加旅游项目,因为这样不但会给游客造成损失,还会间接影响旅行社的生意与信誉。附加旅游项目可以单列在发给游客的日程表下方,这样可使游客有选择的机会并愿意出额外的钱。

三、灵活调整行程,改变游览时间和路线

如果下午将游览户外景点,但天气预报说有雨,那么就可在不影响或少影响其他方面的情况下变通一下,如美国华盛顿特区的导游人员开玩笑说,下雨天是我们带游客参观华盛顿的美国国立博物馆的最佳时刻。

改变游览时间和路线,还可以使矛盾得到缓解或避免。如参观北京的定陵,各旅游团几乎都是早上8:00或8:30左右离开酒店上路,上午10:30或10:45左右到达定陵。按照"进口—展室—地宫—出口"这样一个路线,各旅游团几乎是从进口开始一直拥挤到出口,地宫里有时会拥挤到人挨人的程度。导游人员很难从容讲解,游客即使能听也十分费劲。一名爱动脑筋的导游人员把参观路线改变成为"进口—地宫—展室—出口",即先带游客游览地宫,这样他带的旅游团到地宫时,地宫的人不多,就可以从容地给游客讲解。参观完地宫再到展室时,其他旅游团的人已基本走光,游客可以轻松地看展品,这样就获得了游客满意、导游人员不感到费劲的双赢效果。

四、选择合理的工作位置

乘坐飞机或火车时,导游人员应选择靠近游客及靠近通道的座位,这样比较便于照顾游客。在旅游大巴车上,导游人员最好坐在司机后的座位上,这里更易于看到前面的景观,当有情况时也易于与司机交谈。当游客注意力较为分散、相互交谈较多时,导游人员也可不时站在过道上,重新保持与游客的视觉接触。

五、给游客摄影停留的时间

"入园游览留下的唯有足迹,取走的只有镜头。"游客与照相机就像鱼和水一样不可分离。导游人员应鼓励游客抓紧机会拍照,适时为他们建议好的摄影地点,并给他们留有一些从容不迫的摄影时间。游览途中,可在一些有特点的地方多停几次车。例如,游客对农田劳作感兴趣,就可在旅游车碰到农民劳动的地方停车,让游客下车拍照。

小知识 **导游带领散客团的注意要点**

在接待散客时,导游人员应注意以下几点:
(1)导游人员与散客相识后,应尽快记住散客的姓名、体态和容貌,并设法了解散客的性格、习惯行为、国籍及职业。如果散客有旅伴,导游人员可以从侧面了解其是散客的家

眷还是朋友，不宜直接询问散客。导游人员也可从平时与散客的交谈中发现线索。

（2）对散客的行李要特别小心，导游人员要比散客本人更留心照顾。

（3）导游人员要将散客的特殊要求记在便条或小册子里，并积极落实处理，最后将处理的结果告知散客。

（4）让散客做自我介绍。散客的特点是散，导游人员和散客之间以及散客彼此之间都不熟悉，所以在导游人员做完介绍后，最好让散客再做自我介绍，这样散客之间今后便于相互帮助，导游人员的工作开展起来也要便利得多。

（5）导游标识应鲜明易认，如让散客戴色彩分明的帽子等。

第三节　与游客交往的技能

导游人员带好游客的关键，是向他们提供包括心理服务在内的周到细致的全方位服务。心理服务亦称情绪化服务，是导游人员为调节游客在旅游过程中的心理状态所提供的服务。导游人员应该懂交际，善观察，会照顾人，要分析游客的消费及旅游心理，多给他们情感上的关怀，让游客的旅游更加轻松自在，并获得身心上的全方位满足。导游人员要想有效地、有针对性地向游客提供心理服务，应该做到以下几点。

一、了解游客的心理

导游人员要有效地向游客提供心理服务，必须了解游客的心理与变化。

（一）从国籍、年龄、性别和所属阶层等方面了解游客

每个国家、每个民族都有自己的传统文化和民风习俗，人们的性格和思维方式亦不相同，即使是同一个国家，不同地区、不同民族的人在性格和思维方式上也有很大差异；与此同时，游客所属的社会阶层、年龄和性别的不同，对其心理特征和生活情趣也会产生较为明显的影响。导游人员应从这些方面去了解游客，并有针对性地向他们提供心理服务。

1. 区域和国籍

首先，从区域的角度看，西方人和东方人在性格和思维上有较明显的差异。西方人较开放、感情外露，喜欢直截了当地表明意愿，其思维方式一般由小到大、由近及远、由具体到抽象；东方人较含蓄、内向，往往委婉地表达意愿，其思维方式一般从抽象到具体、从大到小、从远到近。了解了这些差异，导游人员在接待西方游客时，就应特别注重细节。譬如西方游客认为，只有各种具体的细节做得好，由各种细节组成的整体才会好，他们把导游人员提供的具体服务抽象为导游人员的工作能力与整体素质。

其次，从国籍的角度看，同是西方人，在思维方式上也存在着一些差别。如英国人矜持、讲究绅士风度，美国人开放、随意、重实利，法国人浪漫、爱享受生活，德国人踏实、勤奋、守纪律，意大利人热情、热爱生活，等等。

2. 所属社会阶层

来自上层社会的游客大多严谨持重，发表意见时往往经过深思熟虑，他们期待听到高品位的导游讲解，以获得高雅的精神享受；一般游客则喜欢不拘形式的交谈，话题广泛，比较关心带有普遍性的社会问题及当前的热门话题。在参观游览时，期待听到故事性的导游讲

解，希望轻轻松松地旅游度假。

3. 年龄和性别

年老的游客好思古怀旧，对游览名胜古迹、会见亲朋老友有较大的兴趣，他们希望得到尊重，希望导游人员多与他们交谈；年轻的游客好逐新猎奇，喜欢多动多看，对热门社会问题有浓厚的兴趣；女性游客则喜欢谈论商品及购物，喜欢听带故事情节的导游讲解。

（二）从分析游客所处的地理环境来了解游客

游客由于所处的地理环境不同，对于同一类旅游产品会有不同的需要与偏好，他们对那些与自己所处地理环境迥然不同的旅游目的地往往情有独钟。譬如，我国北方游客喜爱南国风情，南方游客偏好北国风光；内陆地区游客喜欢去青岛、三亚等海滨城市，沿海地区游客向往九寨沟、西双版纳独特的风貌；游客在盛夏时节去大连、哈尔滨等北方名城，隆冬季节奔赴海南岛和东南亚，这种反向、反季节出游已成为一种普遍现象；导游人员可通过分析地理环境来了解游客的这些心理活动。

（三）从游客的出游动机来了解游客

人们旅游行为的形成有其客观条件和主观条件。客观条件主要是人们有足够的可自由支配收入和闲暇时间，主观条件是指人们必须具备旅游的动机。一般说来，人们参加旅游团的心理动机有：①省心，不用做决定；②节省时间和金钱；③有伴侣、有团友；④有安全感；⑤能正确了解所看到的景物。导游人员通过周到、细致的服务和精彩、生动的讲解能满足游客的这些心理需求。

从旅游的角度看，游客的旅游动机一般包括：①观赏风景名胜、探求文化差异、寻求文化交融的文化动机；②考察国情民风、体验异域生活、探亲访友、寻根的社会动机；③考察投资环境、进行商务洽谈、购买旅游商品的经济动机；④休闲度假、康体健身、消遣娱乐的身心动机。导游人员了解和把握了游客的旅游动机，就能更恰当地安排旅游活动和提供导游服务。

（四）通过分析旅游活动各阶段游客的心理变化了解游客

游客来到异地旅游，摆脱了在家乡紧张的生活、烦琐的事务，希望自由自在地享受愉快的旅游生活。由于生活环境和生活节奏的变化，在旅游的不同阶段，游客的心理活动也会随之发生变化。

1. 旅游初期阶段：求安全心理、求新心理

游客刚到旅游地，兴奋激动，但人生地疏、语言不通、环境不同，往往容易产生孤独感、茫然感和不安全感，担心发生不测，有损自尊心，危及财产甚至生命安全。也就是说，在旅游初期阶段，游客求安全的心态表现得非常突出。因此，消除游客的不安全感成为导游人员的首要任务。人们来到异国他乡旅游，其注意力和兴趣从日常生活转移到旅游目的地，全新的环境、奇异的景物、独特的民俗风情，使游客逐新猎奇的求新心理空前高涨，这在入境初期阶段表现得尤为突出，往往与不安全感并存。所以在消除游客不安全心理的同时，导游人员要合理安排活动，满足他们的求新心理。

2. 旅游中期阶段：懒散心态、求全心理、群体心理

随着时间的推移、旅游活动的开展以及相互接触的增多，旅游团成员间、游客与导游人

员之间越来越熟悉,游客开始感到轻松愉快,会产生一种平缓、轻松的心态。但是,正由于这种心态的左右,游客往往忘记了控制自己,思辨能力也不知不觉地减退,常常自行其是,甚至出现一些反常言行及放肆、傲慢、无理的行为。一是游客的个性充分暴露,开始出现懒散心态,如时间概念较差,群体观念更弱,游览活动中自由散漫,到处丢三落四,旅游团内部的矛盾逐渐显现,等等;二是游客把旅游活动理想化,希望在异国他乡能享受到在家中不可能得到的服务,希望旅游活动的一切都是美好的、理想的,从而产生生活上、心理上的过高要求,对旅游服务横加挑剔,求全责备,求全心理非常明显;三是由于游客的思考力和判断力减弱,这时,如果旅游团内出现思辨能力较强而又大胆直言的"领袖人物"时,其他游客便会不假思索地附和他,唯其马首是瞻,不知不觉地陷入一种人云亦云、随波逐流的群体心理状态。

导游人员在旅游中期阶段的工作最为艰巨,也最容易出差错。因此,导游人员的精力必须高度集中,对任何事都不得掉以轻心。与此同时,这个阶段也是对导游人员的组织能力和独立处理问题能力的实战检验,是对其导游技能和心理素质的全面检阅,所以导游人员应十分重视这个阶段的工作。

3. 旅游后期阶段:忙于个人事务

旅游活动后期,即将返程时,游客的心理波动较大,开始忙乱起来。譬如,与家庭及亲友联系突然增多,想购买称心如意的纪念品但又怕行李超重等。总之,游客希望有更多的时间处理个人事务。在这一阶段,导游人员应给游客留出充分的时间处理自己的事情,对他们的各种疑虑要尽可能耐心地解答,必要时做一些弥补和补救工作,使前一段时间未得到满足的个别要求得到满足。

小知识 ## 从游客不同的个性特征了解游客

游客的个性各不相同,导游人员从游客的言行举止可以判断其个性,从而达到了解游客并适时为其提供心理服务的目的。

1. 活泼型游客

爱交际,喜讲话,好出点子,乐于助人,喜欢多变的游览项目。对这类游客,导游人员要扬长避短,既要乐于与他们交朋友,又要避免与他们过多交往,以免引起其他游客的不满;要多征求他们的意见和建议,但注意不让其左右旅游活动,打乱正常的活动日程;可适当地请他们帮助活跃气氛,协助照顾年老体弱者等。活泼型游客往往能影响旅游团的其他人,导游人员应与之搞好关系,在适当的场合表扬他们协助导游所做的工作,并表示感谢。

2. 急躁型游客

性急,好动,争强好胜,易冲动,好遗忘,情绪不稳定,比较喜欢离群活动。对这类比较难对付的游客,导游人员要避其锋芒,不与他们争论,不激怒他们;在他们冲动时不要与之计较,待他们冷静后再与其好好商量,这样往往能取得良好的效果;对他们要多微笑,服务要热情周到,而且要多关心他们,随时注意他们的安全。

3. 稳重型游客

稳重,不轻易发表见解,一旦发表,希望得到他人的尊重。这类游客容易交往,但他们不主动与人交往,不愿麻烦他人;游览时他们喜欢细细欣赏,购物时爱挑选比较。导游人员要尊重这类游客,不要怠慢,更不能故意冷淡他们;要采取主动多接近他们,尽量满足他们的合理而可能的要求;与他们交谈要客气、诚恳,速度要慢,声调要低;讨论问题时要平心静气,认真对待他们的意见和建议。

4. 忧郁型游客

身体弱,易失眠,忧郁孤独,少言语但重感情。面对这类游客,导游人员要格外小心,别多问,尊重他们的隐私;要多亲近他们、多关心体贴他们,但不能过分表示亲热;多主动与他们交谈些愉快的话题,但不要与之高声说笑,更不要与他们开玩笑。

这四种个性的游客中以活泼型和稳重型居多,急躁型和忧郁型只是少数。不过,典型个性只能反映在少数游客身上,多数游客往往兼有其他类型个性的特征。而且,在特定的环境中,人的个性往往会发生变化。因此,导游人员在向游客提供服务时要因人而异,要随时观察游客的情绪变化,及时调整,力争使导游服务更具针对性,获得令游客满意的效果。

二、调节游客的情绪

游客在旅游过程中,会随着自己的需要是否得到满足而产生不同的情感体验。如果他们的需要得到满足,就会产生愉快、满意、欢喜等肯定的、积极的情感;反之则会产生烦恼、不满、懊恼甚至愤怒等否定的、消极的情感。导游人员要善于从游客的言行举止和表情变化中去了解他们的情绪,在发现游客出现消极或否定的情绪后,应及时找出原因并采取相应措施来消除或进行调整。

(一)补偿法

补偿法是指导游人员从物质上或精神上给游客以补偿,从而消除或弱化游客不满情绪的一种方法。譬如,如果没有按协议书上注明的标准提供相应的服务,导游人员应给游客以补偿,而且替代物一般应高于原先的标准;如果因故无法满足游客的合理要求而导致其不满时,导游人员应实事求是地说明困难,诚恳地道歉,以求得游客的谅解,从而消除游客的消极情绪。

(二)分析法

分析法是指导游人员将造成游客消极情绪的原委向游客讲清楚,并一分为二地分析事物的两面性及其与游客的得失关系的一种方法。譬如,由于交通原因不得不改变日程,游客要多花时间于旅途之中,常常会引起他们的不满,甚至愤怒和抗议。导游人员应耐心地向游客解释造成日程变更的客观原因,诚恳地表示歉意;并分析改变日程的利弊,强调其有利的一面或着重介绍新增加的游览内容的特色和趣味,这样往往能收到较好的效果。

(三)转移注意法

转移注意法是指在游客产生烦闷或不快情绪时,导游人员有意识地调节游客的注意力,使其从不愉快、不顺心的事而转移到愉快、顺心的事情上去。譬如,有的游客因对参观什么内容有不同意见而不快,有的游客因爬山时不慎划破了衣服而懊恼,有的游客因看到不愉快的现象产生联想而伤感,等等。导游人员除了说服或安慰游客以外,还可通过讲笑话、唱山歌、学说本地话或讲些民间故事等形式来活跃气氛,使游客的注意力转移到有趣的文娱活动上来。

三、激发游客的游兴

导游服务要取得良好的效果,需要导游人员在游览过程中激发游客的游兴,使游客自始至终沉浸在兴奋、愉悦的氛围之中。兴趣是人们力求认识某种事物或某种活动的倾向,这种倾向一经产生,就会出现积极主动、专注投入、聚精会神等心理状态,形成良好的游览心境。导游人员可从以下方面去激发游客的游兴。

(一)通过直观形象激发游客的游兴

导游人员应通过突出游览对象本身的直观形象来激发游客的游兴。譬如,湖北通山九宫山喷雪崖,崖顶之云中湖水喷薄而出,直落涧底峡谷,深达七十余米。因谷口劲风,跌落之水化成缕缕雾霭,绕崖旋转,色白如雪,如同白雪公主,蔚为壮观。导游人员要引导游客从最佳的角度观赏,才能突出喷雪崖的直观形象,使游客产生叹为观止的美感,激起游客强烈的兴趣。

(二)运用语言艺术激发游客的游兴

导游人员运用语言艺术可以调动游客的情绪,激发游客的游兴。譬如,通过讲解历史故事可激发游客对名胜古迹和民间艺术的探索,通过朗诵名诗佳句可激起游客漫游名山大川的豪情,通过提出生动有趣的问题可以引起游客的思考和探讨。这样营造出的融洽、愉快的氛围可使游客的游兴更加浓烈。

(三)通过组织文娱活动激发游客的游兴

一次成功的旅游活动,仅有导游讲解是远远不够的,导游人员还应抓住时机,组织丰富多彩的文娱活动,动员全团游客共同营造愉快氛围。譬如,在旅游活动开始不久,导游人员可请游客们做自我介绍,以增进彼此之间的了解,缓解陌生、尴尬的气氛,同时还可以发现游客的特长;如所去景点较远,在路途上,导游人员可组织游客唱歌、猜谜语、做游戏,教外国游客数数、使用筷子、学说中国话等;还可以用"记者招待会"的形式,回答游客提出的各种问题;如果旅游团内有多才多艺的游客,可请其出来主持或表演;等等。导游人员也应有一两手"绝活",来回报游客的盛情邀请。如有的导游人员会演奏民族乐器,常常带着唢呐、笛子上团;有的导游人员会唱山歌,他们常在旅途中为游客演奏民乐和演唱山歌,使外国游客惊叹不已,对中国民间艺术的兴趣倍增。

(四)使用声像导游手段激发游客的游兴

声像导游是导游服务重要的辅助手段,每天去景点游览之前,导游人员如能先为游客放映一些与游览内容相关的幻灯片、录像或光盘,往往能收到事半功倍的效果。有时有些景点因受客观条件限制或因游客体力不支,游客难以看到景点的全貌,留下不少的缺憾,通过声像导游可以弥补这一缺憾,给游客留下完整的、美好的印象。如果是在旅游车上进行导游讲解,导游人员还可利用车上的音响设备配上适当的音乐,或在讲解间歇时播放一些有着浓郁地方特色的歌曲、乐曲、戏曲等,使车厢内的气氛轻松愉快,让游客始终保持游兴和兴奋、愉悦的心情。

四、引导游客观景赏美

旅游活动是一项寻觅美、欣赏美、享受美的综合性审美活动，它不仅能满足人们爱美、求美的需求，还能起到净化情感、陶冶情操、增长知识的作用。俄国教育家乌申斯基说："……美丽的城郭、馥郁的山谷、凹凸起伏的原野、蔷薇色的春天和金黄色的秋天，难道不是我们的老师吗？……我深信，美丽的风景对青年的气质发展具有的教育作用，是老师都很难与之竞争的。"因此，导游人员在带团旅游时，应重视旅游的美育作用，正确引导游客观景赏美。

（一）传递正确的审美信息

游客来到旅游目的地，由于对旅游景观，特别是人文景观的社会、艺术背景不了解，审美情趣会受到很大的影响，往往不知其美在何处，从何着手欣赏。作为游客观景赏美的向导，导游人员首先应把正确的审美信息传递给游客，帮助游客在观赏旅游景观时，感觉、理解、领悟其中的奥妙和内在的美。例如，欣赏武汉市黄鹤楼西门牌楼背面匾额"江山入画"，导游人员既要向游客介绍苏东坡"江山如画，一时多少豪杰"的名句，又要着重点出将"如"改"入"，一字之改所带来的新意和独具匠心的审美情趣；再如，游览武汉市古琴台，导游人员除了要向游客讲解"俞伯牙摔琴谢知音"的传说故事外，还应引导游客欣赏古琴台这座规模不大但布局精巧的园林特色，介绍古琴台依山就势、巧用借景手法，把龟山月湖巧妙地借过来，构成一个广阔深远的艺术境界。当然，向游客传递正确的审美信息，导游人员首先应注意所传递的信息是准确无误的，很难想象在游览武汉东湖时，导游人员介绍"水杉是第四世纪冰川时期遗留下来的珍贵树种"，内行的游客听后会是一种什么感觉。

（二）分析游客的审美感受

游客在欣赏不同的景观时会获得不同的审美感受，但有时游客在观赏同一审美对象时，其审美感受也不尽相同，甚至表现出不同的美感层次。我国著名美学家李泽厚就将审美感受分为"悦耳悦目""悦心悦意"和"悦志悦神"三个层次。

导游人员应根据游客的个性特征，分析他们的审美感受，有针对性地进行导游讲解，使具有不同美感层次的游客都能获得审美愉悦和精神享受。

小知识　　　　　　　**审美的三个层次**

审美感受可分为"悦耳悦目""悦心悦意"和"悦志悦神"三个层次。

1. 悦耳悦目

"悦耳悦目"是指审美主体以耳、目为主的全部审美感官所体验的愉快感受。这种美感通常以直觉为特征，仿佛主体在与审美对象的直接交融中，不假任何思索便可于瞬间感受到审美对象的美，同时唤起感官的满足和愉悦。譬如，漫步于湖北九宫山森林公园之中，当游客看到以绿色为主的自然色调，呼吸到富含负离子的清新空气，嗅到沁人心脾的花香，听到林间百鸟鸣唱，就会不自觉地陶醉其中。从而进入"悦耳悦目"的审美境界。

2. 悦心悦意

"悦心悦意"是指审美主体透过眼前或耳边具有审美价值的感性形象，在无目的中直观地领悟到感性形象某些较为深刻的意蕴，获得审美享受和情感升华。这种美感是一种意会，有时很难用语言加以充分而准确的表述。譬如，观赏齐白石的画，游客感到的不只是草木鱼虾，而是一种悠然自得、鲜活洒脱的情思意趣；泛舟神农溪，聆听土家族姑娘优美动人的歌声，游客感到的不只是音响、节奏与旋律的形式美，而是一种饱含着甜蜜和深情的爱情信息或充满青春美的心声。这些较高层次的审美感受，使游客的情感升华到一种欢快愉悦的状态，进入了较高的艺术境界。

3. 悦志悦神

"悦志悦神"是指审美主体在观赏审美对象时，经由感知、想象、情感、理解等心理功能交互作用，从而唤起的那种精神意志上的昂奋和伦理道德上的超越感。这是审美感受的最高层次，体现了审美主体大彻大悟，从小我进入大我的超越感，体现了审美主体和审美对象的高度和谐统一。譬如，乘船游览长江，会唤起游客的思旧怀古之情，使游客产生深沉崇高的历史责任感；登上垒子岭俯视繁忙的三峡工程建设工地，会激起游客的壮志豪情，使游客产生强烈的民族自豪感。

（三）激发游客的想象思维

观景赏美是自然风光环境和主观情感结合的过程。人们在观景赏美时离不开丰富而自由的想象，譬如泰山石碑上的"虫二"二字，如果没有想象，我们很难体会到其中"风月无边"的意境。人的审美活动是通过以审美对象为依据，经过积极的思维活动，调动已有的知识和经验，进行美的再创造的过程。一些旅游景观，尤其是人文景观的导游讲解，需要导游人员制造意境，进行美的再创造，才能激起游客的游兴。譬如，游览西安半坡遗址，导游人员面对着那些打磨的石器、造型粗糙的陶器，如果只是向游客平平淡淡地介绍这是什么，那是什么，游客就会感到枯燥乏味；如果在讲解中制造出一种意境，为游客勾画出一幅半坡先民们集体劳动、共同生活的场景："在六千年前的黄河流域，就在我们脚下的这片土地上，妇女们在田野上从事农业生产，男人们在丛林中狩猎、在河流中捕鱼，老人和孩子们在采集野果。太阳落山了，村民们聚集在熊熊燃烧的篝火旁公平合理地分配着辛勤劳动的成果，欢声笑声此起彼伏……半坡先民们就是这样依靠集体的力量向大自然索取衣食，用辛勤艰苦的劳动创造了光辉灿烂的新石器文化。"游客就会产生浓厚的兴趣，时而屏息细听，时而凝神遐想，这时导游人员再进一步发挥："如果没有半坡先民原始的数字计算，也不可能出现今天的电子计算机。"游客的想象思维被充分激发起来，导游境界也得到了升华。

（四）灵活掌握观景赏美的方法

1. 动态观赏和静态观赏

无论是山水风光还是古建园林，任何风景都不是单一的、孤立的、不变的画面形象，而是活泼的、生动的、多变的、连续的整体。游客漫步于景物之中，步移景异，从而获得空间进程的流动美，这就是动态观赏。譬如在陆水湖中泛舟，游人既可欣赏山上树木葱茏、百花竞艳，也可领略水上浮光跃金、沙鸥翔集，还有镶嵌在绿波之上的几百个岛屿，游客会在移动中流连忘返。

在某一特定空间，观赏者停留片刻，选择最佳位置驻足观赏，通过感觉、联想来欣赏美、体验美感，这就是静态观赏。这种观赏形式的时间较长、感受较深，游客可获得特殊的美的享受。譬如在湖北九宫山山顶观赏云雾缭绕的云中湖，欣赏九宫十景之一的"云湖夕照"，让人遐想，令人陶醉。

2. 观赏距离和观赏角度

距离和角度是两个不可或缺的观景赏美因素。自然美景千姿百态，变幻无穷，一些似人似物的奇峰巧石，只有从一定的空间距离和特定的角度去看，才能领略其风姿。例如游客在长江游轮上观赏神女峰，远远望去，朦胧中看到的是一尊丰姿秀逸、亭亭玉立的中国美女雕像，然而若借助望远镜观赏，游客定会大失所望，因为看到的只是一堆石头而已，毫无美感可言；又如，在黄山半山寺望天都峰山腰，有堆巧石状似公鸡、头朝天门、振翅欲啼，人称"金鸡叫天门"，但到了龙蟠坡，再观看同一堆石头，看到的则是五位老翁在携杖登险峰，构成了"五老上天都"的美景。这些都是由于空间距离和观赏角度不同而造就的不同景观。导游人员带团游览时要善于引导游客从最佳距离、最佳角度去观赏风景，使其获得美感。

除空间距离外，游客观景赏美还应把握心理距离。心理距离是指人与物之间暂时建立的一种相对超然的审美关系。在审美过程中，游客只有真正从心理上超脱于日常生活中功利的、伦理的、社会的考虑，摆脱私心杂念，超然物外，才能真正获得审美的愉悦，否则就不可能获得美感。譬如，恐海者不可能领略大海的波澜壮阔，刚失去亲人的游客欣赏不了地下宫殿的宏伟，恐高者体验不到"不到长城非好汉"的英雄气概，等等。常年生活在风景名胜中的人往往对周围的美景熟视无睹，也不一定能获得观景赏美带来的愉悦，"不识庐山真面目，只缘身在此山中"就说明了这个道理。

3. 观赏时机

观赏美景要掌握好时机，即掌握好季节、时间和气象的变化。清明踏青、重阳登高、春看兰花、秋赏红叶、冬观腊梅等都是自然万物的时令变化规律造成的观景赏美活动。

变幻莫测的气候景观是欣赏自然美景的一个重要内容。譬如在泰山之巅观日出，在峨眉山顶看佛光，在庐山小天池欣赏瀑布云，在蓬莱阁观赏海市蜃楼，这些都是因时间的流逝、光照的转换造成的美景，而观赏这些自然美景，就必须把握住稍纵即逝的观赏时机。

4. 观赏节奏

观景赏美是为了让游客愉悦身心、获得享受，如果观赏速度太快，不仅会使游客筋疲力尽、达不到观赏目的，还会损害游客的身心健康，甚至会影响旅游活动的顺利进行。因此，导游人员要注意调节观赏节奏。

小贴士

导游人员应掌握的观赏节奏

1. 有张有弛，劳逸结合

导游人员要根据旅游团成员的实际情况安排有弹性的活动日程，努力使旅游审美活动既丰富多彩又松紧相宜，让游客在轻松自然的活动中获得最大限度的美的享受。

2. 有急有缓、快慢相宜

在审美活动中，导游人员要视具体情况把握好游览速度和导游讲解的节奏。哪儿该快、哪儿该慢、哪儿多讲、哪儿少讲甚至不讲，必须做到心中有数；对年轻人讲得快一点、走得快一点、活动多一点，对老年人则相反。如果游客的年龄相差悬殊、体质差异大，要注意既让年轻人的充沛精力有发挥的余地，又不使年老体弱者疲于奔命。总之，观赏节奏要因人、因时、因地随时调整。

3. 有讲有停，导、游结合

导游讲解是必不可少的，通过讲解和指点，游客可适时地、正确地观赏到美景，但在特定的地点、特定的时间让游客去凝神遐想，去领略、体悟景观之美，往往会收到更好的审美效果。

总之，在旅游过程中，导游人员应力争使观赏节奏适合游客的生理负荷、心理动态和审美情趣，安排好行程，组织好审美活动，让游客感到既顺乎自然又轻松自如。只有这样，游客才能获得旅游的乐趣和美的享受。

五、提供个性化服务

个性化服务是导游人员在做好规范化服务的同时，针对游客个别要求而提供的服务。导游人员应该明白，每位游客既希望导游人员一视同仁、公平相待，又希望能给予自己一些特别的关照。因此导游人员既要通过规范化服务去满足游客的一般要求，又要根据每位游客的具体情况提供个性化服务，满足游客的特殊要求。这样做游客会感觉到"导游人员心中有我"，拉近了自己与导游人员之间的感情距离，因而产生满足感。个性化服务虽然不是全团游客的共同要求，只是个别游客的个别需求，有时甚至只是旅游过程中的一些琐碎小事，但是，做好这类小事往往会起到事半功倍的效果，尤其是对注意细节的西方游客而言，可使他们感受到导游人员求真务实的作风和为游客分忧解难的精神，从而产生对导游人员的信任。"细微之处见真情"，讲的就是这个道理。

提供个性化服务做起来并不容易，关键在于导游人员要将游客"放在心中"，眼中"有活儿"，把握时机主动服务。个性化服务要求导游人员要了解游客，用热情主动的服务尽力满足其合理要求。此外，个性化服务只有与规范化服务完美地结合才是优质的导游服务。

第四节 与其他相关环节协作的技能

导游工作是联系各项旅游服务的纽带和桥梁。导游人员在带团时离不开其他相关旅游服务部门和工作人员的协作，同时也能够帮助其他相关旅游服务部门和人员的工作。导游工作与其他旅游服务工作相辅相成的关系决定了导游人员必须掌握一定的协作技能。

一、导游人员与领队的协作

领队是受海外旅行社委派，全权代表其带领旅游团从事旅游活动的人员。在旅游团中，领队既是海外旅行社的代表，又是游客的代言人，还是导游服务集体中的一员，在海外社、组团社和接待社之间，以及游客和导游人员之间起着桥梁作用。导游人员能否圆满完成任务，在很大程度上要靠领队的合作和支持，因此，与领队搞好关系就成为导游人员不能忽视的重要内容。

（一）尊重领队，遇事与领队多磋商

带团到中国来旅游的领队，多数是职业领队，在海外旅行社任职多年并受过专业训练，对我国的情况尤其是我国旅游业的业内情况相当熟悉，他们服务周到、细致，十分注意维护组团社的信誉和游客的权益，深受游客的信赖。此类领队是中方旅行社长期合作的海外客户代表，也是旅游团中的"重点客人"，导游人员对他们一定要尊重。尊重领队就是遇事要与他们多磋商。旅游团抵达后，地陪要尽快与领队商定日程，如无原则问题应尽量考虑采纳领队的建议和要求。在遇到问题处理故障时，全陪、地陪更要与领队磋商，争取领队的理解和支持。

（二）关心领队，支持领队的工作

职业领队常年在异国他乡履行自己的使命，进行着重复性的工作，十分辛苦。由于领队的"特殊的身份"，游客只会要求其如何关心自己而很少去主动关心领队。因此，导游人员如果在生活上对领队表示关心、在工作上给予领队支持，领队会很感动。当领队的工作不顺利或游客不理解时，导游人员应主动助其一臂之力，对能办到的事情尽量给予帮助，对办不到的事情多向游客做解释，为领队解围，如说明原因不在领队而是旅行社条件所限或是不可抗拒的原因造成的等。但要注意，支持领队的工作并不是取代领队，导游人员应把握好尺度。此外，作为旅游团中的"重点客人"，导游人员要适当给领队以照顾或提供方便，但应掌握分寸，不要引起游客的误会和心理上的不平衡。

（三）多给领队荣誉，调动领队的积极性

要想搞好与领队的关系，导游人员还要随时注意给领队面子，遇到一些显示权威的场合，应多让领队尤其是职业领队出头露面，使其博得游客的好评，如游览日程商定后，地陪应请领队向全团游客宣布。只要导游人员真诚地对待领队，多给领队荣誉，领队一般也会领悟到导游人员的良苦用心，从而采取合作的态度。

（四）灵活应变，掌握工作主动权

由于旅游团成员对领队工作的评价会直接影响到领队的得失进退，所以有的领队会为讨好游客而对导游人员的工作指手画脚，当着全团游客的面"抢话筒"，一再提"新主意"，给导游人员出难题，使其工作比较被动。遇到类似情况时，地陪应采取措施变被动为主动，对于"抢话筒"的领队，地陪既不能马上反抢话筒，也不能听之任之，而应灵活应变，选择适当的时机给予纠正，让游客感到"还是地陪讲得好"。这样，导游人员既表明了自己的态度又不失风范，工作上也更为主动了。

（五）争取游客支持，避免与领队发生正面冲突

在导游服务中，接待方导游人员与领队在某些问题上有分歧是正常现象。一旦出现此类情况，导游人员要主动与领队沟通，力求尽早消除误解，避免分歧扩大发展。一般情况下，导游人员要尽量避免与领队发生正面冲突。

在入境旅游团中也不乏工作不熟练、个性突出且难以合作的领队。对此，导游人员要沉着冷静、坚持原则、分清是非，对违反合同内容、不合理的要求不能迁就；对于领队某些带侮辱性的或"过火"的言辞不能置之不理，要根据"有理、有利、有节"的原则讲清道理，使其主动道歉，但要注意避免与领队发生正面冲突。

有时领队提出的做法行不通，导游人员无论怎样解释说明，领队仍固执地坚持己见。这时导游人员就要向全团游客讲明情况，争取大多数游客的理解和支持。但要注意，即使领队

的意见被证明不对,导游人员也不能把领队"逼到绝路",要设法给领队台阶下,以维护领队的自尊和威信,争取其以后的合作。

二、导游人员与司机的协作

旅游车司机在旅游活动中是非常重要的角色,司机一般熟悉旅游线路和路况,经验丰富,导游人员与司机配合的好坏,是导游服务工作能否顺利进行的重要因素之一。导游人员与司机的协作主要包含以下几点。

(一)及时通报信息

(1)旅游线路有变化时,导游人员应提前告诉司机。

(2)如果接待的是外国游客,在旅游车到达景点时,导游人员用外语向游客宣布集合时间、地点后,要记住用中文告诉司机。

(二)协助司机做好安全行车工作

大部分旅游车的司机具有丰富的驾驶经验,可以胜任旅游团的安全驾驶任务。但有些时候,导游人员适当给予协助能够减轻司机的工作压力,便于工作的更好开展。导游人员可经常性地为司机做一些小的事情:

(1)帮助司机更换轮胎、安装或卸下防滑链,或帮助司机进行小修理。

(2)保持旅游车挡风玻璃、后视镜和车窗的清洁。

(3)不要与司机在行车途中闲聊,以免影响驾驶安全。

(4)遇到险情,由司机保护车辆和游客,导游人员去求援。

(5)不要过多干涉司机的驾驶工作,尤其不应对其指手画脚,以免司机感到被轻视。

(三)与司机研究日程安排,征求司机对日程的意见

导游人员应注意倾听司机的意见,从而使司机产生团队观和被信任感,积极参与导游服务工作,帮助导游人员顺利完成带团的工作任务。

三、导游人员与全陪或地陪的协作

无论是做全陪或地陪,都有一个与另一个地陪或全陪配合的问题。协作成功的关键便是各自应把握好自身的角色或位置,要有准确的个人定位。要认识到虽受不同的旅行社委派,但都是旅游服务的提供者,都在执行同一个协议。导游人员与全陪或地陪之间是平等的关系。

导游人员与全陪或地陪的协作主要体现在以下几点:

(1)要尊重全陪或地陪,努力与其建立良好的人际关系。

(2)要善于向全陪或地陪学习,有事多请教。

(3)要坚持原则,平等协商。

如果全陪或地陪"打个人小算盘",提出改变活动日程、减少参观游览时间、增加购物等不正确的建议,导游人员应向其讲清道理,尽量说服并按计划执行,如果对方仍坚持己见、一意孤行,应采取必要的措施并及时向接待社反映。

四、导游人员与旅游接待单位的协作

旅游产品是一种组合性的整体产品，不仅包括沿线的旅游景点，还包括沿线提供的交通、食宿、购物、娱乐等各种旅游设施和服务，需要旅行社、酒店、景点和交通、购物、娱乐部门等旅游接待单位的高度协作。作为旅行社的代表，导游人员应搞好与旅游接待单位的协作。

（一）及时协调，衔接好各环节的工作

导游人员在服务过程中，要与酒店、车队、机场（车站、码头）、景点、商店等许多部门和单位打交道，其中任何一个接待单位或服务工作中的某一环节出现失误和差错，都可能导致"一招不慎，满盘皆输"的不良后果。导游人员在服务工作中要善于发现或预见各项旅游服务中可能出现的差错和失误，通过各种手段及时予以协调，使各个接待单位的供给正常、有序。譬如，旅游团活动日程变更涉及用餐、用房、用车时，地陪要及时通知相关的旅游接待单位并进行协调，以保证旅游团的食、住、行能有序地衔接。

（二）主动配合，争取协作单位的帮助

导游服务工作的特点之一是独立性强，导游人员一人在外独立带团，常常会有意外、紧急情况发生，仅靠导游人员一己之力，问题往往难以解决，因此导游人员要善于利用与各地旅游接待单位的协作关系，主动与协助单位有关人员配合，争取得到他们的帮助。例如，迎接散客时，为避免漏接，地陪可请司机站在另一个出口处举牌帮助迎接；又如，旅游团离站时，个别游客到达机场后发现自己的贵重物品遗留在酒店客房内，导游人员可请求酒店协助查找，找到后立即将物品送到机场。

第五节　重点游客的接待工作

游客来自不同的国家和地区，他们在年龄、职业、宗教信仰、社会地位等方面存在较大的差异，有些游客甚至非同一般，特点尤为突出，导游人员必须给予特别重视和关照，因此称为特殊游客或重点游客。虽然他们都是以普通游客的身份而来，但导游人员对其的接待方法要有别于一般的游客。

一、对儿童的接待

出于增长见识、健身益智的目的，越来越多的游客喜欢携带自己的子女一同旅游，其中不乏一些少年儿童。导游人员应在做好旅游团中成年游客旅游工作的同时，根据儿童的生理和心理特点，做好专门的接待工作。

（一）注意儿童的安全

儿童游客，尤其是 2~6 岁的儿童，天生活泼好动，因此要特别注意他们的安全。地陪可酌情讲些有趣的童话和小故事吸引他们，既活跃了气氛，又能使他们不到处乱跑，保证了安全。在旅游过程中，经常会出现中国游客因喜爱要和外国儿童合影留念的情况。面对热情的中国人，外国儿童及其家长开始很兴奋、新鲜、愿意配合，但时间一长，次数一多，他们

就会产生厌烦情绪。遇到这种情况，导游人员一方面要代他们向中国游客婉言谢绝，另一方面也可做一些工作，尽量让双方都满意。

（二）掌握"四不宜"原则

对有儿童的旅游团，导游人员应掌握"四不宜"的原则：

（1）不宜为讨好儿童而给其买食物、玩具。

（2）不宜在旅游活动中突出儿童，而冷落其他游客。

（3）即使其家长同意，也不宜单独把儿童带出去活动。

（4）儿童生病时，应及时建议其家长请医生诊治，而不宜建议家长给孩子服药，更不能自己提供药品给儿童服用。

（三）对儿童多给予关照

导游人员对儿童的饮食起居要特别关心，多给一些关照。如天气变化时，要及时提醒家长给孩子增减衣服，如果天气干燥，还要提醒家长多给孩子喝水等；用餐前，考虑到儿童的个子小，且外国儿童不会使用筷子，地陪应先给餐厅打电话，请餐厅准备好儿童用椅和刀、叉、勺等一些儿童必备餐具，以减少其用餐时的不便。

（四）注意儿童的接待价格标准

儿童的收费，根据不同的年龄有不同的收费标准和规定，如机票，车、船票，住房，用餐等，导游人员应特别注意。

二、对高龄游客的接待

在我国入境旅游和国内旅游市场，老年游客均占有较大的比例。而在这些老年游客中还有年龄在80岁以上的高龄游客。尊敬老人是我们中华民族的传统美德，因此，导游人员应通过谦恭尊敬的态度、体贴入微的关怀以及不辞辛苦的服务做好高龄游客的接待工作。

（一）妥善安排日程

导游人员应根据高龄游客的生理特点和身体情况，妥善安排好日程。首先，日程安排不要太紧、活动量不宜过大、项目不宜过多，在不减少项目的情况下，尽量选择便捷路线和有代表性的景观，少而精，以细看、慢讲为宜；其次，应适当增加休息时间，参观游览时可在上、下午各安排一次中间休息，在晚餐和看文娱节目之前，应安排其回酒店休息一会儿，晚间活动不要回酒店太晚；最后，带高龄游客团不能用激将法和诱导法，以免高龄游客消耗体力大，发生危险。

（二）做好提醒工作

高龄游客由于年龄大，记忆力减退，导游人员应每天重复讲解第二天的活动日程并提醒注意事项，如预报天气情况、提醒增减衣服、带好雨具、穿上旅游鞋等。首先，进入游人多的景点时，导游人员要反复提醒高龄游客提高警惕，带好自己的随身物品；其次，由于外国游客对人民币不熟悉，加上年纪大、视力差，使用起来较困难，为了使用方便或不被人蒙骗，地陪应提醒其准备适量的小面值人民币；最后，由于饮食习惯和生理上的原因，带高龄游客团队时，地陪还应适当增加去厕所的次数，并提前提醒高龄游客准备好零钱（收费厕所)。

（三）注意放慢速度

高龄游客大多数腿脚不太灵活，有时甚至力不从心。地陪在带团游览时，一定要注意放慢行走速度，照顾走得慢或落在后面的高龄游客，选台阶少、较平坦的地方走，以防摔倒碰伤；在向高龄游客讲解时，导游人员也应适当放慢速度、加大音量，吐字要清楚，必要时还要多重复。

（四）耐心解答问题

高龄游客在旅游过程中喜欢提问题，好刨根问底，再加上年纪大，记忆力不好，一个问题经常重复问几遍，遇到这种情况，导游人员不应表示反感，要耐心、不厌其烦地给予解答。

（五）预防游客走失

每到一个景点，地陪要不怕麻烦、反复多次地告诉高龄游客旅游路线及旅游车停车的地点，尤其是上下车地点不同的景点，一定要提醒高龄游客记住停车地点。另外，还要提前嘱咐高龄游客，一旦发现找不到团队，千万不要着急，不要到处乱走，要在原地等待导游人员的到来。

（六）尊重西方传统

许多高龄西方游客，在旅游活动中不愿过多地受到导游人员的特别照顾，认为那是对他们的侮辱，以证明他们是无用之人。因此，导游人员对此类游客应尊重西方传统，注意照顾方式。

三、对残疾游客的接待

在外国旅游团队中，有时会有聋哑、截瘫、视力障碍（盲人）等残疾游客，他们克服了许多常人难以想象的困难来到中国旅游，这既表明他们有着比常人更加强烈的对旅游的渴望，也说明他们对中国有着特殊的感情，对中国悠久的历史文化有着浓厚的兴趣，还告诉我们：他们之所以在众多的旅游目的地中选择了中国，就是相信在中国不会受到歧视。因此，导游人员在任何时候、任何场合都不应讥笑和歧视他们，而应表示尊重和友好。残疾游客的自尊心和独立性特别强，虽然他们需要关照，但又不愿给别人增添麻烦。因此，在接待残疾游客时，导游人员要特别注意方式方法，既要热情周到，尽可能地为他们提供方便，又要不给他们带来压力或伤害他们的自尊心，真正做到让其乘兴而来、满意而归。

（一）适时、恰当的关心照顾

接到残疾游客后，导游人员首先应适时地询问他们需要什么帮助，但不宜问候过多，如果过多当众关心照顾，反而会使他们反感；其次，如果残疾游客不主动介绍，不要打听其残疾的原因，以免引起不快；最后，在工作中要时刻关注残疾游客，注意他们的行踪，并给予恰当的照顾。尤其是在安排活动时，要多考虑残疾游客的生理条件和特殊需要，譬如选择路线时尽量不走或少走台阶、提前告诉他们洗手间的位置、通知餐厅安排在一层餐厅就餐等。

（二）具体、周到的导游服务

对不同类型的残疾游客，导游服务应具有针对性。接待聋哑游客要安排他们在车上前排就座,因为他们需要通过导游人员讲解时的口形来了解讲解的内容,为了让他们获得更多的信息,导游人员还应有意面向他们、放慢讲解的速度;对截瘫游客,导游人员应根据接待计划分析其是否需要轮椅,如需要,应提前做好准备,接团时要与计调或有关部门联系,最好派有行李箱的车,以便放轮椅或其他物品;对有视力障碍的游客,导游人员应安排他们在前排就座,能用手触的地方、物品可以尽量让他们触摸,在讲解时可主动站在他们身边,讲解内容要力求细致生动,口语表达可更加准确、清晰,讲解速度也应适当放慢。

四、对商务游客的接待

商务旅行又称公干、出差等,是旅游行业中细分出来的一个概念。商务旅行主要涉及交通、迁移、住宿、体育赛事、文化、饮食活动或饭店行业的宴会。商务旅行工作期间的程序是很明确的,和会议室、商务中心的安排联系在一起的,比如一些必备设施:纸张、投影仪、屏幕、互联网接口、视频会议等。由于食宿消费通常是由企业或者别的单位公费支付,那么,个人游客则可以在购物和消遣上花费更多的钱。近年来,商务旅游是发展最快的旅游项目之一,从其规模和发展看,已成为世界旅游市场的重要组成部分,而且仍有巨大的发展潜力。针对商务型游客的特征,导游人员要有的放矢地做好接待工作。

(一)准确把握好商务游客的消费倾向

商务游客的交通和住宿餐饮等费用由公司支付,加上他们一般都是收入较高的阶层,因而商务游客拥有较强的消费能力(据调查,商务游客与观光游客的消费比约为2.5:1)。较强的消费能力使得商务游客不太关注消费服务的价格,而更注重消费所带来的舒适性、安全性、便利性和服务质量,更注重服务的效率、品质、个性化及完善程度,更看重物有所值。

相对而言,在商务游客的消费项目中,住宿、餐饮、交通、会议、宴会、通信等费用的支出比较稳定并占有较大比例。观光游览、购物和娱乐等消费则依商务游客的停留时间、商务旅游目的地的旅游配套设施完善程度和服务质量的不同而呈现较大的差异。导游人员要根据商务游客的需求,合理制定旅游日程,以满足其商务工作需求的同时兼顾其参观、游览等娱乐性消费的需求。

(二)加强时间观念,熟悉商务办公设施

商务游客旅行日程安排紧凑,强调效率,因此,他们希望旅行社提供的商旅服务能统筹安排,提高效率、节约时间。近些年来,商务游客越来越追求快捷便利的现代化办公设施,据有关方面调查,10个国际商务游客中就有6人携带笔记本电脑,他们在酒店中使用传真的比例高达97%,有超过50%的国际商务游客在差旅过程中使用互联网,因此,他们往往对办公地和住宿房间是否有宽带网比较在意。另外,商务游客对电子信箱、电传、国际直拨电话等使用频率也较高。

因此,导游人员在接待过程中,务必要严格执行旅游计划,恪守守时的时间观念,处理游览事务要注重办事效率。同时,导游人员也需掌握相关商务办公设施的功能和使用方法,以便当相关商务游客提出帮助请求时可以为其提供相应的协助工作。

(三)熟悉商务会议、会见、拜访等礼仪规范

现代商务往来过程中商务型游客会涉及商务会议、商务会见、商务拜访、商务接待等事

宜，这时部分商务游客可能会要求导游人员提供相应的协助。由于这些商务场合的礼仪不同于日程交往礼仪，因此，导游人员需对商务过程中的礼仪规范加以熟悉和掌握，进而可以从容不迫地为商务游客提供专业的商务接待服务。

（四）提升外语水平，提供翻译服务

随着我国商贸活动的日益国际化，部分商务旅游活动中也可能有外国游客的参与，导游人员在接待这一类型的商务旅游团体时，就需要提供必要的商务翻译工作。因此，提升外语水平对于接待涉外商务旅游团体就显得尤为重要。

五、对宗教界人士的接待

来中国旅游的外国游客中，常常会有一些宗教界人士，他们以游客的身份来华旅游，同时进行宗教交流活动，导游人员要掌握他们身份特殊、要求较多的特点，做好接待工作。

（一）注意掌握宗教政策

导游人员平时应加强对宗教知识和我国宗教政策的学习，在接待宗教旅游团时，既要注意把握政策界线，又要注意宗教游客的特点。譬如，在向游客宣传我国的宗教政策时，不要向他们宣传"无神论"，尽量避免有关宗教问题的争论，更不要把宗教、政治、国家之间的问题混为一谈，随意评论。

（二）提前做好准备工作

导游人员在接到接待宗教旅游团的计划后，要认真分析接待计划，了解接待对象的宗教信仰及其职位，对接待对象的宗教教义、教规等情况要有所了解和准备，以免在接待中发生差错；如果该团在本地旅游期间包括有星期日，导游人员要征求领队或游客的意见，是否需要安排去教堂，如需要，要了解所去教堂的位置及开放时间。

（三）尊重游客的信仰习惯

在接待过程中，导游人员要特别注意宗教游客的宗教习惯和戒律，尊重他们的宗教信仰和习惯。譬如，由天主教人士组成的旅游团，每天早晨开车前，他们会在车上讲经、做祈祷。这时，导游人员和司机应主动下车，等他们祈祷完毕后再上车。

（四）满足游客的特殊要求

宗教界人士在生活上一般都有些特殊的要求和禁忌，导游人员应按旅游协议书中的规定，不折不扣地兑现，尽量予以满足。例如，对宗教游客在饮食方面的禁忌和特殊要求，导游人员一定要提前通知餐厅做好准备；又如，有些伊斯兰教人士用餐时，一定要去有穆斯林标志牌的餐厅用餐，导游人员要认真落实，以免引起误会。

六、对探险游客的接待

探险旅游团最大的特点是喜欢多动多看，他们对旅游有一种特殊的偏爱，在旅途中也时常表现出激动、好奇和爱热闹的特征。因此，导游人员带领探险旅游团进行参观游览时，应根据其"年轻"的特点，在不破坏旅游接待计划的基础上，尽量满足他们"合理而又可能的要求"，使旅游活动顺利健康地开展下去。在为这类探险旅游者提供导游服务时，导游人

员需要注意以下几个方面：

（1）提醒他们从事某项探险活动之前做好有关物质准备，如帐篷、绳索、照明灯、指南针、急救用品和药品、救生衣、充足的食物和饮用水等，以便应对不时之需。

（2）导游人员在出行前要掌握有关单位的紧急救援电话。若服务对象中有外国旅游者，应事先了解他们是否投了国际急救组织的保险，以便出事时与有关国际急救组织联系。

（3）为了做好探险服务工作，导游人员在出行前还应准备相应的知识，如野外生存知识、漂流知识、潜水知识等。

本章实训任务

实训任务如表6-1、表6-2所示。

实训任务一：正确引导游客购物的方法

表6-1 正确引导游客购物的方法

实训项目	正确引导游客购物的方法
实训要求	1. 熟悉正确引导游客购物的方法 2. 注意跟游客沟通的语言表达
实训地点	教室或模拟导游实训室
实训材料	多媒体等
实训内容与步骤	一、实训准备 1. 学生分组。一组扮演不同身份的游客，一组扮演导游人员 2. 设定模拟商场的类型及相关旅游商品等信息 二、实训开始 针对游客的购物心理，导游人员要正确引导游客购物。分以下两种情境展开模拟： 1. 旅游接待计划内的购物环节。导游人员按旅游接待计划的安排带旅游团抵达购物点购物，注意导游人员关于购物点的介绍、旅游商品的介绍以及相关购物事项的介绍 2. 旅游接待计划外的购物需求。游客主动提出计划外的个人购物需求，导游人员需认真聆听游客的需求，同时热情、认真地推荐相关购物点，介绍旅游商品的购买注意事项等 三、实训考核、点评 指导老师点评，小组互评，总结任务要点。指出和纠正实训过程中存在的不足并强化学生掌握导游正确引导游客购物的方法

实训任务二：重点游客的接待方法

表6-2 重点游客的接待方法

实训项目	重点游客的接待方法
实训要求	掌握重点游客的接待方法
实训地点	教室或模拟导游实训室
实训材料	多媒体、旅游接待计划等

实训内容与步骤	一、实训准备 1. 学生分组。分别扮演旅游团、导游人员 2. 设定旅游团的类型分别为：儿童旅游团、老年旅游团、宗教旅游团、商务旅游团 二、实训开始 1. 针对不同旅游团的特点制订出有针对性的接待计划 2. 根据接待计划导游人员展开带团工作，游客在旅游过程中模拟相关状况，如身体不适、生病、商务需求、特殊要求等，导游人员需及时、正确处理相关问题 三、实训考核、点评 指导老师点评，小组互评，总结任务要点。指出和纠正实训过程中存在的不足并强化学生掌握重点游客的接待方法及技巧

知识归纳

导游带团虽然具有独立性的特点，但并非真的只是其一人承担所有工作。旅游接待活动是导游团体协作的过程，导游人员需要处理好与协作单位、个人以及游客间的相互关系，这样才能顺利完成旅游行程安排。通过本章的学习，学生可了解导游人员带团的理念、熟悉导游人员带团的特点和原则；掌握导游人员同游客交往的原则和技巧；掌握导游人员引导游客行为、调动游客游兴的方法；掌握导游人员同旅游接待单位、导游服务集体之间，以及同司机之间合作共事的方法；掌握儿童游客、高龄游客、残疾游客等特殊游客的接待技巧；掌握商务游客、宗教游客、探险游客的特殊接待要求。

案例解析

【案例】地陪小李带旅游团去野生动物园，在团队里有个小女孩长得特别可爱，今年8岁。小女孩非常崇拜小李，经常不离他的左右。小李也很喜欢小女孩，即使带着游客游览景点时，也拉着她，还为她买冷饮，教她唱歌。旅游行程结束后，小李觉得此次带团非常顺利，在填评议单时，令他没有想到的是有很多游客给他打的分数很低，最后还是团里一位老人告诉了他为何游客对他有意见：因为他自始至终都在照顾那个小女孩，别的游客有一种被忽视了的感觉。

【问题讨论】根据上述介绍，结合你所学过的知识，回答：地陪小李在哪些方面存在不足？接待儿童游客时，导游要注意哪些？

【分析参考】在案例中，地陪小李特殊照顾了团里的小女孩，而让其他游客感到自己被忽视了，引起游客的不满。导游人员在接待有儿童的旅游团时，除对儿童的饮食起居方面特别关心外，应注意掌握"四不宜"原则：

(1) 不宜突出了儿童，冷落了其他游客，否则整个团队的行程也不会太顺利的。
(2) 不宜给儿童买食物、玩具。
(3) 即使其家长同意，也不宜单独把儿童带出活动。
(4) 儿童生病，应及时建议其家长请医生诊治，而不宜建议给儿童服什么药，绝不能将自己随身携带的药品给儿童服用。

复习思考

一、单项选择题

1. 求新求奇的心理一般发生在旅游活动中的_____阶段。（   ）
   A. 未入境前的筹划　　　　　　　　B. 入境初期
   C. 中期　　　　　　　　　　　　　D. 结束阶段
2. 下面说法不正确的是（   ）。
   A. 东方人一般含蓄、内向，喜欢直接表明意愿
   B. 西方人较开放自由，易激动
   C. 年老游客喜欢思古怀旧
   D. 女性游客喜欢讨论商品和购物方面的话题
3. 导游带团最艰辛、最容易出错的阶段是（   ）。
   A. 前期准备阶段　B. 入境初期　　　C. 旅游中期　　　D. 旅游结束阶段
4. 关于导游尊重并支同事的工作说法不正确的是（   ）。
   A. 尊重是人际关系的基本准则
   B. 景点讲解是地陪的职责范围，领队或全陪不要越俎代庖
   C. 领队和全陪也要尊重地陪作为团队的领导地位
   D. 地陪也可以通过领队或全陪更清楚地了解游客的兴趣爱好及在生活、游览方面的具体要求
5. 对于避免正面冲突，导游做法不正确的是（   ）。
   A. 应进一步沟通，力求消除误会、解决问题
   B. 对于个别无理取闹的同行，导游人员可以做适当斗争
   C. 当对方态度有所缓和时，要适时给予对方台阶下
   D. 同事之间合作的原则是互利共赢，一切矛盾、纠纷都应该在这个框架内协商解决
6. 关于游客投诉的说法不正确的是（   ）。
   A. 有可能针对旅行社的安排或导游人员的服务提出投诉
   B. 游客投诉有可能是求发泄，也有可能是求补偿
   C. 导游人员要消除"有损形象、害怕投诉"的畏难心理，勇于承担带团过程中的责任，及时承认错误
   D. 投诉处理完毕后，导游人员要不计前嫌，更好地为游客服务
7. 导游人员对景区景点的考虑应首先遵循_____的原则。（   ）
   A. 顺次游览　　　B. 旅速游缓　　　C. 有张有弛　　　D. 劳逸结合
8. 导游人员对景区景点之内参观游览路线的安排应当考虑"先_____、后_____、渐入_____"的方法，把游览的_____放在最后。（   ）
   A. 精彩　一般　佳境　高潮　　　　B. 一般　佳境　精彩　高潮
   C. 佳境　一般　精彩　高潮　　　　D. 一般　精彩　佳境　高潮

9. 对于旅游团内部矛盾导致的活动日程分歧，导游人员要请_____做统一意见的工作，寻找合理而可能的变通办法。（ ）
   A. 组团旅行社   B. 全体游客   C. 全陪   D. 接待旅行社
10. 导游人员保持、提高游客的游兴的基本途径，是提高自己的_____的运用水平，向游客开展有针对性的导游服务。（ ）
    A. 导游组织技能 B. 导游交际技能 C. 导游语言技能 D. 导游讲解技能

二、多项选择题

1. 探险旅游团队的特点有（   ）。
   A. 活泼好动   B. 求知欲强   C. 喜欢逆向思维   D. 组织纪律性较差
2. 高龄旅游团的餐饮需要注意的有（   ）。
   A. 以清淡软烂为主   B. 咸淡适中
   C. 部分人忌食油腻食物或甜食   D. 尽可能满足游客合理的用餐要求
3. 下面有关"激发游客的游兴"表述正确的有（   ）。
   A. 通过直观形象激发游客的游兴
   B. 运用语言艺术激发游客的游兴
   C. 通过组织文娱活动激发游客的游兴
   D. 使用声像导游手段激发游客的游兴
   E. 通过游客自由活动提升游客游兴
4. 在接待宗教类游客时，下列哪些做法是符合导游服务要求的？（   ）
   A. 在安排行程时多向大师傅或当家和尚征求意见
   B. 跟随信徒一起跪着与大师傅说话
   C. 游客想在景点举办对外的大型宗教性法式活动应加以制止并说明原因
   D. 服务过程中以大师傅为中心，对其他信徒的个别要求均不能贸然答应
5. 在旅游结束阶段，导游人员需注意的事情有（   ）。
   A. 应在这一阶段安排告别会、歌舞晚会、购物等较轻松的活动内容
   B. 办好游客返程票证，保证游客准时返家
   C. 多讲注意事项，多提醒游客保管好证件物品
   D. 对过去发生的不愉快的事情向游客道歉
   E. 导游讲解要更加生动精彩，使游客求全心理难以找到发泄的机会
6. 导游人员的组织技能主要包括（   ）。
   A. 确立正确的带团理念   B. 树立和维护良好的形象
   C. 合理安排旅游活动   D. 引导游客审美
7. 下列关于个性化服务说法正确的是（   ）。
   A. 个性化服务是针对游客个别要求而提供的服务
   B. 个性化服务是在合理而可能的前提下提供的服务
   C. 个性化服务在时间上具有随机性
   D. 个性化服务是游客因旅途中的特殊需要而提出的
8. 下列哪些属于游览过程中正确的审美方法？（   ）

A. 动静结合　　　B. 距离适中　　　C. 角度合理　　　D. 时机恰当

9. 下列属于旅游活动中观景角度的是（　　）。

A. 正面观赏　　　B. 平视　　　　　C. 仰视　　　　　D. 俯视

10. 导游人员与游客交往的原则有（　　）。

A. 以礼待客　　　B. 以诚待客　　　C. 平等待客　　　D. 谋求共赢

三、判断题

1. 在接待宗教型游客时可以跪着与他们说话。（　　）
2. 在接待宗教型团队时，导游人员在旅游车上的讲解姿势以坐式为宜。（　　）
3. 宗教旅游团队如果想要在国内举办对外的大型宗教性法事活动，导游人员可以予以协助处理。（　　）
4. 探险旅游团在参观游览时，原则上不安排自由活动。（　　）
5. 老年游客怀旧观念较重，喜欢历史文化厚重的旅游景点。（　　）

四、简答题

1. 如何认识导游人员带团的特点？
2. 对不同个性的游客，导游人员应如何为其提供心理服务？
3. 导游人员可以从哪些方面去激发游客的游兴？
4. 导游人员应怎样与领队合作共事？
5. 怎样做好高龄游客的接待工作？

第七章

导游讲解技巧

学习目标

了解导游语言的概念、特点，熟悉导游语言的基本要求。
掌握口头语言的表达方式和体态语言的运用。
熟悉导游讲解的原则和要求。
掌握概述法、重点法、类比法、悬念法、虚实法等多种导游讲解方法的应用技巧。

实训要求

通过本章的实训任务，学生应掌握导游态势语言的运用技巧，导游交际语言的常用技巧，景区导游讲解的方法和技巧。

本章知识要点

第一节　导游语言基本要求

导游是一种社会职业，与其他社会职业一样，在长期的导游实践中逐渐形成了具有职业特点的语言——导游语言。

从狭义的角度说，导游语言是导游人员与游客交流思想感情、指导游览、进行讲解、传播文化时使用的一种具有丰富表达力、生动形象的口头语言。

从广义的角度说，导游语言是导游人员在导游服务过程中必须熟练掌握和运用的所有含有一定意义并能引起互动的一种符号。所谓"所有"，是指导游语言不仅包括口头语言，还包括态势语言、书面语言和副语言，其中副语言是一种有声而无固定语义的语言，如重音、笑声、叹息、掌声等；所谓"含有一定意义"，是指能传递某种信息或表达某种思想感情，如介绍旅游景观如何美、美在何处等；所谓"引起互动"，是指游客通过感受导游的语言和行为所产生的反应，譬如，导游人员微笑着搀扶老年游客上车，其态势语言（微笑语和动作语）就会引起游客的互动：老年游客说声"谢谢"，周围游客投来"赞许的目光"；所谓"一种符号"，是指导游过程中的一种有意义的媒介物。

语言是以语音为物质外壳，以词汇为建筑材料，以语法为结构规律而构成的体系。导游人员无论是进行导游讲解，还是回答游客的问题，或同游客交谈，在发音之前都要对所讲、所谈的内容进行组织，即将有关词汇按照语法规律组合成具有一定语义的句子，然后用语言表示出来，同时语言在运用中又有着不同的方法和技巧。对于导游人员来说，由于服务的对象是不同的游客，他们的性格、兴趣和爱好各异，导游人员的语言除了要符合语言规范之外，还要满足以下基本要求。

一、导游语言的准确性

导游语言的准确性是指导游人员的语言必须以客观实际为依据，即在遣词造句、叙事上要以事实为基础，准确地反映客观实际。无论是说古还是论今，是议人还是叙事，是讲故事还是说笑话，都要做到以实论虚、入情入理，切忌空洞无物或言过其实。导游人员的语言要做到有准确性，必须做好以下几个方面。

（一）严肃认真的科学态度

严肃认真的科学态度是做好导游语言准确性的前提。导游人员首先要有竭诚为游客服务的思想，有不断提高导游服务质量的意愿，这样才能抱着对游客、对自己、对旅行社、对国家负责的态度。其次，导游人员说话时，要实事求是地运用恰当的语言予以表达，而不要信口开河、东拉西扯、言不由衷、词不达意。最后，导游人员要有锲而不舍、勤学苦练的科学精神，只有这样才能不断进取，认真对待语言中的每一个词语，使之符合语境并贴切地反映客观实际。

（二）了解和熟悉所讲、所谈的事物和内容

了解、熟悉所讲、所谈的事物和内容，是运用好语言的基础。如果导游人员对景点的情况，对游客要讲的内容不了解、不熟悉，很难想象其语言能表达得清楚、准确，更谈不上流畅、优美了。如果导游人员对所讲、所谈的事物和内容有充分的准备，谙熟于胸，讲起来不仅滔滔不绝、旁征博引，而且遣词造句也十分贴切，就能准确地反映所讲、所谈事物的本来面貌，易于为游客所接受和理解。

（三）遣词造句准确，词语组合、搭配恰当

遣词造句准确，词语组合、搭配恰当，是语言运用的关键。

第一，遣词造句要准确。一个句子或一个意思要表达确切、清楚，关键在用词与词语的组合及搭配上，要在选择恰当词汇的基础上，按照语法规律和语言习惯进行有机组合和搭配。如果词语用法不当，组合搭配不好，会使信息失真。例如武汉市导游人员在归元寺向游客介绍《杨柳观音图》时说："这幅相传为唐代阎立本的壁画，它所体现的艺术手法值得我们珍惜。"这里，"珍惜"属于用词不当，应该为"珍视"。"珍惜"是爱惜的意思，而"珍视"则为看重的意思，即古画所体现的艺术手法值得我们很好地欣赏。又如游客问："长城是什么时候修建的？"导游人员回答："秦朝。"这种回答属于表述不清，因为早在春秋战国

时期,燕、赵、秦三国为防御北方的匈奴、东胡等民族的骚扰就筑起了高大的城墙,即为长城的起源。秦统一六国后,在原有长城的基础上修筑成一条具有今天规模的长城。如果对外国游客,还应讲清春秋战国和秦朝的公历年代,这样外国游客才会对中国长城的历史有一个明确的认识。

第二,词语的组合、搭配要恰当。导游人员在选择贴切的词汇基础上,还要进行词语的组合与搭配,使之组合符合规范,搭配相宜,这样才能准确地表达意思。如导游人员在向游客介绍了某一自然景观之后说:"这里的景色真叫人心旷神怡。"这里的"叫"字同心旷神怡的搭配就不如用"令"字更好,因为"令"字有"使"的含意,即客观事物使人们在主观上产生一种感受。

二、导游语言的逻辑性

导游语言的逻辑性,是指导游人员的语言要符合思维的规律性。

(一)导游人员的思维要符合逻辑规律,其语言要保持连贯性

逻辑分为形式逻辑和辩证逻辑。前者是孤立地、静止地研究思维的形式结构及其规律的科学;后者是关于思维的辩证发展规律的科学,即从事物本身矛盾的发展、运动、变化来观察、把握、研究事物的内在联系及其相互转化的规律性。形式逻辑的思维规律主要有同一律、矛盾律和排中律。

同一律的公式是:甲是甲,它要求在同一思维过程中,思想要保持自身同一。矛盾律的公式是:甲不是非甲,它要求在同一思维过程中,对同一对象不能做出两个矛盾的判断,不能同时既肯定又否定,思想必须保持前后一致、无矛盾。排中律的公式是:或者是甲,或者是非甲,它要求对两个互相矛盾的判断,承认其中之一是真的,做出非此即彼的明确选择,不能两者都否定,也不能模棱两可。导游人员若能掌握并正确地运用这些逻辑形式,遵守形式逻辑的思维规律,就会使自己的思维具有确定的、前后一致的、有条理的状态,从而在语言表达上保持首尾一致,具有较强的逻辑性。如导游人员在讲西湖孤山时,说,"孤山不孤、断桥不断、长桥不长"。导游人员做出"孤山不孤"这一判断是从"孤"和"不孤"选择而来的,做出这一选择是由其思维逻辑确定的,即孤山是由火山喷出的流纹岩组成的,整个岛屿原来是和陆地连在一起的,所以说"孤山不孤"。那么为什么又叫它孤山呢?一是因为自然的变迁,湖水将它与陆地分隔开来;二是因为这个风景优美的岛屿过去一直被自称为"孤家寡人"的皇帝所占有。同样,"断桥不断""长桥不长"也是如此。在这里,导游人员运用了形式逻辑中的排中律,从地质学的角度分析了孤山这个岛屿同陆地的内在联系及其转化。

(二)语言表达要有层次感

导游人员应根据思维逻辑,将要讲的内容排出前后次序,即先讲什么、后讲什么,使之层层递进、条理清楚、脉络清晰。导游人员的语言要想具有逻辑性,必须学习一些基本的逻辑方法。主要的逻辑方法有比较法、分析法与综合法、抽象法、演绎法与归纳法。

1. 比较法

比较法,就是两种或两种以上同类的事物辨别其异同或高下的方法。人们常说"有比

较才有鉴别",只有通过比较,才能对事物有所区分。在导游语言中,应用比较法的场合很多。例如:"长江是中国第一长河,世界名列第三。"就是通过比较得出的结论,因为长江的长度仅次于南美洲的亚马孙河和非洲的尼罗河。

2. 分析法与综合法

分析法,是把一件事物、一种现象或一个概念分成较简单的组成部分,然后找出这些部分的本质属性和彼此之间的关系。综合法,则是把分析的对象或现象的各个部分、各种属性联合成一个统一的整体。例如:"各位游客,到我们武汉市归元寺罗汉堂,数罗汉的方法一般有三种:一是男左女右,进罗汉堂大门后男同志靠左边、女同志靠右边;二是哪只脚先跨进罗汉堂大门门槛,就从哪个方向数;三是在罗汉堂里任何一处挑选一尊作为起点,数到自己年龄的最后一个数字,那一尊罗汉便象征您的性格、气质、命运等。"这段导游词对武汉市归元寺罗汉堂的讲解用分析法进行了介绍,首先将其分为三种类型,然后介绍它们各自的方法。若将这段导游词倒过来叙述,即先讲数罗汉的各种方法,再归纳为三种,就是综合法的运用。

3. 抽象法

抽象法又称概括法,是从许多事物中舍弃个别的、非本质的属性,抽出共同的、本质的属性的方法。例如:"正是由于人们对道教神仙的崇拜、敬仰和畏惧,才产生了道教文化艺术。至今保存在武当山各宫观中大量的道教神仙造像、法器供器,既是中国古人对神仙信仰的生动体现,也是道教文化留给今人的可贵的艺术成果。道教思想文化,作为中华传统文化的重要组成部分,在悠久和精深博大的中华传统思想文化的哺育下,形成了具有自己特色的思想哲理和信仰体系,为历代有识之学者和方外之士所珍重,引导着历代悟道修真之士信仰修行、研究继承和弘扬发展。"这段导游词就高度概括出了道教文化对湖北武当山和中国传统的影响。

4. 演绎法与归纳法

演绎法与归纳法都是推理的方法,前者是由一般原理推出关于特殊情况下的结论,其中三段论就是演绎的一种形式;后者是由一系列具体的事实概括出一般原理。这两个方法是相互对应的,如导游人员在介绍湖北神农架野人之谜时说:"关于野人的传说在我国流传几千年,且遍布全国,早在3 000年前,我国西南少数民族糜国就将'野人'作为礼物献给周成王。战国时屈原曾对'野人'在《九歌》中进行过充满诗意的描写。而在1976年5月14日,神农架林区副主任就曾在林区的大龙潭亲眼见到'红毛野人',后又有人再次发现他的毛发、粪便及野人窝,从毛发的表皮来看,无论是髓质形态还是细胞结构都优于高等灵长目动物。最令人惊叹的是'野人窝',它用20根箭竹扭成,人躺在上面视野开阔,舒服如靠椅,其制造与使用就是介于人和高等灵长目动物之间的奇异动物或野人了。"这段导游词首先介绍我国关于野人的传说,然后叙述神农架地区有关野人的情况,最后得出"野人窝"证明了这一情况的结论。导游人员在这里采用的逻辑方法正是从一般到特殊的演绎法。归纳法则与此相反,即从特殊到一般。

三、导游语言的生动性

导游人员向游客提供面对面的服务时,游客大多数情况下是在听导游人员说话,所以导游人员的语言除了语音、语调、语速要有准确性和逻辑性之外,生动性也至关重要。导游人员的语言表达要力求与神态表情、手势动作及声调和谐一致,使之形象生动、言之有情。如果导游人员的语言表达平淡无奇,如和尚念经般的单调、呆板,或者十分枯燥、生硬,游客听了必定兴趣索然,甚至在心理上产生不爱听、不耐烦或厌恶的情绪;反之,生动形象、妙趣横生、幽默诙谐、发人深省的导游语言不仅能引人入胜,而且还会起到情景交融的作用。为此,导游语言的表达应力求:使用形象化的语言,以创造美的意境;使用鲜明生动的语言,以增加语言的情趣性;使用幽默诙谐的语言,以增强语言的感染力。

要使口语表达生动形象,导游人员除了要把握好语音、语调之外,还要善于运用比喻、比拟、夸张、映衬、引用等多种修辞手法。

(一) 比喻

比喻就是用类似的事物来打比方的一种修辞手法,它包括下面几种形式:

1. 使抽象事物形象化的比喻

如"土家族姑娘山歌唱得特别好,她们的歌声就像百灵鸟的叫声一样优美动听。"这里土家族姑娘的歌声是抽象的,将其比喻为百灵鸟的叫声就形象化了。

2. 使自然景物形象化的比喻

如"如果说,云中湖是一把优美的琴,那么,喷雪崖就是一根美妙的琴弦。"这里将云中湖比喻为琴,将喷雪崖比喻为琴弦,显得既贴切又形象。

3. 使人物形象更加鲜明的比喻

如"屈原的爱国主义精神和《离骚》《九歌》《天问》等伟大的诗篇与日月同辉,千古永垂!"这里将屈原比喻为"日月",使其形象更加突出。

4. 使语言简洁明快的比喻

如"鄂南龙潭是九宫山森林公园的一条三级瀑布,其形态特征各异,一叠仿佛白练悬空,二叠恰似银缎铺地,三叠如同玉龙走潭。"这里将瀑布分别比喻为白练、银缎和玉龙,十分简洁明快。

5. 激发丰富想象的比喻

如"陆水湖的水,涟涟如雾地缠绕在山的肩头;陆水湖的山,隐隐作态地沉湎在水的怀抱。陆水湖的山水像一幅涂抹在宣纸上的风景画,极尽构图之匠心,俱显线条之清丽,那么美轮美奂地舒展着,那么风情万种地起伏着,她用山的钟灵揽天光云影,她用水的毓秀成鉴湖风月。"这里将陆水湖比喻为山水风景画,令人产生无穷的遐想。

(二) 比拟

比拟是通过想象把物拟作人或把甲物拟作乙物的修辞手法。在导游语言中,最常用的是拟人。譬如:"迎客松位于九宫山狮子坪公路旁,其主干高大挺直,修长的翠枝向一侧倾斜,如同一位面带微笑的美丽少女向上山的游客热情招手。"迎客松是植物,赋予人的思想感情后,会"面带微笑",能"热情招手",显得既贴切又生动形象。

运用比拟手法时,导游人员要注意表达恰当、贴切,要符合事物的特征,不能牵强附会;另外,还要注意使用场合。比拟的手法在描述景物或讲解故事传说时常用,但在介绍景点和回答问题时一般不用。

（三）夸张

夸张是在客观真实的基础上，用夸大的词句来描述事物，以唤起人们丰富的想象的一种修辞手法。在导游语言中，夸张可以强调景物的特征，表现导游人员的情感，激起游客的共鸣。譬如："相传四川、湖北两地客人会于江上舟中，攀谈间竟相夸耀家乡风物。四川客人说：'四川有座峨眉山，离天只有三尺三。'湖北客人笑道：'峨眉山高则高矣，但不及黄鹤楼的烟云缥缈。湖北有座黄鹤楼，半截插在云里头。'惊得四川客人无言以对。"这段导游词用夸张的手法形容黄鹤楼的雄伟壮观，使游客对黄鹤楼"云横九派""气吞云梦"的磅礴气势有了更深的认识。

导游人员运用夸张手法时应注意两点：一是要以客观实际为基础，使夸张具有真实感；二是要鲜明生动，能激起游客的共鸣。

（四）映衬

映衬是把两个相关或相对的事物，或同一事物的两个方面并列在一起，以形成鲜明对比的修辞手法。在导游讲解中运用映衬的手法可以增强口语表达效果，激发游客的情趣。譬如："太乙洞（咸宁）厅堂宽敞、长廊曲折、石笋耸立、钟乳倒悬，特别是洞中多暗流，时隐时现、时急时缓，时如蛟龙咆哮，闻者惊心动魄；时如深夜鸣琴，令人心旷神怡。"这里"宽敞"与"曲折"，"耸立"与"倒悬"，"隐"与"现"，"急"与"缓"，"蛟龙咆哮"与"深夜鸣琴"形成强烈的对比，更加深了游客对洞穴景观的印象。

（五）引用

引用是指用一些现成的语句或材料（如名人名言、成语典故、诗词寓言等）做根据来说明问题的一种修辞手法。在导游讲解中经常运用这种方法来增强语言的表达效果。引用有明引、意引和暗引三种形式。

1. 明引

明引是指直接引用原话、原文。其特点是出处明确、说服力强。譬如："归元寺的寺名'归元'，亦称归真，即归于真寂本源、得道成佛之意，取自于佛经上的'归元性不二，方便有多门'的偈语。"这里引用的佛经上的偈语诠释了归元寺名称的内涵，令人信服。

2. 意引

意引是指不直接引用原话原文而只引用其主要意思。譬如："国内外洞穴专家考察后确认，湖北腾龙洞不仅是中国目前已知最大的岩溶洞穴，而且是世界特级洞穴之一，极具旅游和科研价值。"这里引用的专家对腾龙洞的评价虽不是原话，但同样具有较强的说服力。

3. 暗引

暗引是指把别人的话语融入自己的话语里，而不注明出处。譬如："东坡赤壁的西面石壁更峻峭，就像刀劈的一样。留在壁面上的层层水迹，表明当年这儿确乎有过'惊涛拍岸，卷起千堆雪'的雄奇景象。"这里引用的苏东坡《念奴娇·赤壁怀古》中的词句虽没有点明出处，却是对赤壁景观最形象的描写和最绝妙的概括，让游客听后产生无穷的遐想。

导游人员在运用引用手法时，既要注意为我所用恰到好处，不能断章取义，又要注意不过多引用，更不能滥引。

第二节　导游口头语言表达技巧

在导游服务中，口头语言是使用频率最高的一种语言形式，是导游人员做好导游服务工作最重要的手段和工具。著名美学家朱光潜告诉我们："话说得好就会如实地达意，使听者感到舒服，发生美感。这样的说话就成了艺术。"由此可见，导游人员要提高自己的口头语言表达技巧，必须在"达意"和"舒服"上下功夫。

一、口头语言的基本形式

（一）独白式

独白式是导游人员讲解而游客倾听的语言传递方式。如导游人员致欢迎辞、欢送辞或进行独白式的导游讲解等。

小贴士　　　　　　　　　　导游独白式讲解

例1："湖北省晴川阁又名晴川楼，始建于明嘉靖年间，取唐代诗人崔颢《黄鹤楼》诗'晴川历历汉阳树'之意。其楼阁背山面江，气势恢宏，有'楚天晴川第一楼'之称。历史上晴川阁屡建屡毁，现存建筑是以清末晴川阁为蓝本于1983年重修而成，共占地386平方米，高17.5米，楼正面匾额'晴川阁'三字出自赵朴初手笔……"

例2："来自新加坡的游客朋友们，大家好！欢迎你们来到美丽的江城武汉观光游览，我叫李明，是武汉春秋旅行社的导游，这位是司机王师傅，他有丰富的驾驶经验，大家坐他的车尽可放心。衷心地希望在旅游过程中大家能和我共同配合，顺利完成在武汉的行程，如果我的服务有不尽如人意的地方，也请大家批评指正。最后，祝大家在武汉旅游期间能顺利、开心！"

从上面两个例子可以看出独白式口头语言的特点：第一，目的性强。如例1就是为了介绍晴川阁的概况，例2是为了欢迎游客、表达意愿。目的性都很强。第二，对象明确。如例1和例2始终是面对旅游团的全体游客说话，因而能够产生良好的语言效果。第三，表述充分。如例1首先介绍晴川阁名称的由来，接着讲述晴川阁的历史和现状，使游客对晴川阁有了比较完整的印象；例2话语不多，但充分表明了导游的身份和热情的服务态度。

（二）对话式

对话式是导游人员与一个或一个以上游客之间所进行的交谈，如问答、商讨等。在散客导游中，导游人员常采用这种形式进行讲解。

小贴士　　　　　　　　　　导游对话式讲解

导游人员："你们知道武汉最有名的风味小吃是什么吗？"

游客："好像是热干面吧。"

导游人员："那你们知道哪里的热干面最好吃吗？"

游客:"听说汉口蔡林记的热干面最鲜美可口。"

导游人员:"那你们知道热干面的来历吗?"

游客:"不太清楚,你能给我们讲讲吗?"

导游人员:"说起热干面,这里还有个有趣的故事呢。20世纪30年代初期,汉口长堤街有一个名叫李包的人,在关帝庙一带卖凉粉和汤面。一个夏天的晚上,李包还剩下许多面没卖完……"

由上例可看出对话式口头语言的特点:第一,依赖性强,即对语言环境有较强的依赖性。对话双方共处同一语境,有些话即便不展开来说,只言片语也能表达一个完整的或双方都能理解的意思。第二,反馈及时。对话式属于双向语言传递形式,其信息反馈既及时又明确。

二、口头语言表达的要领

(一) 音量大小适度

音量是指一个人讲话时声音的强弱程度。导游人员在进行导游讲解时要注意控制自己的音量,力求做到音量大小适度。一般说来,导游人员音量的大小应以每位游客都能听清为宜,但在游览过程中,音量大小往往受到游客人数、讲解内容和所处环境的影响,导游人员应根据具体情况适当进行调节。譬如,当游客人数较多时,导游人员应适当调高音量,反之则应把音量调低一点;在室外嘈杂的环境中讲解时,导游人员的音量应适当放大,而在室内宁静的环境中则应放小一些;对于导游讲解中的一些重要内容、关键性词语或需要特别强调的信息,导游人员要加大音量,以提醒游客注意,加深游客的印象,如:"我们将于八点三十分出发"就是强调出发的时间,以提醒游客注意。

(二) 语调高低有序

语调是指一个人讲话的腔调,即讲话时语音的高低起伏和升降变化。语调一般分为升调、降调和直调三种,高低不同的语调往往伴随着人们不同的感情状态。

1. 升调

升调多用于表示游客的兴奋、激动、惊叹、疑问等感情状态。譬如:"大家快看,前面就是三峡工程建设工地!"(表示兴奋、激动)"你也知道我们湖北咸宁有个神秘的'131'军事工程?"(表示惊叹、疑问)

2. 降调

降调多用于表示游客的肯定、赞许、期待、同情等感情状态。譬如:"我们明天早晨八点准时出发。"(表示肯定)"希望大家有机会再来当阳,再来玉泉寺。"(表示期待)

3. 直调

直调多用于表示游客的庄严、稳重、平静、冷漠等感情状态。譬如:"这儿的人们都很友好。"(表示平静状态)"武汉红楼是中华民族推翻帝制、建立共和的历史里程碑。"(表示庄严、稳重)

(三) 语速快慢相宜

语速是指一个人讲话速度的快慢程度。导游人员在导游讲解或同游客谈话时,要力求做到徐疾有致、快慢相宜。如果语速过快，会使游客感到听起来很吃力，甚至跟不上导游人员的节奏，对其讲解内容印象不深甚至遗忘；如果语速过慢，会使游客感到厌烦，注意力容易分散，导游讲解亦不流畅；当然，导游人员如果一直用同一种语速往下讲，像背书一样，不仅缺乏感情色彩，而且使人乏味，令人昏昏欲睡。

在导游讲解中，较为理想的语速应控制在每分钟二百字左右。当然，具体情况不同，语速也应做适当调整。譬如，对中青年游客，导游讲解的速度可稍快些，而对老年游客则要适当放慢；对讲解中涉及的重要或需要特别强调的内容，语速可适当放慢一些，以加深游客的印象，而对那些不太重要的或众所周知的事情，则要适当加快讲解速度，以免浪费时间，令游客不快。

（四）停顿长短合理

停顿是一个人讲话时语音的间歇或语流的暂时中断。这里所说的停顿不是讲话时的自然换气，而是语句之间、层次之间、段落之间的有意间歇。其目的是集中游客的注意力，增强导游语言的节奏感。导游讲解停顿的类型很多，常用的有以下几种：

1. 语义停顿

语义停顿是指导游人员根据语句的含义所做的停顿。一般来说，一句话说完要有较短的停顿，一个意思说完则要有较长的停顿。譬如："武当山是我国著名的道教圣地，/是首批国家级重点风景名胜区和世界文化遗产。//武当山绵亘八百里，/奇峰高耸，险崖陡立，/谷涧纵横，云雾缭绕。//武当山共有七十二峰，/主峰天柱峰海拔高达1 612米，/犹如擎天巨柱屹立于群峰之巅。//发源于武当山的武当拳是中国两大拳术流派之一，/素有'北宗少林，南尊武当'之称。//"有了这些长短不一的停顿，导游人员就能把武当山的特点娓娓道来，游客听得也比较自然。

2. 暗示省略停顿

暗示省略停顿是指导游人员不直接表示肯定或否定，而是用停顿来暗示，让游客自己去判断。譬如："请看，江对面的那座山像不像一只巨龟？//黄鹤楼所在的这座山像不像一条长蛇？//这就是'龟蛇锁大江'的自然奇观。//"这里通过停顿让游客去思考、判断，从而留下深刻的印象。

3. 等待反应停顿

等待反应停顿是指导游人员先说出令人感兴趣的话，然后故意停顿下来，以激起游客的反应。譬如："三斗坪坝址的选择不是一帆风顺的，中外专家在三峡工程坝址的选择上曾发生过长时间的争论。"这时导游人员故意停顿下来，看到游客脸上流露出急于知道答案的神情后，再接着介绍将坝址定在三斗坪的原因。

4. 强调语气停顿

强调语气停顿是指导游人员讲解时，每讲到重要的内容，为了加深游客内心的印象所做的停顿。譬如："黄鹤楼外观为五层建筑，里面实际上有九层，为什么要这样设计呢？"导游人员讲到这里，故意把问题打住，然后带游客上楼参观，使游客在参观过程中联系这个问题进行思考。

第三节　导游态势语言运用技巧

态势语言亦称体态语言、人体语言或动作语言，它是通过人的表情、动作、姿态等来表达语义和传递信息的一种无声语言。同口头语言一样，态势语言也是导游服务中重要的语言艺术形式之一，常常在导游讲解时对口头语言起着辅助作用，有时甚至还能起到口头语言难以企及的作用。态势语言种类很多，不同类型的态势语言具有不同的语义，其运用技巧亦不相同，下面介绍一些导游服务中常用的态势语言。

一、首语

首语是通过人的头部活动来表达语义和传递信息的一种态势语言，它包括点头和摇头。一般说来，世界上大多数国家和地区都以点头表示肯定，以摇头表示否定。而实际上，首语有更多的具体含义，如点头可以表示肯定、同意、承认、认可、满意、理解、顺从、感谢、应允、赞同、致意等。另外，因民族习惯的差异，首语在有些国家和地区还有不同的含义，如印度、泰国等地某些少数民族奉行的是"点头不算摇头算"的原则，即同意对方意见用摇头来表示，不同意则用点头表示。

二、表情语

表情语是指通过人的眉、眼、耳、鼻、口及面部肌肉运动来表达情感和传递信息的一种态势语言。导游人员的面部表情要给游客一种平滑、松弛、自然的感觉，要尽量使自己的目光显得自然、诚挚，额头平滑不起皱纹，面部两侧笑肌略有收缩，下唇方肌和口轮肌处于自然放松的状态，嘴唇微闭。这样，才能使游客感受到亲切感。

微笑是一种富有特殊魅力的面部表情，导游人员的微笑要给游客一种明朗、甜美的感觉，微笑时要使自己的眼轮肌放松，面部两侧笑肌收缩，口轮肌放松，嘴角含笑，嘴唇似闭非闭，以露出半牙为宜，这样才能使游客感到和蔼亲切。

三、目光语

目光语是通过人与人之间的视线接触来传递信息的一种态势语言。艺术大师达·芬奇说："眼睛是心灵的窗户。"意思是透过人的眼睛，可以看到他的心理情感。目光主要由瞳孔变化、目光接触的长度及向度三个方面组成。瞳孔变化，是指目光接触瞳孔的放大或缩小，一般来说，当一个人处在愉悦状态时，瞳孔就自然放大、目光有神；反之，当一个人处在沮丧状态时，则瞳孔自然缩小、目光暗淡。目光接触的长度，是指目光接触时间的长短。导游人员一般连续注视游客的时间应在 1~2 秒钟，以免引起游客的厌恶和误解。目光接触的向度是指视线接触的方向。一般来说，人的视线向上接触（即仰视）表示"期待""盼望"或"傲慢"等含义；视线向下接触（即俯视）则表示"爱护""宽容"或"轻视"等含义；而视线平行接触（即正视）表示"理性""平等"等含义。导游人员常用的目光语应是"正视"，让游客从中感到自信、坦诚、亲切和友好。

导游讲解是导游人员与游客之间的一种面对面的交流。游客往往可以通过视觉交往，从导游人员的一个微笑、一种眼神、一个动作、一种手势中加强对其讲解内容的认识和理解。在导游讲解时,运用目光的方法很多,常用的主要有以下几种。

(一)目光的联结

导游人员在讲解时,应用热情而又诚挚的目光看着游客。正如德国导游专家哈拉尔德·巴特尔所说的:"导游人员的目光应该是开诚布公的、对人表示关切的,是一种可以看出谅解和诚意的目光。那种一直低头或望着毫不相干处,翻着眼睛只顾自己口若悬河的导游人员是无法与游客产生沟通的。"因此,导游人员应注意与游客目光的联结,切忌目光呆滞(无表情)、眼帘低垂(心不在焉)、目光向上(傲慢)、视而不见(轻视)和目光专注而无反应(轻佻)等不正确的目光联结方式。

(二)目光的移动

导游人员在讲解某一景物时,首先要用目光把游客的目光牵引过去,然后再及时收回目光,并继续投向游客。这种方法可使游客集中注意力,并使讲解内容与具体景物和谐统一,给游客留下深刻的印象。

(三)目光的分配

导游人员在讲解时,应注意自己的目光要统摄全部听讲解的游客,即可把视线落点放在最后边两端游客的头部,也可不时环顾周围的游客,但切忌只用目光注视面前的部分游客,使其他的游客感到自己被冷落,产生遗弃感。

(四)目光与讲解的统一

导游人员在讲解传说故事和逸闻趣事时,讲解内容中常常会出现甲、乙两人对话的场景,需要加以区别,导游人员应在说甲的话时,把视线略微移向一方,在说乙的话时,把视线略微移向另一方,这样可使游客产生一种逼真的临场感,犹如身临其境一般。

四、服饰语

服饰语是通过服装和饰品来传递信息的一种态势语言。一个人的服饰既是所在国家、地区、民族风俗与生活习惯的反映,也是个人气质、兴趣爱好、文化修养和精神面貌的外在表现。服饰语的构成要素很多,如颜色、款式、质地等。其中颜色是最重要的要素,不同的颜色给人的印象和感觉也不一样,深色给人深沉、庄重之感;浅色让人感觉清爽、舒展;蓝色使人感到恬静;白色让人感到纯洁。

导游人员的服饰要注意和谐得体。加拿大导游专家帕特里克·克伦认为,衣着装扮得体比浓妆艳抹更能表现一个人趣味的高雅和风度的含蓄。导游人员的衣着装饰要与自己的身材、气质、身份和职业相吻合,要与所在的社会文化环境相协调,这样才能给人以美感。譬如,着装不能过分华丽,饰物也不宜过多,以免给游客以炫耀、轻浮之感。在带团旅游时,男导游人员不应穿无领汗衫、短裤和赤脚穿凉鞋,女导游人员不宜戴耳环、手镯,等等。

五、姿态语

姿态语是通过端坐、站立、行走的姿态来传递信息的一种态势语言,可分为坐姿、立姿和走姿三种。

（一）坐姿

导游人员的坐姿要给游客一种温文尔雅的感觉。其基本要领是：上体自然挺直，两腿自然弯曲，双脚平落地上，臀部坐在椅子中央。男导游人员一般可张开双腿，以显其自信、豁达；女导游人员一般两膝并拢，以显示其庄重、矜持。坐姿切忌前俯后仰、摇腿跷脚或跷起二郎腿。

（二）立姿

导游人员的立姿要给游客一种谦恭有礼的感觉。其基本要领是：头正目平，面带微笑，肩平挺胸，立腰收腹，两臂自然下垂，两膝并拢或分开与肩平。不要双手叉腰或把手插在裤兜里，更不要有怪异的动作，如抽肩、缩胸、乱摇头、擤鼻子、掐胡子、舔嘴唇、拧领带、不停地摆手等。

导游人员在讲解时多采用站立的姿态。若在旅游车内讲解，应注意面对游客，可适当倚靠司机身后的护栏杆，也可用一只手扶着椅背或护栏杆；若在景点站立讲解，应双脚稍微分开（两脚距离不超过肩宽），将身体重心放在双脚上，上身挺直，双臂自然下垂，双手相握置于身前以示"谦恭"或双手置于身后以示"轻松"。如果站立时躬背、缩胸，就会给游客留下猥琐和病态的印象。

（三）走姿

导游人员的走姿要给游客一种轻盈、稳健的感觉。其基本要领是：行走时，上身自然挺直，立腰收腹，肩部放松，两臂自然前后摆动，身体的重心随着步伐前移，脚步要从容轻快、干净利落，目光要平稳，可用眼睛的余光（必要时可转身扭头）观察游客是否跟上。行走时，不要把手插在裤兜里。

六、手势语

手势语是通过手的挥动及手指动作来传递信息的一种态势语言，它包括握手、招手、手指动作等。

（一）握手语

握手是交际双方互伸右手彼此相握以传递信息的手势语，它包含在初次见面时表示欢迎，告别时表示欢送，对成功者表示祝贺，对失败者表示理解，对信心不足者表示鼓励，对支持者表示感谢等多种语义。

1. 握手要领

与人握手时，上身应稍微前倾，立正，面带微笑，目视对方；握手时要摘帽和脱手套，女士和身份高者可例外；握手时不要将自己的左手插在裤袋里，不要边握手边拍人家肩膀，不要眼看着别人或与他人打招呼，更不要低头哈腰；无特殊原因不要用左手握手；多人在一起时要避免交叉握手。

2. 握手顺序

男女之间，男士要等女士先伸手后才能握手，如女士不伸手且无握手之意，男士可点头或鞠躬致意；宾主之间，主人应先向客人伸手，以表示欢迎；长辈与晚辈之间，晚辈要等长辈先伸手；上下级之间，下级要等上级先伸手，以示尊重。

3. 握手时间

握手时间的长短可根据握手双方的关系与亲密程度灵活掌握。初次见面一般不应超过三秒钟，老朋友或关系亲近的人则可以边握手边问候。

4. 握手力度

握手力度以不握疼对方的手为最大限度。在一般情况下，握手不必用力，握一下即可。男士与女士握手不能握得太紧，西方人往往只握一下女士的手指部分，但老朋友可例外。

导游人员在与游客初次见面时，可以握手表示欢迎，但只握一下即可，不必用力。在机场或车站与游客告别时，导游人员和游客之间已相互熟悉，握手时可适当用力，并微笑着说些祝愿的话语。对于给予过导游人员大力支持和充分理解的海外游客及友好人士等更可加大些力度，延长握手时间，或双手紧握并说些祝福感谢的话语，以表示相互之间的深厚情谊。

（二）手指语

手指语是一种较为复杂的伴随语言，是通过手指的各种动作来传递不同信息的手势语。由于文化传统和生活习俗的差异，在不同的国家、不同的民族中手指动作的语义也有较大区别，导游人员在接待工作中要根据游客所在国和民族的特点选用恰当的手指语，以免引起误会和尴尬。譬如，竖起大拇指，在世界上许多国家包括中国都表示"好"，用来称赞对方高明、了不起、干得好，但在有些国家还有另外的意思，如在韩国表示"首领""部长""队长"或"自己的父亲"，在日本表示"最高""男人"或"您的父亲"，在美国、墨西哥、澳大利亚等国表示"祈祷幸运"，在希腊表示叫对方"滚开"，在法国、英国、新西兰等国表示请求"搭车"；伸出食指，在新加坡表示"最重要"，在缅甸表示"拜托""请求"，在美国表示"让对方稍等"，而在澳大利亚则是"请再来一杯啤酒"的意思；伸出中指，在墨西哥表示"不满"，在法国表示"下流的行为"，在澳大利亚表示"侮辱"，在美国和新加坡则是"被激怒和极度的不愉快"的意思；伸出小指，在韩国表示"女朋友""妻子"，在菲律宾表示"小个子"，在日本表示"恋人""女人"，在印度和缅甸表示"要去厕所"，在美国和尼日利亚则是"打赌"的意思；伸出食指往下弯曲，在中国表示数字"9"，在墨西哥表示"钱"，在日本表示"偷窃"，在东南亚一带则是"死亡"的意思；用拇指与食指尖形成一个圆圈并手心向前，这是美国人爱用的"OK"手势，在中国表示数字"0"，在日本则表示"金钱"，而希腊人、巴西人和阿拉伯人用这个手势表示"诅咒"；伸出食指和中指构成英语"Victory"（胜利）的第一个字母"V"，西方人常用此手势来预祝或庆贺胜利，但应注意要把手心对着观众，如把手背对着观众做这一手势，则被视为下流的动作。

在导游服务中，导游人员要特别注意不能用手指指点游客，这在西方国家是很不礼貌的动作，譬如导游人员在清点人数时用食指来点数，就会引起游客的反感。

（三）讲解时的手势

在导游讲解中，手势不仅能强调或解释讲解的内容，而且还能生动地表达口头语言所无法表达的内容，使导游讲解生动形象。导游讲解中的手势有以下三种：

1. 情意手势

这是用来表达导游讲解情感的一种手势。譬如，在讲到"我们湖北的社会主义现代化建设一定会取得成功"时，导游人员用手握拳并有力地挥动一下，既可渲染气氛，也有助于情感的表达。

2. 指示手势

这是用来指示具体对象的一种手势。譬如,导游人员讲到黄鹤楼一楼楹联"爽气西来,云雾扫开天地撼;大江东去,波涛洗尽古今愁"时,可用指示手势来一字一字地加以说明。

3. 象形手势

这是用来模拟物体或景物形状的一种手势。譬如,当讲到"有这么大的鱼"时,可用两手食指比一比;当讲到"五公斤[①]重的西瓜"时,可用手比成一个球形状;当讲到"四川有座峨眉山,离天只有三尺三。湖北有座黄鹤楼,半截插在云里头"时,也可用手的模拟动作来形容。

导游讲解时,在什么情况下用何手势,都应视讲解的内容而定。在手势的运用上必须注意:一要简洁易懂,二要协调合拍,三要富有变化,四要节制使用,五要避免使用游客忌讳的手势。

第四节 导游交际语言常用技巧

交际,是人与人之间的往来接触。在导游服务中,导游人员主要是同游客和相关接待单位有关人员进行接触,而接触过程中,语言是最基本、最重要的工具,语言表达方式、方法和技巧对接触效果都会产生影响。因此,为了同游客(主要接触对象)及相关接待单位友好相处,导游人员应不断提高自己的导游交际语言技能。

导游交际语言包含的内容很多,如见面时的语言、交谈时的语言,致辞(欢迎辞、欢送辞),导游人员同游客交往中对其进行劝服、提醒、拒绝、道歉的语言,等等。

一、称谓的语言技巧

一般情况下,导游人员对游客的称谓有三种类型。

(一)交际关系型

交际关系型的称谓主要是强调导游人员与游客在导游交际中的角色关系。比如:"各位游客""诸位游客""各位团友""各位嘉宾"等,这类称谓角色定位准确、宾主关系明确,既公事公办,又大方平和,特别是其中的"游客"称谓是导游语言中使用频率最高的一种。

(二)套用尊称型

套用尊称是在各种场合都比较适用,对各个阶层、各种身份也比较合适的社交通称。如"女士们、先生们""各位女士、各位先生"等,这类称谓尊称意味浓厚,适用范围广泛,回旋余地较大。但一般对涉外旅游团较好,对国内旅游团有点过于正规。

(三)亲密关系型

亲密关系型的称谓多用于比较密切的人际关系之间。如"各位朋友""朋友们"等,这类称谓热情友好、亲和力强,注重强化平等、亲密的交际关系,易于消除游客的陌生感,建

---

① 1公斤=1千克。

议在和游客熟悉之后再用此称谓。

在旅游活动中,导游人员对游客的称谓总的原则应把握三点:一要得体,二要尊重,三要通用。

二、交谈的语言技巧

在导游交际过程中,虽然导游讲解占据主要的地位,但往往还有大量的时间是属于同游客自由交谈的时候,这种情况下的交谈对导游人员与游客的沟通、对游客情况的了解非常关键,因此导游人员在与游客自由交谈时要注意聊天的技巧。

聊天是交谈的主要形式。聊天是至少两人共同参与的双向或多向的交际活动,是人们交往中最基本、最常见的现象。导游交际中的聊天与一般社交场合中的聊天一样,话题往往是随意的,而且可以不时转换,内容也是海阔天空、无所不可的。但不同的是,导游人员与游客的聊天意图是明确的,是为了达到协调双方关系、缩短双方心理距离、建立良好的交际基础的基本目的的。因此,导游人员与游客聊天时主要是从其感兴趣的或关心的话题切入。如对旅游目的地的提前了解,女性游客对时装、美容、小孩的关注,老年游客对身体健康、怀旧的兴趣等。

聊天是双方自觉自愿、平等交流、随和开放的行为,导游人员应注意创造聊天的条件,营造聊天的氛围,根据游客的心理特征、语言习惯、文化水平、脾气秉性等各种因素,随机应变地引导聊天的过程,使交谈气氛融洽,交流愉快,达到与游客互相理解、有效沟通的目的。

三、劝服的语言技巧

在导游服务过程中,导游人员常常会面临各种问题,需要对游客进行劝服,如旅游活动日程被迫改变时,需要劝服游客接受;某些游客有越轨行为时,需要对其进行劝说;等等。劝服一要以事实为基础,即根据事实讲明道理;二要讲究方式、方法,使游客易于接受。

(一)诱导式劝服

诱导式劝服即循循善诱,通过有意识、有步骤的引导,澄清事实,讲清利弊得失,使游客逐渐信服。如某旅游团原计划从武汉飞往深圳,因未订上机票只能改乘火车,游客对此意见很大。这时,导游人员首先要十分诚恳地向游客道歉,然后耐心地向游客说明原委并分析利弊。导游人员说:"没有买上机票延误了大家的旅游行程,我很抱歉;对于大家急于赴深圳的心情,我很理解。但是如果乘飞机去深圳还得等两天以后,这样你们在深圳只能停留一天,甚至一天还不到;如果现在乘火车,大家可在深圳停留两天,可以游览深圳的一些主要景点。另外,大家一路旅途都非常辛苦,乘火车一方面可以观赏沿途的自然风光,一方面大家也可以得到较好的休息。"导游人员的这席话使游客不满的情绪开始平静了下来,一些游客表示愿意乘火车,另一些游客在他们的影响下也表示认可。

对这类问题的劝服,导游人员一是要态度诚恳,使游客感到导游人员是站在游客的立场上帮助他们考虑问题;二是要善于引导,巧妙地使用语言分析其利弊得失,使游客感到上策不行取其次也是较好的选择。

（二）迂回式劝服

迂回式劝服是指不对游客进行正面、直接的说服，而采用间接或旁敲侧击的方式进行劝说，即通常所说的"兜圈子"。这种劝服方式的好处是既不伤害游客的自尊心，而又能使游客较易接受。如某旅游团有一位游客常常在游览中喜欢离团独自活动，出于安全考虑和旅游团活动的整体性，导游人员走过去对他说："××先生，大家现在游览累了，休息一会儿，很希望您过来给大家讲讲您在这个景点游览中的新发现，作为我导游讲解的补充。"这位游客听了后会心一笑，自动地走了过来。

在这里，导游人员没有直接把该游客喊过来，因为那样多少带有命令的口气，而是采用间接的、含蓄的方式，用巧妙的语言使该游客既能领悟到导游人员的言外之意，其自尊心也没有受到伤害。

（三）暗示式劝服

暗示式劝服是指导游人员不明确表示自己的意思，而采用含蓄的语言或示意的举动使人领悟的劝说。如有一位游客在旅游车内抽烟，使得车内空气混浊。导游人员不便当着其他游客的面，伤了这位游客的自尊心，在其面向导游人员又欲抽烟时，导游人员向他摇了摇头（或捂着鼻子轻轻咳嗽两声），这位游客便熄灭了香烟。这里导游人员运用了副语言——摇头、捂鼻子咳嗽，暗示在车内"请勿吸烟"，使游客产生了自觉的反应。

总之，劝服的方式要因人而异、因事而异，导游人员要根据游客的不同性格、不同心理或事情的性质和程度，分别采用不同的方法。

四、提醒的语言技巧

在导游服务中，导游人员经常会碰到少数游客由于个性或生活习惯的原因表现出群体意识较差或丢三落四的行为，如迟到、离团独自活动、走失、遗忘物品等。对这类游客，导游人员应从关心游客安全和旅游团集体活动的要求出发给予特别关照，在语言上要适时地予以提醒。

提醒的语言方式很多，除了直截了当的命令式（这种方式切忌使用）之外，还有其他的委婉方式。由于处在为游客服务的位置，导游人员对游客首先应予尊重，其次要有服务意识，对游客的安全负责，对游客中某些行为需要提醒时，应使用委婉的语言。导游人员提醒的语言应富有情感，要体现出对游客的关心，使提醒能在愉悦的气氛中被游客所接受。提醒的语言方式具体有以下几种。

（一）敬语式提醒

敬语式提醒是导游人员使用恭敬口吻的词语，对游客直接进行的提醒方式，如"请""对不起"等。导游人员在对游客的某些行为进行提醒时应多使用敬语，这样会使游客易于接受，如"请大家安静一下""对不起，您又迟到了"。这样的提醒要比"喂，你们安静一下""以后不能再迟到了"等命令式语言所达到的效果要好得多。

（二）协商式提醒

协商式提醒是导游人员以商量的口气间接地对游客进行的提醒方式，以取得游客的认同。协商将导游人员与游客置于平等的位置上，导游人员主动同游客进行协商，是对游客尊重的表现。一般说来，在协商的情况下，游客是会主动配合的。例如，某游客常常迟到，导游人员和蔼地说："您看，大家已在车上等您一会儿了，以后是不是可以提前做好出发的准备？"又如，某游客在游览中经常离团独自活动，导游人员很关切地询问他："××先生，我不知道在游览中您对哪些方面比较感兴趣，您能否告诉我，好在以后的导游讲解中予以结合。"

（三）幽默式提醒

幽默式提醒是导游人员用有趣、可笑而意味深长的词语对游客进行的提醒方式。导游人员运用幽默的语言进行提醒，既可使游客获得精神上的快感，又可使游客在欢愉的气氛中受到启示或警觉。例如，导游人员在带领游客游览长城时，提醒游客注意安全并按时返回时说："长城地势陡峭，大家注意防止摔倒。另外，也不要头也不回一股脑儿地往前走，一直走下去就是丝绸之路了，有人走了两年才走到，特别辛苦。"又如，几位年轻游客在游览时，纷纷爬到一尊大石象的背上照相，导游人员见了连忙上前提醒他们："希望大家不要欺负这头忠厚老实的大象！"这比一脸严肃地说："你们这样做是损坏文物，是要罚款的。"效果要好得多。

五、回绝的语言技巧

回绝，即对别人的意见、要求予以拒绝。在导游服务中，导游人员常常会碰到游客提出的各种各样的问题和要求，除了一些通常的问题和一些合理的但经过努力可以办到的要求可予以解释或满足外，也有一些问题和要求是不合理的或不可能办到的，对这类问题或要求导游人员需要回绝。但是，囿于导游人员同游客之间主客关系的束缚，导游人员不便于直接回答"不"，这时导游人员就必须运用回绝的语言表达方式和技巧。

（一）柔和式回绝

柔和式回绝是导游人员采用温和的语言进行推托的回绝方式。采取这种方式回绝游客的要求，不会使游客感到太失望，能避免导游人员与游客之间的对立状态。例如，某领队向导游人员提出是否可把日程安排得紧一些，以便增加一两个旅游项目。导游人员明知道这是计划外的要求，不可能予以满足，于是采取了委婉的拒绝方式，"您的意见很好，大家希望在有限的时间内多看看的心情我也理解，如果时间充足的话，我会尽力的。"这位导游人员没有明确回绝领队的要求，而是借助客观原因（时间），采用模糊的语言暗示了拒绝之意。又如，一位美国游客邀请某导游人员到其公司里去工作，这位导游人员回答说："谢谢您的一片好意，我还没有这种思想准备，也许我的根在中国的土地上扎得太深了，一时拔不出来啊！"这位导游人员未明确表示同意与否，然而却委婉地谢绝了美国游客的邀请。

上述这类回绝在方式上是柔和的、谦恭的，采用的是拖延策略，能取得较好的效果。

（二）迂回式回绝

迂回式回绝是指导游人员对游客的发问或要求不正面表示意见，而是绕过问题从侧面予以回应或回绝。如一次某导游人员在同游客交谈时谈到了西藏，这时一位美国游客突然发问："你们1959年进攻西藏是否合法？"该导游人员想了想说："你认为你们在19世纪60年代初期派兵进攻密西西比河南方的奴隶主是否合法？"美国游客一时语塞。

对这类政治性很强的问题，尤其是西方游客长期受资本主义宣传的影响，一时难以和他们讲清楚，采取这种迂回式的反问方式予以回绝也是一种选择。

（三）引申式回绝

引申式回绝是导游人员根据游客话语中的某些词语加以引申而产生新意的回绝方式。如某游客在离别之前把吃剩的半瓶药送给导游人员，并说："这种药很贵重，对治疗我的病很管用，现送给你做个纪念。"导游人员说："既然这种药贵重，又对您很管用，送给我这没病的人太可惜了，还是您自己带回去慢慢用更好。"

这里导游人员用游客的话语进行的引申十分自然，既维护了自己的尊严，又达到了拒绝的目的。

（四）诱导式回绝

诱导式回绝是指导游人员针对游客提出的问题进行逐层剖析，引导游客对自己的问题进行自我否定的回应方式。如有位法国游客问导游人员："有人说，西藏应是一个独立的国家，对此你是怎样看的？"这位导游人员反问他："您知道西藏政教领袖班禅、达赖的名字是怎么来的吗？"法国游客摇摇头说："不知道。"导游人员接着说："我告诉您吧，他们的名字是清朝皇帝册封的，可见西藏早就是中国的一部分。正如布列塔尼是法国的一部分一样，您能因为那里的居民有许多自己的风俗，就说它是一个独立的国家吗？"这位法国游客摇摇头笑了。

总之，导游人员无论用哪种回绝方式，其关键都在于尽量减少游客的不快。导游人员应根据游客的情况、问题的性质、要求的合理与否，分别采用不同的回绝方式和语言表达技巧。

六、道歉的语言技巧

在导游服务中，因为导游人员说话的不慎、工作中的某些过失或相关接待单位服务上的欠缺，会引起游客的不快和不满，造成游客同导游人员之间关系的紧张。不管造成游客不愉快的原因是主观的还是客观的，也不论责任在导游人员自身还是在旅行社方面，抑或相关接待单位，导游人员都应妥善处置，采用恰当的语言表达方式向游客致歉或认错，以消除游客的误会和不满情绪，求得游客的谅解，缓和紧张关系。

（一）微笑式道歉

微笑是一种润滑剂，微笑不仅可以对导游人员和游客之间产生的紧张气氛起缓和作用，而且微笑也是导游人员向游客传递歉意信息的载体。如某导游人员回答游客关于长城的提问时，说长城建于秦朝，经其他游客纠正后，导游人员觉察到这样简单的回答是错误的，于是对这位提问的游客抱歉地一笑，该游客也就不再计较了。

（二）迂回式道歉

迂回式道歉是指导游人员在不便于直接、公开地向游客致歉时，而采用其他的方式求得游客谅解的方式。例如，某导游人员在导游服务中过多地接触和关照部分游客，引起了另一部分游客的不悦，导游人员觉察后，便主动地多接触这些游客，并给予关照和帮助，逐渐使这部分游客冰释前嫌。在这里，导游人员运用体态语言表示了歉意。又如，某旅游团就下榻酒店早餐的品种单调问题向导游人员表示不满，提出要换住其他酒店，导游人员经与该酒店协商后，增加了早餐的品种，得到了游客的谅解。

导游人员除了采用迂回道歉方式改进导游服务外，还可请示旅行社或同相关接待单位协商后，采用向游客赠送纪念品、加菜或免费提供其他服务项目等方式向游客道歉。

（三）自责式道歉

因旅游供给方的过错而使游客的利益受到较大损害，引起其强烈不满时，即使是代人受过，导游人员也要勇于自责，以缓和游客的不满情绪。如某导游人员接待了一个法国旅游团，该团从北京至武汉，17：00入住酒店后一位游客发现自己的一只行李箱不见了，该游客非常气愤，连18：30法国驻华大使的宴请也没有参加。至次日零时，行李箱还未找到，旅游团所有成员均未睡觉，都在静静地等着。在这种情况下，陪同的导游人员一面劝游客早点休息，一面自责地对该游客说："十分对不起，这件事发生在我们国家是一件很不光彩的事，对此我心里也很不安，不过还是请您早点休息，我们当地的工作人员还在继续寻找，我们一定会尽力的。"不管这位游客的行李最终能否找到，但这种勇于自责的道歉，一方面体现了导游人员帮助游客解决问题的诚意，另一方面也是对游客的一种慰藉。

不管采用何种道歉方式，道歉首先必须是诚恳的；其次，道歉必须是及时的，即知错必改，这样才能赢得游客的谅解；最后，道歉要把握好分寸，不能因为游客某些不快就道歉，要分清深感遗憾与道歉的界限。

第五节 导游讲解的原则和要求

导游讲解是导游人员的一种创造性劳动，因而在实践中导游讲解的方式、方法可谓千差万别。但是，这并不意味着导游人员在讲解过程中可以随心所欲、异想天开。相反，要保证导游讲解的服务质量，无论何种导游讲解方式、方法的创造（或导游讲解艺术的创造），都必须符合导游讲解的基本规律，要遵循一些基本的原则和符合一定的导游讲解要求。

一、导游讲解应遵循的原则

（一）客观性

所谓客观性，是指导游讲解要以客观现实为依据，在客观现实的基础上进行意境的再创造。客观现实是指独立于人的意识之外，又能为人的意识所反映的客观存在，它包括自然界的万事万物和人类社会的各种事物。这些客观存在的事物既有有形的，如自然景观和名胜古迹；也有无形的，如社会制度和旅游目的地居民对游客的态度，等等。在讲解中，导游人员无论采用什么方法或运用何种技巧，都必须以客观存在为依托，必须建立在自然界或人类社会某种客观现实的基础上。譬如，向游客介绍湖北鄂州"吴王城"，虽然游客看到的只是城垣、护城河等残垣断壁，但导游人员以此为基础来创造意境，通过讲解再现1 700多年前东吴都城的盛景，这既能让游客惊叹不已，又能使游客感到真实可信。

（二）针对性

所谓针对性，是指导游人员从游客的实际情况出发，因人而异、有的放矢地进行导游讲解。游客来自四面八方,情况复杂、层次悬殊,审美情趣各不相同,因此,导游人员要根据不同游客的具体情况,在接待方式、服务形式、导游内容、语言运用、讲解的方式方法上有所区别。导游讲解时,导游词内容的广度、深度及结构应该有较大的差异。通俗地说,就是要看人说话,投其所好,导游人员讲的正是游客希望知道的、有能力接受的并且感兴趣的内容。譬如,到湖北的外国、外地游客一般都要去武当山旅游,但对不同的游客,导游讲解内容应有所区别:对初次远道而来的外国游客,导游人员可讲得简单一些,简洁明了地介绍武当山的基本情况;对多次来华的外国游客则应多讲一些,可从道教文化和古建筑等方面作一些较深入的讲解;对宗教旅游团应以道教文化的介绍为主,还可引导游客欣赏武当山独特的道教音乐;对"功夫团"和"健身疗养团"则要重点介绍著名的武当拳术,讲解武当拳的健身妙用;对由建筑界人士组成的专业旅游团,导游人员可从武当山古建筑严整的规划布局、高超的建筑技艺和建筑与自然高度和谐的特征上去作深入、细致的讲解。这样才能使不同类型的游客各得其所,使游客的不同需求都得到合理的满足。

(三) 计划性

所谓计划性,是指导游讲解的科学性和目的性,就是要求导游人员在特定的工作对象和时空条件下发挥主观能动性,科学地安排游客的活动日程,有计划地进行导游讲解。

周密的计划是导游服务成功的保证,旅游团在目的地的活动日程和时间安排是计划性原则的中心。一般的旅游团在目的地的逗留时间只有短短的几天,这就需要导游人员对旅游团的活动做出周密的安排,使游客在有限的时间里获得最大的满足。遇到因某种原因需缩短或延长在目的地游览的时间时,导游人员更应制定出适应变化的、尽量使游客满意的新日程。

导游人员在按照接待计划带领旅游团进行每一天的旅游活动时,还要特别注意科学地分配时间。如酒店至各参观游览点的距离及行车所需时间、出发时间、各条参观游览线所需时间、途中购物时间、午间就餐时间,等等。如果在时间安排上缺乏计划性,就会出现"前松后紧"或"前紧后松"的被动局面,甚至有的活动被挤掉,影响计划的实施而导致游客的不满甚至投诉。

计划性的另一个具体体现是每个参观游览点的导游方案。导游人员应根据游客的具体情况合理安排在景点内的活动时间,选择最佳游览路线,导游讲解内容也要作适当取舍。什么时间讲什么内容、什么地点讲什么内容以及重点介绍什么内容都应该有所计划,这样才能达到最佳的导游效果。譬如,武汉黄鹤楼的讲解一般以一、三、五楼为重点,导游人员通过一楼大厅《白云黄鹤图》的壁画可向游客介绍黄鹤楼"因仙得名"的传说故事;通过三楼的陶板瓷画《文人荟萃》来再现历代文人墨客到黄鹤楼吟诗作赋的情景;登上五楼,既可通过《江天浩瀚》的组画向游客介绍长江的古老文化和自然风光,也可引导游客登高望远,欣赏武汉三镇的秀丽景色。当然,如果游客对历史和古建筑有兴趣,导游人员也可以二楼为重点,为游客讲解《黄鹤楼记》,介绍历代黄鹤楼的模型和建筑特色。

(四) 灵活性

所谓灵活性,是指导游讲解要因人而异、因时制宜、因地制宜。旅游活动往往受到天气、季节、交通以及游客情绪等因素的影响,这里所讲的最佳时间、最佳线路、最佳景点都是相对而言的,客观上的最佳条件若缺乏主观上完美导游艺术的运用就不可能取得很好的导游效果。因此，导游人员在导游讲解时要根据游客的具体情况以及天气、季节的变化和时间的不同，灵活地运用导游知识，采用切合实际的导游内容和导游方法。譬如，介绍梁子湖水质纯净、清澈见底的特点，导游人员可通过"分明看见青山顶，船在青山顶上行"的诗句来说明，但若游览中不巧下起了小雨，如还按计划讲解显然不合时宜，这时，导游人员就要随机应变，可改用"水光潋滟晴方好，山色空蒙雨亦奇"的诗句进行讲解。

导游讲解以客观现实为依托，针对性、计划性和灵活性体现了导游活动的本质，也反映出了导游讲解的规律。导游人员应灵活运用这四个基本原则，自然而巧妙地将其融入导游讲解之中，这样才能不断提高自己的讲解水平。

二、导游讲解应符合的具体要求

导游讲解是为了向游客有效地传播知识、联络感情的一种服务方式。一方面，导游人员讲解的知识要能够为游客所理解；另一方面，要使游客在心理上或行为上产生认同，在情感上与导游人员趋同。因此，导游人员在讲解时应符合以下具体要求。

（一）言之有物

导游讲解要有具体的指向，不能空洞无物。讲解资料应突出景观特点，简洁而充分。可以充分准备、细致讲解，不要东拉西扯，缺乏主题，缺乏思想，满嘴空话、套话。导游人员应把讲解内容最大限度地"物化"，使所要传递的知识深深地烙在游客的脑海中，实现旅游的最大价值。

（二）言之有理

导游人员讲解的内容、景点和事物等都必须以事实为依据，要以理服人，不要言过其实和弄虚作假，更不要信口开河。那种违反以事实为依据的讲解，游客一旦得知事实真相，即刻会感到自己受到了嘲弄和欺骗，导游人员在其心目中的形象将一落千丈。

言之有理不仅在讲道理的"理"，而且还有另外一层含义，即导游在讲解时要符合一定的生活和风俗习惯，符合人们的欣赏习惯，符合法律法规。

（三）言之有趣

导游人员在讲解时要生动、形象、幽默、风趣，要使游客紧紧地以导游人员为核心，在听讲解的过程中，要感受到一种美好的享受和满足。需要指出的是，导游人员在制造风趣或幽默时，比拟要自然、要贴切，千万不可牵强附会，不正确的比拟往往会伤害某些游客的自尊心，并会引起其他游客的反感。

（四）言之有神

导游人员在讲解时应尽量突出景观的文化内涵，使游客领略其内在的神采。导游人员的讲解内容要经过综合性的提炼并形成一种艺术，让游客得到一种艺术享受。同时，导游人员要善于掌握游客的神情变化，分析和掌握哪些内容游客感兴趣，哪些内容游客不愿听，游客的眼神是否转移，是否有游客打呵欠……这些情况要随时掌握，及时调整所讲内容。

（五）言之有力

导游人员在讲解时要正确掌握语音、语气和语调，既要有鲜明生动的语言，又要注意语言的音乐性和节奏感。此外，导游人员在讲解结尾时，语音要响亮，以让游客有心理上的准备。

（六）言之有情

导游人员要善于通过自己的语言、表情、神态等传情达意。讲解时，应既充满激情和热情，又充满温情和友情，富含感情和人情的讲解更容易被游客所接受。

（七）言之有喻

导游人员应结合游客的欣赏习惯，恰当地运用比喻手法，以减少游客理解的难度，增加旅游审美中的形象和兴趣。

（八）言之有礼

导游人员的讲解用语和动作、行为要文雅、谦恭，让游客获得美的享受。

第六节 实地导游讲解常用技法

一、概述法

概述法是一种导游人员就旅游城市或景区的地理、历史、社会、经济等情况向游客进行概括性的介绍，使其对即将参观游览的城市或景区有一个大致的了解和轮廓性认识的导游方法。这种方法多用于导游人员接到旅游团后坐车驶往下榻酒店的首次沿途导游中，它好比是交响乐中的序曲，能起到引导游客进入特定的旅游意境，初步领略游览地奥秘的作用。

小贴士　　　　　　　　　**概述法——以介绍武汉为例**

武汉位于中国腹地、湖北省东部，地理位置为东经113°41′~115°5′，北纬29°58′~31°22′。在平面直角坐标上，东西最大跨距134公里，南北最大跨距155公里，形如一只自西向东翩翩起舞的蝴蝶。

武汉是湖北省省会和全省的政治、经济、文化中心。它雄踞长江中游，长江、汉水交汇之处，形成武昌、汉口、汉阳三镇鼎立的格局。全市现辖13个城郊区，总面积为8 467平方公里，人口740万，是长江中游人口最多的城市。

武汉的地形属残丘性河湖冲积平原，市区地势开阔，湖泊星罗棋布，且有龟山、蛇山、洪山、磨山等数十座山峰蜿蜒其间。武汉的气候属亚热带季风性气候，具有雨量丰沛、热量充足、冬冷夏热、四季分明的特点。武汉以"水杉"为市树，以"梅花"为市花，水杉有"活化石"之称，梅花也被称为"岁寒三友"之一，为世人所颂。

武汉被誉为"江城"，是缘于唐代大诗人李白的《与史郎中饮听黄鹤楼上吹笛》一诗，诗中写到，"一为迁客去长沙，西望长安不见家。黄鹤楼中吹玉笛，江城五月落梅花"。武汉人爱此佳名，遂自号为江城人。除"江城"外，武汉还有一些其他的名称，这些名称的来源反映出武汉的历史文化发展渊源。譬如，商周时代的盘龙古城即可指代武汉；在航船为主要交通工具的时代，由于汉水（史称夏水）注入长江的入江口处，所以汉水又被称为夏口，从而使武汉有"江夏"之称达两千多年；而"武汉"这个包括三镇的名称被用得较晚，最早出现在1572年的《重修晴川阁记》，当时的武昌府、汉阳府合称为武汉。

武汉与中国其他城市相比，具有多方面的独特优势。第一，大市场优势。武汉是华中地区具有悠久历史的著名商埠。汉口被誉为中国古代四大名镇之一。改革开放以来，武汉的交通和流通迅猛发展，市场集散功能和经济辐射作用得到了极大的加强。第二，大交通优势。武汉素有"九省通衢"之称，是中国少有的集铁路、公路、水路、航空于一体的交通枢纽。随着内环、中环、外环交通运输圈的形成，武汉的交通运输更是四通八达。第三，工业技术优势。武汉是中国重要的工业基地。工业基础雄厚，综合配套能力强，具有钢铁、汽车、机电、高新技术四大支柱产业。随着"中国光谷"的建成，武汉已成为21世纪中国最有活力的城市之一。第四，人才优势。武汉科教力量雄厚，科研力量强大。截至2015年全市拥有80多所普通高校，近百家省级以上科研机构，是全国重要的人才培养基地，同时，武汉又是我国老工业基地，专业门类齐全，专业技术人才和管理人才达150多万人。第五，金融优势。武汉是华中地区最重要的金融中心。全国几乎所有的商业银行都在武汉设有分支机构，一大批有实力的外资银行也纷纷抢滩武汉，中国人民银行在武汉设立的监管湖南、湖北、江西三省金融机构的武汉分行，标志着武汉已成为华中地区最重要的金融中心。第六，旅游资源优势。武汉是一座历史文化名城，全市现有名胜古迹339处，革命纪念地103处，国家级、省级、市级重点文物保护单位169处，其中包括殷商盘龙城遗址、辛亥革命首义军政府旧址、中共"八七会议"旧址和武汉国民政府旧址四处国家重点文物保护单位。武汉申报国家4A级旅游景区的共有四处，其中东湖风景区是国家首批重点风景名胜区，黄鹤楼为"中国旅游胜地40佳"之一，归元禅寺是国家重点佛教寺院，湖北省博物馆因收藏的曾侯乙编钟和越王勾践剑、吴王夫差矛等稀有珍品而名扬海内外。此外，武汉还有古琴台、晴川阁、中山舰、长春观、宝通寺、木兰山、道观河等景点，它们共同构成了武汉旅游景观最亮丽的风景线。

二、分段讲解法

分段讲解法就是对那些规模较大、内容较丰富的景点，导游人员将其分为前后衔接的若干部分来逐段进行讲解的导游方法。一般来说，导游人员可首先在前往景点的途中或在景点入口处的示意图前介绍景点概况（包括历史沿革、占地面积、主要景观名称、观赏价值等），使游客对即将游览的景点有个初步印象，达到"见树先见林"的效果。然后带游客到景点，按顺序依次游览，进行导游讲解。在讲解这一部分的景物时注意不要过多涉及下一部分的景物，但要在快结束这一部分的游览时适当地讲一点下一部分的内容，目的是为了引起游客对下一部分景物的兴趣，并使导游讲解环环相扣、景景相连。

小贴士 **分段讲解法——以长江三峡为例**

乘船自西往东游览长江三峡，导游人员就可将其分为五个部分来讲解。

1. 在游船观景台上介绍长江三峡概况

导游人员介绍："长江三峡是瞿塘峡、巫峡和西陵峡三段峡谷的总称，西起四川奉节的白帝城，东至湖北宜昌的南津关，全长约193千米。峡谷两岸是悬崖绝壁、奇峰林立，江流逶迤湍急、风光绮丽。瞿塘峡素以雄奇险峻著称，巫峡向以幽深秀丽为特色，西陵峡则以滩多水急闻名。这种山环水绕、峡深水急的自然风光系由历次造山运动,特别是'燕山运动'使地壳上升、河流深切而成,是大自然的鬼斧神刀留下的山水谐和的经典,它与峡谷沿岸众多的名胜古迹相互融合,使长江三峡成为闻名遐迩的中国十大风景名胜之一,并被中外游客评为'中国旅游胜地四十佳'之首。"

2. 船进瞿塘峡

导游人员介绍:"瞿塘峡是长江三峡第一峡,从四川奉节的白帝城到巫山的大溪镇,全长约8千米,是长江三峡中最短也最雄奇险峻的峡谷。瞿塘峡中,高达1 300多米的赤甲山、白盐山耸峙峡口两岸,形成一陡峻的峡门,称为夔门,素有'夔门天下雄'之称……"

3. 船过巫峡

导游人员再讲解:"巫峡是长江三峡第二峡,从四川巫山县大宁河口到湖北巴东县官渡口,绵延42千米。巫峡口的长江支流大宁河全长300多千米,著名的'小三峡'就位于其中。'放舟下巫峡,心在十二峰',巫峡中景最秀丽、神话传说最多的是十二峰,其中最为挺拔秀丽的是神女峰,其峰顶有一突兀石柱,恰似亭亭玉立的少女……"

4. 船到西陵峡

导游人员进一步介绍:"西陵峡为长江三峡第三峡,西起湖北秭归县的香溪口,东至湖北宜昌的南津关,全长76千米,历来以滩多水急著称。西陵峡西段自西向东依次为兵书宝剑峡、牛肝马肺峡和崆岭峡三个峡谷,西陵峡东段由灯影峡和黄猫峡组成……"

5. 最后

长江三峡游览完毕,导游人员再向游客讲解举世闻名的三峡工程。

三、突出重点法

突出重点法就是导游人员在讲解中不必面面俱到,而是突出某一方面的导游方法。一处景点,要讲解的内容很多,导游人员必须根据不同的时空条件和游客区别对待,有的放矢地做到轻重搭配、重点突出、详略得当、疏密有致。导游人员在讲解时一般要突出以下四个方面。

(一)突出景点的独特之处

游客来到目的地旅游,要参观游览的景点很多,其中不乏一些与国内其他地方类似的景点。导游人员在讲解时必须讲清这些景点的特征及与众不同之处,尤其在同一次旅游活动中参观多处类似景观时,更要突出介绍其特征。例如,湖北钟祥的明显陵之所以能在众多的明陵中脱颖而出,被联合国教科文组织列为世界文化遗产,主要就在于它的独特性。其陵寝建筑中金瓶形的外罗城、九曲回环的御河、龙鳞神道、琼花双龙琉璃影壁和内外明塘等都是明陵中仅见的孤例,尤其是"一陵两冢"的陵寝结构为历代帝王陵墓绝无仅有。显陵是明嘉靖初期重大历史事件"大礼仪"的产物,其规划布局和建筑手法亦很独特,在明代帝陵中具有承上启下的作用。导游人员在讲解中应突出这些独特之处。再如,全国罗汉堂保存较完好的寺庙有北京碧元寺、昆明筇竹寺、成都宝光寺、重庆罗汉寺和武汉归元寺。导游人员在介绍归元寺罗汉堂时,就要突出其独特的罗汉制作工艺和特有的"数罗汉"的习俗等内容。

(二)突出具有代表性的景观

游览规模大的景点时,导游人员必须事先确定好重点景观。这些景观既要有自己的特征,又能概括景点的全貌,实地参观游览时,导游人员主要向游客讲解这些具有代表性的景观。譬如,湖北省博物馆展出的曾侯乙墓出土文物,包括礼器、兵器和乐器三个部分,导游讲解要把重点放在乐器上。而乐器中又包括弹拨乐器(如五弦琴和十弦琴)、吹奏乐器(如排箫)和打击乐器(如编钟和编磬),导游人员要重点介绍其中的曾侯乙青铜编钟。

(三) 突出游客感兴趣的内容

游客的兴趣爱好各不相同,但从事同一职业的人、文化层次相同的人往往有共同的爱好。导游人员在研究旅游团的资料时要注意游客的职业和文化层次,以便在游览时重点讲解旅游团内大多数成员感兴趣的内容。譬如,游览湖北神农架,对华侨及港澳台同胞应重点介绍神农祭坛,讲解炎帝遍尝百草、搭架采药的壮举;对青年学生则重点放在神农架自然博物馆上,向他们介绍珙桐、金丝猴等珍稀动植物;对喜欢逐新猎奇的游客,应多给他们讲一讲神农架"野人"之谜、神奇的白化动物、冬水夏冰的岩洞、闻雷涌鱼的暗泉等。

(四) 突出"……之最"

面对某一景点,导游人员可根据实际情况,介绍这是世界或中国最大(最长、最古老、最高,甚至可以说是最小)的……因为这也是在介绍景点的特征,很能引起游客的兴致。譬如,三峡工程是世界上施工期最长、建筑规模最大的水利工程;三峡水电站是世界上最大的水电站;三峡工程泄洪闸是世界上泄洪能力最强的泄洪闸;三峡工程对外专用公路是国内工程项目最齐全的公路。这样的导游讲解突出了三峡工程的价值,使国内游客产生自豪感、外国游客产生敬佩感,从而留下深刻的印象。不过,在使用"……之最"进行导游讲解时,必须实事求是,言之有据,绝不能杜撰,也不要张冠李戴。

小贴士

突出重点法——以谐趣园为例

在游览北京颐和园的园中之园——谐趣园时,导游人员应把讲解的重点放在"趣"字上。

1. "时"趣

谐趣园四季景色不仅变化明显,而且各具特色。春天一池春水,波平如镜,柳枝低拂,绮丽多姿;夏天池中荷叶田田,粉红、洁白的荷花随风摇曳,玉蕊琼英,香气袭人;秋天池水凝碧,曲栏水榭侧映水中,绿柳青蒲相映入画;冬天池水凝胶,曲径积雪,白雪压满树枝,廊檐一片银装。

2. "水"趣

园中有三亩①方塘,碧波粼粼,满湖清水。玉琴峡溪水潺潺悦耳,犹如琴韵。

3. "桥"趣

园中各式小桥有七八座之多,长者十米有余,短者不足两米。而最引人注目的则是那座由庄子和惠子在池边辩论而得名的"知鱼桥"。

4. "书"趣

园内涵远堂东侧小亭内有一石碑,名为"寻诗径",是诗人们留恋风景、寻求诗句之

---

① 1亩≈666.67平方米。

处。而湛清轩内仍留有乾隆的题词。

5. "楼"趣

谐趣园西北处有一"瞩新楼",从园外由西往东看,此建筑只是一座三开间平房,而在园内站在湖边由东往西看时,此屋就变成了一座建筑别致、清静幽雅的二层楼房。

6. "画"趣

园内建筑上绘有几百幅内容不一、画法洗练的苏式彩画,有的以花草山水见长,有的以人物故事取胜。大门两侧,南边绘有一幅以桂林山水为题材的工笔山水画,远山近水,层次分明;北边画有一幅熊猫玩耍图,一老一少,风趣逗人。东廊上画有四只形态逼真的喜鹊,涵远堂后廊上,佛门僧人与顽童嬉戏的图画,令游客哑然失笑。

7. "廊"趣

园内知春亭、引镜、洗秋、饮绿、澹碧、知春堂、小有天、兰亭、湛清轩、涵远堂、瞩新楼、澄爽斋等亭、楼、堂、斋、轩、榭,由三步一回、五步一折的曲廊相连接,错落相间,玲珑别致。谐趣园是我国园林建筑中用廊最为巧妙的杰作之一。

8. "仿"趣

谐趣园是仿照无锡惠山的私家名园寄畅园建造的皇家园林。但仿建中有所创新,创新中又不走原貌,可谓谐趣园源于寄畅园,又高于寄畅园。

四、问答法

问答法就是在导游讲解时,导游人员向游客提出问题或启发他们提问题的导游方法。使用问答法的目的是活跃游览气氛,激发游客的想象思维,促使游客和导游人员之间产生思想交流,使游客获得参与感或自我成就感的愉悦烈。同时,还可避免导游人员唱独角戏的灌输式讲解,加深游客对所游览景点的印象。

问答法包括自问自答法、我问客答法、客问我答法和客问客答法四种形式。

(一)自问自答法

导游人员自己提出问题,并做适当停顿,让游客猜想,但并不期待他们回答,只是为了吸引他们的注意力,促使他们思考、激起兴趣,然后做简洁明了的回答或做生动形象的介绍,还可借题发挥,给游客留下深刻的印象。譬如,乘船游览乐山大佛时,导游人员指着大佛告诉游客:"游客朋友们,有谁知道唐代为什么要在此修建一座规模如此宏大的坐佛呢?其实,请大家看看我们所处的位置,正好是三江汇流之处,容易发生水患,常年给江边居民带来无妄之灾。人们在此修建大佛正是为了镇住水患,保一方水土的平和安康。"

(二)我问客答法

导游人员要善于提问题,但要从实际出发,适当运用。希望游客回答的问题要提得恰当,估计他们不会毫无所知,也要估计到会有不同答案。导游人员要诱导游客回答,但不要强迫他们回答,以免使游客感到尴尬。游客的回答不论对错,导游人员都不应打断,更不能笑话,而要给予鼓励。最后由导游人员讲解,并引出更多、更广的话题。

(三)客问我答法

导游人员要善于调动游客的积极性和他们的想象思维,欢迎他们提问题。游客提出问题，证明他们对某一景物产生了兴趣，进入了审美角色。游客提出的问题，即使是幼稚可笑的，导游人员也绝不能置若罔闻，千万不要笑话他们，更不能显示出不耐烦，而是要善于有选择地将回答和讲解有机地结合起来。不过，对游客的提问，导游人员也不要他们问什么就回答什么，一般只回答一些与景点有关的问题，注意不要让游客的提问冲击自己的讲解，打乱自己的安排。在长期的导游实践中，导游人员要学会认真倾听游客的提问，善于思考，掌握游客提问的一般规律，并总结出一套相应的"客问我答"的导游技巧，以求随时满足游客的好奇心理。

（四）客问客答法

客问客答法是指导游人员对游客提出的问题并不直截了当地回答，而是有意识地请其他游客来回答问题，亦称"借花献佛法"。导游人员在为"专业旅游团"讲解专业性较强的内容时可运用此法，但前提是必须对游客的专业情况和声望有较深入的了解，并事先打好招呼，切忌安排不当，引起其他游客的不满。如果发现游客回答问题时所讲的内容有偏差或不足之处，导游人员也应见机行事，适当指出，但注意不要使其自尊心受到伤害。应该注意的是，这种导游方法不宜多用，以免游客对导游人员的能力产生怀疑，产生不信任感。

小贴士　　　　问答法——以游览泰山为例

导游人员在带游客游览泰山时，可以提问："各位游客，大家知道五岳是指哪五座山吗？"一般情况下，游客都能够回答出来，即使回答不全或回答有误，游客的兴趣也能因此调动起来，导游人员可根据情况进行纠正或补充。

"岳，在古今汉语中均为'高大的山'的意思，五岳就绝对海拔高度和山体规模而言，并不是我国最高大的，但由于五岳之名是中国古代帝王封赐的，这些山地都曾是历代帝王登基后举行盛大封禅活动的场所，因此闻名天下。五岳一般是指东岳山东泰山、西岳陕西华山、北岳山西恒山、南岳湖南衡山、中岳河南嵩山。"然后，导游人员进一步提问："五岳各自的特点是什么？"提问后可稍作停顿，观察游客的反应，如果游客踊跃回答，应待游客回答后做总结或补充；如果游客回答不出，再予以讲解："东岳泰山以雄伟著称，西岳华山以险峻著称，南岳衡山以秀丽著称，北岳恒山以幽静著称，中岳嵩山以峻闻名。"

五、虚实结合法

虚实结合法就是在导游讲解中将典故、传说与景物介绍有机结合，即编织故事情节的导游方法。所谓"实"是指景观的实体、实物、史实、艺术价值等，而"虚"则指与景观有关的民间传说、神话故事、趣闻逸事等。"虚"与"实"必须有机结合，但以"实"为主，以"虚"为辅，"虚"为"实"服务，以"虚"烘托情节，以"虚"加深"实"的存在，努力将无情的景物变成有情的导游讲解。譬如，参观武汉黄鹤楼，导游人员可结合一楼大厅《白云黄鹤图》的壁画向游客介绍黄鹤楼"因仙得名"的传说故事："古时候，有个姓辛的人在黄鹤山头卖酒度日。一天，有一个衣衫褴褛的老道蹒跚而来，向辛氏讨酒喝……"

在实地导游讲解中，导游人员一定要注意不能"为了讲故事而讲故事"，任何"虚"的内容都必须落到"实"处。譬如，游览四川黄龙的黄龙洞时，除了向游客介绍诸如"黄龙老人"的传说故事外,导游人员应着重讲解石钟乳、石笋、石柱等洞穴景观的科学成因:"石钟乳是地下水沿着细小的孔隙和裂隙从石灰岩洞顶渗出而进入溶洞,遇到温度的升高和压力的降低,水中 $Ca(HCO_3)_2$ 变得过饱和,$CaCO_3$ 就围绕着水滴的出口沉淀下来,并逸出 CO_2,因而在洞顶形成下垂的钟乳石;石笋则是由于水滴从钟乳石上滴到洞底时散溅开来,促使水滴中的 CO_2 进一步扩散,剩余的 $Ca(HCO_3)_2$ 再行分解,因而在洞底沉淀出一根根石笋;石钟乳和石笋分别向下和向上生长,上下相连,就成为石柱。"

导游人员在讲解时还应注意,选择"虚"的内容要"精"、要"活"。所谓"精",就是所选传说故事是精华,与讲解的景观密切相关;所谓"活",就是使用时要灵活,见景而用,即兴而发。

小贴士　　虚实结合法——以"宋嫂鱼羹"为例

导游人员带领游客游览杭州西湖后,来到湖边孤山南麓的"楼外楼"餐馆进餐。

游客:听说"楼外楼"餐馆中有一道"宋嫂鱼羹"的名菜,您能不能给我们说说它的来历?

导游人员:好的。这事得先从八百多年前的南宋说起。据说,北宋末年徽、钦二帝被金人北虏,康王赵构南逃,建都临安(即今杭州)。当时有一妇女,人称宋五嫂,不甘受入侵者的统治,也从北地逃到临安,同小叔在西湖边捕鱼为生,艰难度日。一日,小叔淋了暴雨,卧病不起,宋五嫂在为其煮鱼、烧蛋补养身子时,一伙官兵来村抓丁造皇宫。宋五嫂苦苦哀求,不慎碰翻了灶上的酒醋瓶。待官兵走后,锅中的鱼和蛋已煮成羹状,但小叔吃着却觉鲜美异常,胃口大开,很快就恢复了健康。此后,邻里仿作,家家都做出了美味鱼羹。相传,后来南宋孝宗皇帝游西湖时曾召见过宋五嫂,品味其亲手做的鱼羹后亦大加赞赏,御赏重金,并赐酒旗为幌,准此独家沽曲院官酒。于是,宋五嫂一家两代人就在钱塘门外"一色楼台三十里"之间,设店烹鱼羹沽官酒。"尝经御赏,人争赴之",食鱼羹蔚然成风,生意十分兴隆,很快,宋五嫂就富起来了。而"宋嫂鱼羹"经不断改进提高,亦成为鱼肴中之瑰宝。

清道光年间,由陈姓秀才创业的"楼外楼"餐馆,发掘整理出这道名菜,既承旧法,又有提高。除以鲜嫩的鲑鱼肉、鸡蛋黄为主料外,配以金华火腿丝、笋尖丝、香菇丝等佳料,以鸡汁汤烩制。此菜配料讲究,精工烹制,色泽黄亮,鲜嫩滑润,宛若蟹羹,故又称"赛蟹羹"。当年,新开业的"楼外楼"就以此天珍美味——南宋名羹独步杭州,店业因而大振,成了杭州饮食业中之"名家驰誉者"。今天"楼外楼"的"宋嫂鱼羹"经老厨师们切磋琢磨,不断提高,已更属上乘之品,它开胃健脾,营养丰富,深受中外宾客喜爱,被视为巧夺天工的珍品。

六、触景生情法

触景生情法就是导游在讲解中见物生情、借题发挥的一种导游方法。在导游讲解时,导游人员不能就事论事地介绍景物,而是要借题发挥,利用所见景物制造意境,引人入胜,使游客产生联想,从而领略其中之妙趣。譬如,步入武汉东湖风景区听涛区,游客可看到有"活化石"之称的珍贵植物——水杉。导游人员在介绍水杉的发现过程和科学价值后,向游客特别说明,"为纪念水杉这一古老树种在湖北发现,并以其刚毅坚强、耿直不阿的精神象征英雄的武汉人民,水杉被定为武汉市的市树";然后进一步发挥,"那么,武汉市的市花又是什么呢?那便是不畏寒威、独步早春的梅花,它象征着武汉人民的刚强意志和高贵品质";最后,还可向游客讲解李白"黄鹤楼中吹玉笛,江城五月落梅花"的著名诗句。

应当注意的是,在运用触景生情法时,导游人员讲解的内容要与所见景物和谐统一,使其情景交融,让游客感到景中有情,情中有景。譬如,在湖北九宫山云关道上有一观音崖,崖下有一天然石床,传说死在石床上的人能超度成仙。九宫山道祖张道清死前留下戒规:每年只能有一个道士去石床等死。有一年,两个道士同时得病,都想抢先占石床登仙,结果闹出一段令人忍俊不禁的"道士争死"的趣事。游客望着这张5尺①多宽、6尺多长的石床,听着导游人员风趣的讲解,定会发出欢快的笑声。

触景生情贵在发挥,要自然、正确、切题地发挥。导游人员要通过生动形象的讲解、有趣而感人的语言,赋予死的景物以生命,注入情感,引导游客进入审美对象的特定意境,从而使其获得更多的知识和美的享受。

七、制造悬念法

制造悬念法就是导游人员在讲解时提出令人感兴趣的话题,但故意引而不发,激起游客急于知道答案的欲望,使其产生悬念的导游方法,俗称"吊胃口""卖关子"。通常是导游人员先提起话题或提出问题,激起游客的兴趣,但不告知下文或暂不回答,让其去思考、去琢磨、去判断,最后才讲出结果。这种"先藏后露、欲扬先抑、引而不发"的手法,一旦"发(讲)"出来,会给游客留下特别深刻的印象。譬如,参观世界文化遗产——湖北明显陵,游客看到陵前的外明塘往往会困惑不解,导游人员不失时机地介绍:"明塘是显陵的独特设置,不仅有外明塘,里面还有内明塘,那么显陵为什么要在陵前设置明塘呢?请大家边参观边思考,等到了明楼我再告诉大家答案。"这就给游客留下了一个悬念。游客登上明楼后,导游人员再告诉游客:"一方面,按风水理论,山为龙的骨肉,水为龙的气血,水有界止龙气流逝的作用。于陵前设置明塘,就满足了吉壤中穴对水的基本要求;另一方面,明塘含有龙珠喻义,如果说神道犹如一条旱龙,那么九曲河就好似一条水龙,两龙交汇于明塘,构成了双龙戏珠的奇特景观。"

制造悬念是导游讲解的重要手法,在活跃气氛、制造意境、激发游客游兴等方面往往能起到重要作用,所以导游人员都比较喜欢运用这一手法。但是,再好的导游方法都不能滥用,"悬念"不能乱造,以免起反作用。

小贴士　　　　**制造悬念法——以苏州网师园为例**

苏州网师园的月到风来亭,依水傍池,面东而立,亭后装一大镜,将对面的树石檐墙尽映其中。对这个亭子的介绍有两种方法,效果完全不同。

一位导游人员介绍说:"如果在晚上,当月亮从东墙上徐徐升起,另一个月亭也在水波中荡漾,这镜子安置得十分巧妙,从里面还可以看到一个月亮。"游客们看了看镜子,并未

---

① 1尺≈33.37厘米。

引起多大兴趣。

另一位导游人员将游客带到亭中，这样介绍说："当月亮升起的时候，在这里可以看到三个月亮。"他微笑着，望着游客，并没有立即往下讲。游客们好生奇怪，都以为是听错了或是导游人员讲错了，最多只有两个月亮：天上一个，水池里一个，怎么可能会有第三个呢？游客的脸上都露出了迷惑不解的表情。这时，导游人员才点出：天上、池中，还有镜里，共有三个月亮，游客才恍然大悟，领悟到了镜子安置之巧妙，印象特别深刻。

同是一地，前者介绍虽很热情，也富有诗意，但因是平铺直叙，游客就兴趣索然；而后者虽用词简朴，却能做到出其不意，异峰突起，引起了游客的注意、思考、怀疑和猜测，兴趣顿起。后者的成功之处，还在于掌握了游客的心理，不去一下子把话讲完，而是留有余地，让游客去体察、回味，然后由自己做出补充，因此效果尤佳。

八、类比法

类比法就是导游在讲解中用风物对比，以熟喻生，以达到类比旁通的一种导游方法。导游人员用游客熟悉的事物与眼前的景物进行比较，既便于游客理解，又能使他们感到亲切，从而达到事半功倍的导游效果。

类比法可分为同类相似类比和同类相异类比两种。

同类相似类比是将相似的两物进行比较，便于游客理解并使其产生亲切感。譬如，将北京的王府井比作日本东京的银座、美国纽约的第五大街、法国巴黎的香榭丽舍大街；参观苏州时，将其称作"东方威尼斯"（马可·波罗称苏州为"东方威尼斯"）；讲到梁山伯和祝英台或《雷峰塔》中许仙和白娘子的故事时，将其称为中国的罗密欧和朱丽叶；等等。

同类相异类比则是将两种同类但有明显差异的风物进行比较，比出规模、质量、风格、水平、价值等方面的不同，以加深游客的印象。譬如，在规模上，将唐代长安城与东罗马帝国的首都君士坦丁堡相比；在价值上，将秦始皇陵地宫宝藏同古埃及第18朝法老图但卡蒙陵墓的藏宝相比；在宫殿建筑和皇家园林风格与艺术上，将北京故宫和巴黎附近的凡尔赛宫相比，将颐和园与凡尔赛宫花园相比；等等。这样能使外国游客不仅对中国悠久的历史文化有较深的了解，而且对东西方传统文化的差异也有进一步的认识。

要正确、熟练地使用类比法，要求导游人员掌握丰富的知识，熟悉客源国，对相比较的事物有比较深刻的了解。面对来自不同国家和地区的游客，要将他们知道的风物与眼前的景物相比较，切忌作胡乱、不相宜的比较。正确运用类比法，可提高导游讲解的层次，加强导游效果；反之，则会受到游客耻笑。

九、妙用数字法

妙用数字法就是一种导游在讲解中巧妙地运用数字来说明景观内容，以促使游客更好地理解的导游方法。导游讲解中离不开数字，因为数字是帮助导游人员精确地说明景物的历史、年代、形状、大小、角度、功能、特性等方面内容的重要手段之一，但是使用数字必须恰当、得法，如果运用得当，就会使平淡的数字发出光彩，产生奇妙的作用；否则，就会令人产生索然寡味的感觉。运用数字忌讳平铺直叙，因为导游讲解不同于教师上课，一味地多大、多小、多宽等，大量的枯燥数字会使游客厌烦。所以，导游人员使用数字时要讲究

"妙用"。

在实地导游中,导游人员常用数字换算来帮助游客了解景观内容。譬如,游览北京故宫时,导游人员若说故宫建成于明永乐十八年,不会有几个外国游客知道这究竟是哪一年,如果说故宫建成于公元1420年,对英国游客再加上一句"比莎士比亚早诞生144年",对法国游客再加上一句"比凡尔赛宫早建成269年",对美国游客再加上一句"比白宫早建成420年",游客便不仅会很快记住故宫的修建年代,还会产生中国人民了不起、中华文明历史悠久的感觉。

导游人员运用数字分析可以更准确地说明景观内容。譬如,科学家发现各种比例关系中的最佳比值是0.618,并称其为"黄金分割率"。我国许多古建筑之所以给人布局得体、高矮适宜的感觉,就是其主要的比例关系接近黄金分割率的缘故。像北京故宫太和殿高35.03米,左右陪体(体仁阁、弘义阁)各高23.78米,比值为0.678;太和殿广场东西宽200米,南北进深130米,比值为0.65,均接近黄金分割率的比值,所以会产生良好的审美效果。

导游人员还可通过数字来暗喻中国传统文化。例如,武汉黄鹤楼外观为五层建筑,里面实际上却有九层,我国古代称单数为阳数,称双数为阴数,"9"为阳数之首,且与"久"字同音,暗含"天长地久"之意;又如明显陵中九曲河上建有五道石桥,暗喻皇帝的"九五之尊";等等。

十、画龙点睛法

画龙点睛法就是导游人员用凝练的词句概括所游览景点的独特之处,给游客留下突出印象的导游方法。游客在听了导游讲解、观赏了景观,既看到了"林",又欣赏了"树"后,一般都会有一番议论。导游人员可趁机给予适当的总结,以简练的语言,甚至几个字,点出景物精华之所在,帮助游客进一步领略其奥妙,获得更多、更高的精神享受。譬如,旅游团游览湖北后,导游人员可用"壮美的长江三峡、灿烂的荆楚文化、绮丽的神龙仙境、迷人的三国胜迹、绝奇的武当功夫"来概括湖北的风光特色;参观武汉后,可用名区(武昌辛亥革命首义文化区)、名馆(中山舰流动博物馆)、名苑(盘龙城遗址文物博览苑)、名楼(国民政府旧址——南洋大楼)和名胜(黄鹤楼、东湖、归元寺、古琴台等风景名胜)来进行总结;咸宁各地的特色则可概括为"三国鏖战精彩地(赤壁),温泉竹海桂花香(咸安)。三省通衢客商聚(通城),秀水澄湖鱼米乡(嘉鱼)。人杰地灵山水秀(崇阳),九宫神奇传四方(通山)";等等。

小贴士

画龙点睛法——以少林寺为例

导游人员在带旅游团游览完河南嵩山的少林寺后,为帮助游客了解和认识其主要特征和精华,进行了这样的总结:"各位游客,我们游览完少林寺后,每个人的感觉可能都不同,但我们能否总结出几点我们共同的感受呢?第一,禅宗组庭,不枉为'天下第一名刹';第二,武林胜地,中外友谊之花处处开;第三,文物荟萃,包罗万象,举不胜举;第四,盛世少林,重换新貌人人夸!"

除上述十种导游方法外，我国导游人员还总结出了简述法、详述法、联想法、猜谜法、引而不发法、引人入胜法、专题讲解法、知识渗透法、点面结合法等多种技法，这里不再一一介绍。导游方法和技巧虽多，但在具体工作中，各种导游方法和技巧都不是孤立的，而是相互渗透、相互依存、相互联系的。导游人员在学习众家之长的同时，必须结合自己的特点融会贯通，在实践中形成自己的导游风格和导游方法，并视具体的时空条件和对象，灵活、熟练地运用，这样才能获得良好的导游效果。

本章实训任务

实训任务如表7-1~表7-3所示。

实训任务一：导游态势语言运用技巧

表7-1　导游态势语言运用技巧

实训项目	导游态势语言运用技巧
实训要求	掌握导游体态语言的类型及运用技巧
实训地点	教室或模拟导游实训室
实训材料	多媒体、椅子等
实训内容与步骤	一、实训准备 学生分组。由老师拟定体态语的训练项目 二、实训开始 1. 首语的使用方法 2. 表情语的使用方法 3. 目光语的使用方法 4. 服饰语的使用方法 5. 姿态语的使用方法 6. 手势语的使用方法 三、实训考核、点评 指导老师点评，小组互评，总结任务要点。指出和纠正学生在实训过程中存在的不足，并强化学生掌握体态语言的使用方法

实训任务二：导游交际语言的常用技巧

表7-2　导游交际语言的常用技巧

实训项目	导游交际语言的常用技巧
实训要求	掌握导游交际语言的常用技巧
实训地点	教室或模拟导游实训室
实训材料	多媒体等
实训内容与步骤	一、实训准备 学生分组。分别扮演游客、导游人员 二、实训开始 老师拟定实训情境： 1. 称谓的语言训练：设定不同身份的游客，导游人员正确使用相关称谓

续表

实训内容与步骤	2. 交谈的语言训练：设定不同话题，导游人员要注意倾听及引导语言的技巧 3. 劝服的语言训练：设定相关情境以及游客不同的情绪状态，导游人员注意使用正确的劝服语言 4. 提醒的语言训练：设定相关情境以及游客不同的情绪状态，导游人员注意使用正确的提醒语言 5. 回绝的语言训练：设定相关情境以及游客不同的情绪状态，导游人员注意使用正确的回绝语言 三、实训考核、点评 指导老师点评，小组互评，总结任务要点。指出和纠正学生在实训过程中存在的不足，并强化学生掌握导游交际语言的使用方法和技巧

实训任务三：导游讲解

表7-3 导游讲解

实训项目	导游讲解
实训要求	掌握导游讲解的常用方法和技巧
实训地点	教室或模拟导游实训室
实训材料	多媒体等
实训内容与步骤	一、实训准备 学生分组。由老师拟定讲解训练项目 二、实训开始 1. 概述法导游讲解技巧训练 2. 分段讲解法导游讲解技巧训练 3. 突出重点法导游讲解技巧训练 4. 问答法导游讲解技巧训练 5. 虚实结合法导游讲解技巧训练 6. 触景生情法导游讲解技巧训练 7. 制造悬念法导游讲解技巧训练 8. 类比法导游讲解技巧训练 9. 妙用数字法导游讲解技巧训练 10. 画龙点睛法导游讲解技巧训练 三、实训考核、点评 指导老师点评，小组互评，总结任务要点。指出和纠正学生在实训过程中存在的不足，并强化学生掌握导游景点讲解的使用方法和技巧

知识归纳

旅游接待过程中，导游讲解工作是尤为重要的一个环节，而讲解质量的优劣取决于导游的语言能力水平。本章重点介绍了导游需具备的基本语言要求，概述了导游工作过程中的使用交际语言和体态语言的方法和技巧，并重点阐述了导游景点讲解的方法。通过本章的学习，学生应了解导游语言的概念、特点，熟悉导游语言的基本要求；掌握口头语言的表达方式和体态语言的运用；熟悉导游讲解的原则和要求；掌握概述法、分段讲解法、突出重点法、问答法、虚实结合法等多种导游讲解方法的应用技巧。

案例解析

【案例】 这里就是世界闻名的故宫博物院,一般大家都简称它为故宫,顾名思义,就是昔日的皇家宫殿。自1911年清朝末位皇帝溥仪被迫退位上溯至1420年明朝第三代永乐皇帝迁都于此,先后有明朝的14位、清朝的10位,共24位皇帝在这座金碧辉煌的宫城里统治中国长达5个世纪之久。时至今日,故宫不仅是在中国,也是在世界上规模最大、保存最完整的古代皇家宫殿建筑艺术。由于故宫集中体现了中国古代建筑艺术的优秀传统和独特风格,所以在建筑史上具有十分重要的地位,是建筑艺术的经典之作,1987年故宫已被联合国教科文组织评定为世界文化遗产,是中国最早的世界遗产单位之一。故宫又叫紫禁城,有哪位游客知道为什么这样叫呢?(有游客回答),王先生说的"紫微居中"是说法之一,……还有一种说法就是"紫气东来"。传说老子出函谷关,关令尹见有紫气从东来,知道将有圣人过关。果然,老子骑了青牛前来,关令尹喜,便请他写下了道德经,后人便以"紫气东来"表示祥瑞。帝王之家当然希望出现祥瑞天象,因此用"紫"字来命名也就顺理成章了……

【问题讨论】 此段导游词使用了哪两种导游讲解方法?分别阐述这两种导游讲解方法的含义、类型、功能与使用技巧。

【分析参考】 案例中使用了概述法和问答法两种导游讲解方法。

概述法是导游人员就旅游城市或景区的地理、历史、社会、经济等情况向游客进行概括性的介绍,使其对即将参观游览的城市或景区有一个大致的了解和轮廓性认识的一种导游方法。这种方法多用于导游人员接到旅游团后坐车驶往下榻饭店的首次沿途导游中,它好比是交响乐中的序曲,能起到引导游客进入特定的旅游意境,初步领略游览地奥秘的作用。案例中开头介绍故宫的概况,使用的就是此种方法。

问答法就是在导游讲解时,导游人员向游客提问题或启发他们提问题的导游方法。使用问答法的目的是活跃游览气氛,激发游客的想象思维,促使游客和导游人员之间产生思想交流,使游客获得参与感或自我成就感的愉快。同时,还可避免导游人员唱独角戏的灌输式讲解,加深游客对所游览景点的印象。案例中关于讲解"紫禁城"的由来,使用的便是这种方法。

复习思考

一、单项选择题

1. _____是导游人员使用频率最高的语言形式。( )
   A. 口头语言   B. 书面语言   C. 态势语言   D. 副语言
2. "女士们、先生们""各位女士、各位先生"等称呼,是属于( )。
   A. 交际型称呼   B. 尊称型称呼   C. 亲密型称呼   D. 身份型称呼
3. _____原则是指在导游方法的使用上因人而异、因时制宜、因地制宜。( )

A. 针对性　　　B. 准确性　　　C. 计划性　　　D. 灵活性
4. 对港澳台同胞和海外侨胞，特别是其中的老年游客，除比较详细地介绍故宫的实体外，还应讲解一些与故宫有关的典故和背景材料，这种讲解方法的运用原则是(　　)。
   A. 计划性　　　B. 客观性　　　C. 针对性　　　D. 灵活性
5. 导游人员讲话要负责，切忌弄虚作假，这一点体现了导游语言"八要素"中的(　　)。
   A. 言之有物　　B. 言之有理　　C. 言之有据　　D. 言之有神
6. _____能使导游讲解达到"见树先见林"的效果。(　　)
   A. 分段讲解法　B. 触景生情法　C. 制造悬念法　D. 概述法
7. 某旅游团乘车往深圳欢乐谷游览，导游人员将欢乐谷的景区划分、观赏价值等向游客做了简单介绍，请问该导游所使用是(　　)。
   A. 分段讲解法　B. 问答法　　　C. 触景生情法　D. 概述法
8. 导游人员在同时讲解佛教寺院、道教宫观、伊斯兰教清真寺时，要突出(　　)。
   A. 具有代表性的景观　　　　　B. 游客感兴趣的内容
   C. 景点特征和与众不同之处　　D. "_____之最"
9. 在导游带团行进中，如发现游客的注意力集中在马路上负责交通执勤的退休老人时，就应顺着游客的思路解释上海的退休老人在发挥余热的现状，进而还可以谈谈中国老年人的生活，由此引出中国孝顺老人的优良美德。这种讲解方法属于(　　)。
   A. 突出重点法　B. 虚实结合法　C. 制造悬念法　D. 触景生情法
10. 当旅游团在参观海南三亚亚龙湾景区时，导游人员结合电影《一声叹息》的场景，给游客作了生动的描绘。这种导游讲解方法是(　　)。
    A. 虚实结合法　B. 触景生情法　C. 突出重点法　D. 画龙点睛法

二、多项选择题

1. 口头语言的表达方式有(　　)。
   A. 问答式　　　B. 提问式　　　C. 独白式　　　D. 对话式
2. 书面语言主要表现在哪两个方法上？(　　)
   A. 说明内容　　　　　　　　　B. 指导游客游览的文字
   C. 专题性介绍　　　　　　　　D. 视频材料
3. 导游语言具有一定的特殊性，分别是(　　)。
   A. 礼貌热情　　B. 清晰准确　　C. 生动丰富　　D. 灵活多变
4. 语音主要包括哪些表达要素？(　　)
   A. 停顿　　　　B. 音量　　　　C. 语调　　　　D. 语速
5. 在称呼游客的时候，导游人员一般有什么方式？(　　)
   A. 交际型称呼　B. 尊称型称呼　C. 亲密型称呼　D. 身份型称呼
6. "虚实结合法"中的"虚"是指与景观有关的(　　)。
   A. 艺术价值　　B. 民间传说　　C. 历史沿革　　D. 趣闻逸事
   E. 神话故事
7. 导游语言运用的基本原则是(　　)。

A. 正确　　　　B. 清楚　　　　C. 真实　　　　D. 生动

E. 灵活

8. 在讲解肇庆七星岩时，导游询问游客："为什么叫七星岩，而不叫八星岩呢？"待游客稍作思考后，导游告诉游客此处有七座形态各异的峻峭石灰岩屹立湖上，其布局形似天上的北斗七星，故名"七星岩"。接着导游又介绍说："七星岩被世人誉为'岭南第一奇观'。"这段导游词中涉及的讲解方法有（　　　）。

A. 问答法　　　B. 制造悬念法　　C. 画龙点睛法　　D. 虚实结合法

E. 突出重点法

9. 讲解岳阳楼的导游人员在讲关于《岳阳楼记》的两幅雕屏，在一楼参观时导游人员告诉游客一幅为真迹，一幅为赝品，让游客猜测；到二楼时再告诉游客二楼的雕屏为张照真迹，再告知真伪的鉴别方法并顺带讲解有关传说，这是运用导游讲解技能的（　　　）。

A. 问答法　　　B. 制造悬念法　　C. 触景生情法　　D. 虚实结合法

10. ＿＿＿＿＿既体现了导游活动的本质，又反映了导游讲解的规律。（　　　）

A. 针对性原则　　B. 生动性原则　　C. 真实性原则　　D. 灵活性原则

E. 清楚性原则

三、判断题

1. 在观赏节奏中，一旦刺激强度不足就会使人产生疲劳和麻木。（　　　）

2. 针对普通旅游团的导游词，因为游客的文化水平普遍不高或者参差不齐，导游人员在创作过程中最好在唤起游客已有的知识基础上深化主题，这样就能让游客产生共鸣了。（　　　）

3. 清楚是导游人员讲解时必须遵循的基本原则。（　　　）

4. 根据语音专家的研究，声音在讲话时以中音为最佳，少用高音和低音。（　　　）

5. 对重要内容讲解时，语速可以适当地加重和加快，以加深游客对其的印象。（　　　）

四、简答题

1. 导游口头语言表达的要领有哪几方面？
2. 导游态势语言有哪几个特点？
3. "突出重点法"包括哪些形式？
4. 问答法包括哪些形式？

第八章

导游业务相关知识

学习目标

了解旅行社的主要业务和旅游产品的类型,熟悉出入境应持有的证件和需要办理的手续,以及我国海关有关入出境物品的规定。

熟悉航空、铁路、水运购票、退票和携带物品的规定。

了解旅游常见疾病的防治。

了解我国可兑换人民币的外币种类、旅行支票和信用卡的使用规定,熟悉旅游保险的种类及相关知识。

了解国际时差、华氏温度与摄氏温度、度量衡的换算。

实训要求

通过本章的实训任务,使学生掌握旅游交通的相关知识及旅游常见疾病的防治方法。

本章知识要点

第一节 旅行社业务知识

一、旅行社的类型及其业务

(一)我国旅行社的类型及其业务

根据我国现行《旅行社管理条例》的规定,我国的旅行社分为国际旅行社和国内旅行社两大类。

1. 国际旅行社

国际旅行社是指其经营范围包括入境、出境旅游和国内旅游业务的旅行社。其具体经营业务如下：

（1）招徕外国游客来华，华侨，香港、澳门、台湾同胞国内旅游，为其安排交通、游览、住宿、娱乐及提供导游等相关服务。

（2）招徕、组织我国境内居民（包括中华人民共和国公民和长期居住我国境内的外国人）在国内旅游，为其安排交通、游览、住宿、饮食、购物、娱乐及提供导游服务。

（3）经国家旅游局批准，招徕、组织我国境内居民到外国和我国香港、澳门、台湾地区旅游，为其安排领队及委托接待服务。

（4）经国家旅游局批准，招徕、组织我国境内居民到规定的与我国接壤国家的边境地区旅游，为其安排领队及委托接待服务。

（5）经批准，接受游客委托，为游客代办入境、出境及签证手续。

（6）为游客代购、代订国内外交通客票、提供行李服务。

（7）其他经国家旅游局规定的旅游业务。

2. 国内旅行社

国内旅行社是指其经营范围仅为国内旅游业务的旅行社。其具体经营业务如下：

（1）招徕、组织我国公民在国内旅游，为其安排交通、游览、住宿、饮食、购物、娱乐、提供导游等相关服务。

（2）接受我国公民的委托，为其代购、代订国内交通客票、办理托运行李、领取行李等业务。

（3）经国家旅游局批准，地处边境地区的国内旅行社可以接待前往该地区的海外游客。

（4）其他经国家旅游局规定的与国内旅游有关的业务。

（二）欧美国家旅行社的类型及其业务

欧美国家的旅行社一般分为三类，即旅游批发商、旅游经营商和旅游零售商。

1. 旅游批发商

旅游批发商是指从事组织和批发旅游产品为其业务的旅行社，他们与酒店、交通运输部门旅游景点以及包价旅游涉及的其他部门签订购买协议，再根据游客的不同需求设计出各具特色的包价旅游产品，然后通过旅游零售商的旅游市场销售。旅游批发商不从事旅游产品零售业务。

2. 旅游经营商

旅游经营商是指既从事旅游产品的批发又同时兼营零售业务的旅行社。它一方面同酒店、交通运输部门旅游景点和其他相关部门签订购买协议，根据游客需求设计包价旅游产品，另一方面又通过其零售机构向公众进行销售。

3. 旅游零售商

旅游零售商又称零售代理商，它是以代销旅游批发商或旅游经营商的包价旅游产品和代其顾客向服务供应部门如酒店、交通运输部门预订服务项目为其主要业务的旅行社。旅游零售商的收入全部来自销售佣金。

二、旅游产品

（一）旅游产品的概念

旅游产品又称旅游服务产品，它是由实物和服务综合构成，向游客销售的旅游项目，其特征是服务成为旅游产品构成的主体，其具体展示有线路、活动和食宿。

（二）旅游产品的类型

1. 按产品组成状况分类

按产品组成状况，旅游产品分为整体旅游产品和单项旅游产品。

（1）整体旅游产品。它又称综合性旅游产品，它是旅行社根据市场需求为游客编排组合的内容、项目各异的旅游线路，其具体表现为各种形式的包价旅游。

（2）单项旅游产品。它是旅游服务的供方向游客提供的单一服务项目，如酒店客房、航班座位、机场接待等。

2. 按旅游产品形态分类

按旅游产品形态，旅游产品分为团体包价旅游、散客包价旅游、半包价旅游、小包价旅游、零包价旅游、组合旅游和单项服务。

（1）团体包价旅游。它是由 10 名以上游客组成，采取一次性预付旅费的方式，有组织地按预定的行程计划进行的旅游形式。团体包价旅游的服务项目通常包括：酒店客房，早餐、正餐和饮料，市内游览用车，导游服务，交通集散地接送服务，每人 20 公斤的行李服务，游览点门票，文娱活动入场券，城市间交通。

（2）散客包价旅游。它是指 9 名以下游客采取一次性预付旅费的方式，有组织地按预定行程计划进行的旅游形式，其包价服务项目与团体包价旅游相同。

（3）半包价旅游。它是在全包价旅游的基础上扣除行程中每日午、晚餐费用的一种旅游包价形式。旅行社设计半包价旅游的主要目的是降低产品的直接价格，提高产品的竞争力，同时也便于游客能够自由地进行地方产品的品尝，团体旅游和散客旅游均可采用此种包价形式。

（4）小包价旅游。它又可称为选择性旅游，由非选择部分和可选择部分构成，非选择部分包括住房及早餐、机场（车站、码头）至酒店的接送和城市间的交通费用，其费用由游客在旅游前预付；可选择部分包括导游服务，午、晚餐，参观游览，欣赏文艺节目，品尝风味等，其费用可由游客在旅游前预付，也可由其现付。

（5）零包价旅游。它是一种独特的旅游包价形式，参加这种旅游包价形式的游客必须随团前往和离开旅游目的地，但在旅游目的地的活动则是完全自由的，如同散客，参加这种旅游形式的游客可以获得团体机票价格的优惠，并可由旅行社统一代办旅游签证。

（6）组合旅游。它产生于 20 世纪 80 年代，参加组合旅游的游客从不同的地方分别前往目的地，在旅游目的地组成旅游团，按当地旅行社事先的安排进行旅游行动。

（7）单项服务。它是旅行社根据游客的具体要求而提供的按单项计价的服务。其常规性的服务项目主要有：导游服务，交通集散地接送服务，代办交通票据和文娱票据，代订酒店客房，代游客联系参观游览项目，代办签证，代办旅游保险。

第二节 入出境知识

一、常规入出境手续

出于国家（地区）安全和利益的考虑，各国（地区）对入出境均实行严格的检查手续，办理手续的部门一般设在口岸和游客入出境地点，如机场、车站、码头等地方。

（一）边防检查

入出境者要填写入出境登记卡片，交验护照和签证。入出境登记卡片的内容有姓名、性别、出生年月、国籍、民族、婚否、护照种类和号码、签证种类和号码、有效期限、入境口岸、日期、逗留期限等。护照、签证验毕，加盖入出境验讫章。

（二）海关检查

海关检查一般询问是否有需申报的物品，有的国家（地区）要求入出境者填写携带物品申报单。海关有权检查入出境者所携带的物品，对持有外交护照者可免检。各国对入出境物品的管理规定不一，烟、酒、香水等物品常常限量放行，文物、武器、毒品、当地货币、动植物等为违禁品，非经允许，不得入境。有的国家还要求入境者填写外币申报单，出境时还要核查。

（三）安全检查

现在，入出境登机游客普遍需接受安全检查，检查手续日趋严格。检查方式包括过安全门、用磁性探测器近身检查、检查行李包、搜身等。

（四）卫生检疫

国家卫生检疫部门有权要求入境者填写健康申明卡，出示某种传染病的预防接种证书（黄皮书）、健康证明或者其他有关证件，并且采取必要的预防、控制措施。

二、入出境应持有的证件

世界上每个主权国家（地区），对入出境游客均实行严格的检查制度。只有具备合法身份的人员，才能出入国境。外国人、入出中国国境须在指定的口岸向边防检查站（由公安、海关、卫生检疫三方组成）交验有效证件，填写入出境卡，经边防检查站查验核准加盖验讫章后方可入、出境。

有效证件指各国政府为其公民颁发的出国证件。其种类很多，不同类型的人员使用的有效证件名称也不同。

（一）护照

护照是一国主管机关发给本国公民出入本国国境和到国外旅行或居留的证件，证明其国籍和身份。

1. 护照的种类

按照颁发对象和用途的不同，世界各国护照一般分为三种：外交护照、公务护照和普通护照。此外，有的国家为团体出国人员（旅游团、体育代表队、文艺团体等）发给团体护照。

> **小知识**
>
> ## 常见护照类型
>
> 1. 外交护照
>
> 颁发对象：前往国外进行国事活动的国家元首、政府首脑、议员和出访的政府代表团成员，外交和领事官员以及上述人员的配偶及未成年子女。
>
> 特征：护照封面上一般标有"外交"字样。
>
> 特殊功能：一般享有外交特权和豁免。在各类护照中，受到的尊敬和礼遇程度最高。
>
> 2. 公务护照
>
> 颁发对象：一般性出访的官员；在驻外使/领馆和其他外交代表机关中，从事技术和辅助工作的人员；因公务派往国外执行文化、经济等任务的一些临时出境人员。
>
> 特征：护照封面一般标有"公务"字样。
>
> 3. 普通护照
>
> 颁发对象：前往国外或旅居外国的普通公民。
>
> 特征：护照封面不作特别标识。

2. 中国护照

（1）中国护照的种类。

中国现行护照分外交护照、公务护照和普通护照三种。其中公务护照包括多次有效和一次有效两种，普通护照包括因公务普通护照和普通护照两种。此外，中国还为出境旅游的公民发给一次性有效的旅游护照。

（2）中国护照式样。

中国护照封面中央印有烫金国徽，国徽上方印有"中华人民共和国"烫金字样，国徽下方分别印有"外交护照""公务护照""因公务普通护照""普通护照"字样。

中国外交护照为大红封面、烫金字，因而也叫作"红色护照"；中国公务护照的封面为墨绿色；因公务普通护照和普通护照的封面颜色则分别为深棕色和紫色。

（3）中国护照的有效期。

中国外交、公务护照、因公务普通护照由外事部门颁发，因私普通护照由公安部门颁发。

中国护照，除一次有效公务护照和一次有效因公务普通护照的有效期为两年外，其他各种护照的有效期均为五年。护照有效期满，可以延期，每次延期最长不得超过五年，每本护照最多可延期两次。一次有效的护照在国内不予延期，在境外需要延期时，可在护照有效期内延期一次，最长不得超过两年。华侨可在有效期满前向中国驻外使/领馆或外交部授权的驻外机关提出延期申请。中国护照的有效地区是世界各国。

（二）签证

签证是主权国家颁发给申请者，进入或经过本国国境的许可证明，是附签于申请人所持入出境通行证件上的文字证明，也是一个国家检查进入或经过这个国家的人员身份和目的的合法性证明。在中国，华侨回国探亲、旅游无须办理签证。

1. 签证的种类

按照颁发对象和由此引发签证颁发国对持证人待遇的不同，可将签证分为外交、公务、普通签证三类。

> **小知识**
>
> ## 常见签证类型
>
> （1）外交签证
>
> 签发对象：入境或过境的应给予外交官员待遇的外国人（一般持外交护照）。
>
> 特征：签证上标明"外交"字样。
>
> （2）公务签证
>
> 签发对象：入境或过境的外国公务人员（一般持公务护照）。
>
> 特征：签证上注明"公务"字样。
>
> （3）普通签证
>
> 签发对象：入境或过境的普通人员（一般持普通护照）。
>
> 特征：签证上一般只有"签证"字样。

旅游签证属于普通签证，在中国为 L 字签证（发给来中国旅游、探亲或其他因私人事务入境的人员）。签证上规定持证者在中国停留的起止日期。签证的有效期不等。

另外，按照签发国许可持证人的入出境行为，可将签证分为入境、出境、入出境、出入境、过境五种签证。

在特殊情况下，前往或途经未建交的国家，签证通常做在另一张纸上，称为另纸签证，与护照同时使用。

9 人以上的旅游团可发给团体签证。团体签证一式三份，签发机关留一份，来华旅游团留两份，一份用于入境，一份用于出境。

外国人来中国旅游，需向中国驻外国的使/领馆办理旅游签证，9 人以上组团来中国旅游的可申请办理团体旅游签证。去深圳、珠海、厦门经济特区的外国人，可直接向上述口岸签证机关申请"特区旅游签证"。去海南省洽谈商务、旅游、探亲，停留不超过 15 天的外国人，可以临时在海口或三亚口岸办理入境签证。

为方便外国人进入珠江三角洲地区旅游，经国务院批准，对已到香港、澳门特别行政区的持普通护照的建交国家的外国人组团进入广州、深圳、珠海、佛山、东莞、中山、江门、肇庆、惠州等地区旅游，实行简化手续，提供入境便利的政策。上述人员需参加经在香港和澳门合法在册的旅行社组织的旅游团，入境后仅限在上述地区内旅游，停留时间为入境之日起不超过第 6 天（144 小时）出境。旅游团需持团队名单入出境，可从设在上述地区的对外国人开放的口岸入出境。入境时，边防检查站查验护照。核查旅游团名单后放行，旅游团成员免填"入出境""登记卡"。

持联程客票搭乘国际航班直接过境、在中国停留时间不超过 24 小时、不出机场的外国人免办签证；要求临时离开机场的，需要经过边防检查机关的批准。

随着国际关系的改善和旅游事业的发展，许多国家间采取签订协议的方式互免签证。目前,中国已同五十多个国家签订了双边性质的互免签证协议。

2. 外国人申请签证需履行的手续

外国人申请签证需回答被询问的有关情况并履行下列手续:

(1) 提供有效护照或者能够代替护照的证件。

(2) 填写签证申请表,提交近期2寸半身正面免冠照片。

(3) 交验与申请入境、过境事由有关的证明。

(三) 港澳居民来往内地通行证

港澳同胞回内地旅游、探亲,原可凭《港澳同胞回乡证》入境、出境。为加快口岸验放速度,方便港澳居民来往内地,公安部决定将《港澳同胞回乡证》改为《港澳居民来往内地通行证》,自1999年1月15日起正式起用。新证件为卡式证件,设置机读码,入出境边防检查机关用机器查验证件,持卡人可免填入出境登记卡。成年人持有新证有效期为10年,在有效期内可多次使用。申请新证的港澳居民必须符合以下五项优先资格:

(1) 首次申请回乡证件。

(2) 旧回乡证已到期。

(3) 旧证有效期2月内期满。

(4) 旧证使用次数剩15次以内。

(5) 旧证已遗失。

(四) 台湾同胞旅行证明

台湾同胞旅行证是台湾同胞回大陆探亲、旅游的证件。所需证件在香港地区,由中国外交部驻香港签证办事处办理,或由香港中国旅行社代办;在美国、日本或其他国家,由中国驻外使/领馆办理旅行证件,该证件经口岸边防检查站查验并加盖验讫章后,即可作为入出境及在大陆旅行的身份证明。

(五) 外国游客来华旅游的有关规定

(1) 持旅游签证的外国人,必须从中国对外国人开放的口岸或是指定的口岸通行,接受边防检查机关的检查,向边防检查机关缴验有效护照和中国的签证,填写入境卡,经边防检查机关查验核准加盖入境验讫章后入境。

(2) 外国人在中国境内可凭本人的有效护照和旅游签证前往对外国人开放的地区旅行。目前,我国对外国人开放的地区包括大中城市和绝大多数的旅游胜地。外国人在中国境内前往开放地区旅行,应乘飞机或火车,未经批准不得乘坐自备交通工具旅行。如有特殊要求,需要乘坐自备交通工具旅行的,需入境前经主管机关批准。自备交通工具包括自行车、摩托车、汽车、船舶、飞机等。

(3) 外国游客不得进入不对外国人开放的地区,违者将依法受到处罚。外国人因公务需前往不对外国人开放地区时,须事先向所在地公安机关入出境管理部门申请《外国人旅行证》,申请《外国人旅行证》时应出示本人护照及有效签证,提供接待部门出具的说明必须前往的理由的公函,填写《外国人旅行申请表》,待获准后方能前往。外国人旅行证与本人护照需同时使用。

(4) 持旅游签证来中国的外国人不得在中国从事与其身份不符的活动,如就业、宗教宣传、非法采访等，违者将受到处罚。中国政府保护在中国境内的外国人的合法权益，但外国人在中国境内，必须遵守中国法律，尊重中国的风俗习惯。

（5）外国游客可在签证准予在华停留的期限内在中国旅行。停留期限到期，如需继续旅行，可向当地公安机关申请延长在中国的停留期限。旅行结束后，须在签证有效期内，填写出境卡，从对外国人开放的国际口岸经边防检查机关查验证件，加盖出境验讫章后出境。

（6）外国人如在中国境内丢失了护照，应及时向当地公安机关入出境部门报失，陈述丢失经过，并持公安机关出具的报失证明到本国驻中国使/领馆申请出境证件，然后再到入出境管理部门办理相应手续，方能出境。

三、海关手续

（一）入出境旅客通关

"通关"是指入出境旅客向海关申报，海关依法查验行李物品并办理入出境物品征税或免税验放手续，或其他有关监管手续之总称。

"申报"，是指入出境旅客为履行中华人民共和国海关法规规定的义务，对其携带入出境的行李物品实际情况依法向海关所做的书面申明。

1. 须通过设有海关的地点入出境，接受海关监管

根据《中华人民共和国海关法》和《中华人民共和国海关对进出境旅客行李物品监管办法》的规定，入出境行李物品必须通过设有海关的地点入境或出境，接受海关监管。旅客应按规定向海关申报。

2. 携带物品以自用合理数量为原则

除依法免验者外，入出境旅客的行李物品，应交由海关按规定查验放行。海关验放入出境旅客的行李物品，以自用合理数量为原则，对不同类型的旅客行李物品，规定了不同的范围和征免税限量或限值。

3. 依法向海关申报

旅客入出境，如携带须向海关申报的物品，应在申报台前，向海关递交《中华人民共和国海关入出境旅客行李物品申报单》或海关规定的其他申报单证，按规定如实申报其行李物品，报请海关办理物品入境或出境手续。其中，携带中国法律规定管制的物品，还须向海关交验国家行政主管部门出具的批准文件或证明。旅客行李物品，经海关查验征免税放行后，才能携离海关监管现场。

4. 依法选择合适通关方式

在实施双通道制的海关现场，旅客携带有须向海关申报的物品时，应选择"申报"通道（亦称"红色通道"）通关；携带无须向海关申报物品的旅客，则可选择"无申报"通道（亦称"绿色通道"）通关。

5. 妥善保管有关单证

经海关验核签章的申报单证，应妥善保管，以便回程时或者入境后，凭以办理有关手续。海关加封的行李物品，不得擅自开拆或者损毁海关施加的封志。

（二）部分限制进出境物品

1. 烟、酒（表 8 – 1）

表 8 – 1　烟酒进出境免税量

旅客类别	免税烟草制品限量	免税12°以上酒精饮料限量
来往港澳地区的旅客（包括港澳旅客和内地因私前往港澳地区探亲和旅游等旅客）	香烟200支或雪茄50支或烟丝250克	酒1瓶（不超过0.75升①）
当天往返或短期内多次来往港澳地区的旅客	香烟40支或雪茄5支或烟丝40克	不准免税带进
其他进境旅客	香烟400支或雪茄100支或烟丝500克	酒2瓶（不超过1.5升）

2. 旅行自用物品

入出境旅客旅行自用物品限照相机、便携式收录音机、小型摄影机、手提式摄录机、手提式文字处理机各一件，还含经海关审核批准的其他物品。经海关放行的旅行自用物品，旅客应在回程时复带出境。

3. 金、银及其制品

旅客携带金、银及其制品入境应以自用合理数量为限，超过 50 克应填写申报单证；复带出境时，海关凭本次入境申报的数量核放。我国公民出境所携带金、银及其制品除有一定的限额外，回程时还须将原物带回。携带或托运出境在中国境内购买的金、银及其制品（包括镶嵌饰品、器皿等新工艺品），海关验凭中国人民银行制发的《特种发货票》查核放行。

4. 人民币

旅客携带人民币入出境，应当按照国家规定向海关如实申报。中国公民入出境、外国人入出境，每人每次携带的人民币限额为 6 000 元。携带上述限额内的人民币入出境，在实行"红绿通道"制度的海关现场，可选择"绿色通道"通关；超出限额的，应选择"红色通道"向海关办理有关手续，海关予以退运，不按规定申报的，另予以处罚。

5. 文物、字画、中成药

文物指遗存在社会上或埋藏在地下的历史文化遗物。字画亦称书画，系书法和绘画的合称。旅客携带文物、字画出境，必须向海关申报。对旅客购自有权经营文物的商店（文物商店或友谊商店）的文物、字画，海关凭"文物古籍外销统一发货票"和中国文物管理部门加盖的鉴定标志查验放行。旅客在中国国内通过其他途径得到的文物、字画，如家传旧存文物和亲友赠送的文物、字画，凡需要携带出境，必须事先报经中国文物管理部门鉴定。目前，在北京、上海、天津、广州等八个口岸设有鉴定机构。经过鉴定准许出口的，由文物管理部门开具出口许可证明。文物、字画出境时，海关凭文物管理部门的出口许可证明放行。

我国禁止出境的文物、字画有国家馆藏一、二、三级文物；公元 1795 年（乾隆六十

---

① 1 升 = 0.001 立方米。

年）以前各时期文物；1949 年以前生产、制作的具有科学、历史、艺术价值的我国少数民族文物；列入文物保护范围的近、现代文献资料、图书资料、纪念物等；徐悲鸿、傅抱石、潘天寿等近百名书画家的作品。

旅客携带中药材、中成药出境，前往港澳地区，限值人民币 150 元；前往国外，限值人民币 300 元；个人邮寄中药材、中成药出境，寄往港澳地区，限值人民币 100 元；寄往国外，限值人民币 200 元。

麝香、犀牛角和虎骨（包括其任何可辨认部分和含其成分的药品、工艺品）严禁出境；入境药用羚羊角限 50 克免税放行，超出部分，征税放行；携带、邮寄羚羊角出境，海关凭国家濒危物种进出口管理办公室核发的《允许出口证明书》放行。

入境旅客出境时携带用外汇购买的、数量合理的自用中药材、中成药，海关凭有关发货票和外汇兑换水单放行。

6. 旅游商品

入境旅客出境时携带用外汇在我国境内购买的旅游纪念品、工艺品，除国家规定应申领出口许可证或者应征出口税的品种外，海关凭有关发货票和外汇兑换水单放行。

（三）行李物品和邮寄物品征税办法

为了简化计税手续和方便纳税人，中国海关对进境旅客的行李物品和个人邮递物品实施了专用税制、税率。现行税率共有五个税级：免税、10%、30%、80%、100%。物品进口税从价计征；其完税价格，由海关参照国际市场零售价格统一审定，并对外公布实施。

（四）禁止进出境物品

1. 禁止进境物品

（1）各种武器、仿真武器、弹药及爆炸物品。

（2）伪造的货币及伪造的有价证券。

（3）对中国政治、经济、文化、道德有害的印刷品、胶卷、照片、唱片、影片、录音带、录像带、激光视盘、计算机存储介质及其物品。

（4）各种烈性毒药。

（5）鸦片、吗啡、海洛因、大麻以及其他能使人成瘾的麻醉品、精神药物。

（6）带有危险性病菌、害虫及其他有害生物的动物、植物及其产品。

（7）有碍人畜健康的、来自疫区的以及其他能传播疾病的食品、药物或其他物品。

2. 禁止出境物品

（1）列入禁止进境范围的所有物品。

（2）内容涉及国家秘密的手稿、印刷品、胶卷、照片、唱片、影片、录音带、录像带、激光视盘、计算机存储介质及其物品。

（3）珍贵文物及其他禁止出境的文物。

（4）濒危的和珍贵的动物、植物（均含标本）及其种子和繁殖材料。

四、边防检查、安全检查和卫生检疫

（一）边防检查和安全检查

边防检查站是国家设在口岸的入出境检查管理机关，是国家的门户。边防检查站的任务是维护国家主权、安全和社会秩序,发展国际交往,对一切入出境人员的护照、证件和交通运输工具实施检查和管理。

1. 入境检查

外国人来中国,应向中国的外交代表机关、领事机关或外交部授权的驻外机关申请办理签证(互免签证的除外)。除签证上注明入出境的口岸外,所有入出境人员,可在全国开放口岸入出境。

外国人到达中国口岸后,要接受边防检查站的检查。填好入出境登记卡,连同护照一起交入境检查员检验,经核准后加盖入境验讫章,收缴入境登记卡后即可入境。

小贴士　　　　　　哪些人不准入中国国境

下列外国人不准入中国国境:
(1) 被中国政府驱逐出境,未满不准入境年限的。
(2) 被认为入境后可能进行恐怖、暴力、颠覆活动的。
(3) 被认为入境后可能进行走私、贩毒、卖淫活动的。
(4) 患有严重精神病、传染性肺结核病或者有可能对公共卫生造成重大危害的其他传染病的。
(5) 不能保障其在中国所需费用的。
(6) 被认为入境后可能进行危害中国国家安全和利益的其他活动的。
对下列外国人,中国边防检查站有权阻止其入境:
(1) 未持有效护照、证件或签证的。
(2) 持伪造、涂改或他人护照、证件的。
(3) 拒绝接受查验证件的。
(4) 公安部或者国家安全部通知不准入境的。

2. 出境检查

外国人入境后应在签证有效期内从指定口岸离开中国。出境时,应向出境检查员交验护照证件和出境登记卡,出境检查员核准后,加盖出境验讫章,收缴出境登记卡后放行;持中国政府签发的居留证者,如出境后不再返回,应交出居留证件。

中国人出境必须向主管部门申领护照,除有特殊规定外,不论因公因私都必须办好前往国签证,才能放行。

小贴士　　　　　　哪些人不准出中国国境

下列几种人不准出中国国境:
(1) 刑事案件的被告人和公安机关、人民检察院或人民法院认定的犯罪嫌疑人。
(2) 人民法院通知有未了结民事案件的不能离境。
(3) 有其他违反中国法律的行为尚未处理,经有关主管机关认定需追究的。
对下列人士,中国边防检查机关有权限制其出境:

(1) 持无效出境证件的。
(2) 持伪造、涂改或他人护照、证件的。
(3) 拒绝接受查验证件的。

3. 交通运输工具的检查

出入中国国境的交通国际运输工具，包括中、外籍的国际航空器、国际航行船舶、国际列车、入出境汽车及其他机动车辆。国际交通运输工具入出或过境，须从对外开放的口岸通行，并在入出境口岸接受我国边防检查机关的检查和监护。

小贴士 **边防交通运输工具检查的内容**

(1) 办理交通运输工具入出境手续。国际交通运输工具抵离我国口岸，其负责人应当向边防检查机关，申报服务员工及旅客名单，并提供其他的情况，经审核、查验无误后放行。

(2) 查验服务员工及旅客的护照、证件，为旅客办理入、出、过境手续，为服务员工办理准予停留或登陆、住宿手续，查封或启封交通运输工具。

(3) 必要时，对服务员工及旅客行李物品进行检查。

(4) 需要时，对交通运输工具实施机体、船体、车体检查。

4. 安全检查

根据我国政府规定，为确保航空器及旅客的安全，严禁旅客携带枪支、弹药、易爆、腐蚀、有毒、放射性等危险品。旅客在登机前必须接受安全人员的检查，拒绝接受检查者不准登机，损失自负。

(二) 卫生检疫

中华人民共和国卫生检疫局是中华人民共和国国务院授权的卫生检疫涉外执法机关，它及其下属的各地国境卫生检疫机关在对外开放的国境口岸，对入出境人员依法实施以下主要卫生检疫内容：

(1) 入出境的微生物、人体组织、生物制品、血液及其制品等特殊物品的携带人、托运人或者邮递人必须向卫生检疫机关申报并接受卫生检疫，未经卫生检疫机关许可，不准入出境。海关凭卫生检疫机关签发的特殊物品审批单放行。

(2) 入出境的旅客、员工个人携带或者托运可能传播传染病的行李和物品应当接受卫生检查。卫生检疫机关对来自疫区或者被传染病污染的各种食品、饮料、水产品等应当实施卫生处理或者销毁，并签发卫生处理证明。海关凭卫生检疫机关签发的卫生处理证明放行。

(3) 来自黄热病疫区的人员，在入境时，必须向卫生检疫机关出示有效的黄热病预防接种证书。对无有效的黄热病预防接种证书的人员，卫生检疫机关可以从该人员离开感染环境的时候算起，实施六日的留验，或者实施预防接种并留验到黄热病预防接种证书生效时为止。

(4) 入出境的交通工具、人员、食品、饮用水、其他物品以及病媒昆虫、动物均为传染病监测对象。

（5）卫生检疫机关应当阻止患有严重精神病、传染性肺结核病或者有可能对公共卫生造成重大危害的其他传染病的外国人入境。

第三节　交通知识

一、航空客运

（一）航空旅行常识

1. 航班、班次、时刻

民航的运输飞机主要有三种形式，即班期飞行、加班飞行和包机飞行。其中，班期飞行是按照班期时刻表和规定的航线，定机型、定日期、定时刻的飞行；加班飞行是根据临时需要，在班期飞行以外增加的飞行；包机飞行是按照包机单位的要求，在现有航线上或以外进行的专用飞行。此外，还有不定期航班与季节性航班飞行。

（1）航班。

航班分为定期航班和不定期航班，前者是指飞机定期自始发站起飞，按照规定的航线经过经停站至终点站，或直接到达终点站的飞行。后者是指航空承运人或航空运营人不以取酬或出租为目的，未通过本人或者其他代理人以广告或者其他形式提前向公众公布的，包括起飞地点、起飞时间、到达地点和到达时间在内的任何载客运行。在国际航线上飞行的航班称为国际航班，在国内航线上飞行的航班称为国内航班。航班又分为去程航班和回程航班。

目前，国内航班的编号一般用航空公司的两个英文代码和四个阿拉伯数字组成。其中，第一个数字表示执行该航班任务的航空公司的数字代码，第二个数字表示该航班终点站所属的管理局或航空公司所在地的数字代码。第三、第四个数字表示该航班的具体编号，其中，第四个数字为单数的表示去程航班，双数的表示回程航班。如 CZ3117 是南方航空公司自武汉至北京的飞机，CZ3254 是南方航空公司自深圳返武汉的飞机。

自 2002 年起，我国民航实施资源重组，组建了三大航空公司，即中国国际航空公司、中国东方航空公司和中国南方航空公司。中国民航下辖的管理局有华北管理局、西北管理局、广州管理局、西南管理局、华东管理局和沈阳管理局。

（2）班次。

班次是指在单位时间内（通常用一个星期计算）飞行的航班数（包括去程航班与回程航班）。班次是根据往返量需求与运能来确定的。

班期表上用阿拉伯字母"1～7"表示星期一到星期日，用"＊"号表示次日的航班时刻，用"BW"表示该航班隔周飞行等。

（3）时刻。

世界各国，对航班飞机的出发和到达时刻，统一使用 24 小时制，用连写的 4 个阿拉伯数字来表示。如，"1020"，即指上午 10：20 分。到达时刻即指抵达当地的地方时刻。在中转换乘飞机时，需要问清时间，以免订错衔接航班。

> 小贴士

我国三大航空公司代码

中国国际航空公司（Air China）代码：CA
中国东方航空公司（China Eastern Airlines）代码：MU
中国南方航空公司（China Southern Airlines）代码：CZ

2. 飞机机型

国际航空运输中，通常用英文字母和阿拉伯数字来表示某一航班所使用的飞机机型。如，"74M"代表BOEING747—200B，"COMBL"代表波音747客货混用机，"M82"代表麦道MD—82，"320"代表空中客A320，"TU5"代表图154Tupolev154，"IL6"代表苏制伊尔62客机，"YN7"代表运—7。

3. 客舱等级和餐饮供应

国际航空运输中，通常用英文字母表示客舱等级。

> 小贴士

飞机客舱等级

F = 头等舱（First Class）。
C = 公务舱（Business Class）。
Y = 经济舱（Economy Class）。
K = 平价舱（Thrift）。

国际航空运输中，通常用符号表示餐饮供应。如刀叉图案，表示在该航段飞行期间供应正餐；杯碟图案，表示在该航段飞行期间有早餐或点心供应。

4. 机场建设费

机场建设费1980年在北京一地试行，1981年在全国推行，开始是面向出境国际旅客征收，后为了建立旅游发展基金，征收对象扩大到除下述旅客外的所有离境旅客：在国内机场中转未出隔离厅的国际旅客，乘坐国际航班出境和乘坐香港、澳门地区航班出港持外交护照的旅客，持半票的12周岁以下的儿童，乘坐国内航班在当日中转的旅客。

（二）国内航空运输

（1）定座。旅客在订妥座位后，凭该订妥座位的客票乘机，可根据有关规定向航空公司售票处或销售代理人售票处预订座位。已经定妥的座位，旅客应在航空公司规定或预先约定的时限内购票，如未在购票时限内购票，所订座位不予以保留。

（2）购票。中国旅客购票，须凭本人《居民身份证》或其他有效身份证件，并填《旅客订座单》，外国旅客、华侨、港澳台同胞购票，须凭有效护照、回乡证、台胞证、居留证、旅行证或公室机关出具的其他有效身份证件，并填写《旅客订座单》。

（3）座位再证实。旅客持有订妥座位的联程或来回程客票，如在该联程或回程地点停留72小时以上，须在该联程或回程航班离站前两天中午12时以前，办理座位再证实手续。否则，原定座位不予以保留。

（4）客票。客票只限票上所列姓名的旅客本人使用，不得转让和涂改，否则客票无效，票款不退。

（5）客票有效期。客票的有效期为一年，定期客票自旅客开始旅行之日起计算，不定期客票自填开客票之次日零时起计算；特种票价的客票有效期，按航空公司规定的该特种票价的有效期计算。

（6）儿童票。已满两周岁未满十二周岁的儿童按成人全票价50%购票。未满两周岁的婴儿按成人全票价的10%购票，不单独占一座位，每一成人旅客只能有一个婴儿享受这种票价，超过的人数应购买儿童票，提供座位。

（7）客票价。客票价指旅客由出发地机场至到达地机场的航空运输价格，不包括机场与市场区间的地面运输费用。

（8）客票遗失。旅客遗失客票，应以书面形式，向航空公司或其销售代理人申请挂失，并提供原购票的日期、地点、有效身份证件、遗失地公安部门的证明以及足以证实客票遗失的其他证明。在申请挂失前，客票如已被冒用或冒退，航空公司不承担责任。

（9）乘机。旅客应当在航空公司规定的时限内到达机场，凭客票及本人有效身份证件按时办理乘机手续。停止办理登机手续的时间，为航班规定离站时间前30分钟。

（10）客票变更。旅客购票后，如要求变更航班、日期、舱位等级，应根据航空公司的实际可能和运输条件给予办理。

（11）退票。旅客（团体旅客另行规定）在客票上列明的航班规定离站时间24小时（含）以前要求退票（舍不定期客票），收取客票价5%的退票费；在航班规定离站时间24小时以内至2小时以前要求退票，收取客票价10%的退费；在航班规定离站时间前2小时以内要求退票，收取客票价20%的退票费；在航班离站时间以后要求退票，收取客票价50%的退票费。

（12）误机。误机是指旅客未按规定时间办妥乘机手续或因其旅行证件不符合规定而未能乘机。旅客误机后，应在原航班起飞时间的次日中午12时（含）以前进行误机确认，如果要求改乘后续航班或退票，应按航空公司的规定办理。

（13）健康。患有重病的旅客购票，需持有医疗单位出具的适于乘机的证明，并事先经航空公司或其销售代理人同意，方可购票。

（14）随身携带物品。持头等舱客票的旅客，每人可随身携带两件物品；持公务舱或经济舱客票的旅客，每人只能随身携带一件物品。每件物品的体积不得超过20厘米×40厘米×55厘米，上述两项总重量均不得超过5千克。超过规定件数、重量或体积的物品，要按规定作为托运行李托运。

（15）免费行李额。持成人票或儿童票的旅客，每人免费托运行李的限额为：头等舱40千克，公务舱30千克，经济舱20千克。持婴儿票的旅客无免费行李额。

（16）不准作为行李运输的物品。旅客不得在托运行李或随身携带物品内夹带易燃、爆炸、腐蚀、有毒、放射性物品，可聚合物质，磁性物质及其他危险物品。旅客乘坐飞机不得携带武器、管制刀具、利器和凶器。

（17）不准在托运行李内夹带的物品。旅客不得在托运行李内夹带重要文件、资料、外交信袋、证券、货币、汇票、贵重物品、易碎易腐物品，以及其他需要专人照管的物品。航空公司对托运行李内夹带上述物品的遗失或损坏，按一般托运行李承担赔偿责任。

（18）行李包装。托运行李必须包装完善、锁扣完好、捆扎牢固，并能承受一定压力。对包装不符合要求和不符合运输条件的行李，航空公司可拒绝收运。

（19）行李赔偿。托运行李如发生损坏或丢失，属航空公司责任的由航空公司负责赔偿。赔偿限额每公斤不超过人民币50元，按实际托运重量计算。

（20）行李声明价值。托运行李每公斤价值超过人民币50元时，可以办理行李声明价值。航空公司收取声明价值附加费。声明价值不能超过行李本身的实际价值。每位旅客的行李声明价值最高限额为人民币8 000元。如此项行李损坏或丢失，航空公司按声明价值赔偿，但若行李的声明价值高于实际价值的，按实际价值赔偿。

（21）安全检查。在乘机前，旅客及其行李必须经过安全检查。

（22）航班不正常。因航空公司的原因，造成航班延误或取消，航空公司应免费向旅客提供膳宿等服务；由于天气、突发事件、空中交通管制、安检和旅客等非航空公司原因，在始发站造成的延误或取消，航空公司可协助旅客安排餐食和住宿，费用由旅客自理。

（23）伤害赔偿。航空公司对每名旅客死亡、身体伤害的最高赔偿限额为人民币70 000元。

（24）旅客保险。旅客可以自愿向保险公司投保国内航空运输旅客人身意外伤害险。此项保险金额的给付，不免除或减少航空公司应当承担的赔偿限额。

（三）国际航空运输

（1）班期时刻。国际航班班期时刻，是以印刷班期时刻表时所收到的内容为依据。

（2）订座。旅客乘国际航班，可根据有关规定向航空公司售票处或其代理人预订，已订妥国际、地区航班座位的旅客，应按航空公司规定的出票时限办理购票手续。如未在购票时限内购票，所订座位即被取消，已订妥国际、地区航班座位，包括联程座位的旅客，如所订座位不利用时，应尽早向所订座的航空公司售票处或其代理人提出取消座位。

（3）座位再证实。已订妥续程或回程国际、地区航班座位的旅客，如在续程或回程地点停留72小时以上，应最迟在班机起飞前72小时对所订座位予以再证实，否则所订座位将自动取消。如在续程或回程地点停留时间在72小时以内，无须办理座位再证实。

（4）客票。客票（包括行李票）是承运人与旅客之间的运输契约的凭证，也是旅客乘机交运行李的凭证，客票只限票上所列姓名的旅客本人使用。客票不得转让或涂改，经转让或涂改的客票无效。

（5）客票有效期。普通票价的客票，无论是单程、来回程或环程，有效期为一年。特种票价的客票和有折扣的普通票价客票的有效期，按该票价有关规定计算。

（6）儿童票。两周岁以上十二周岁以下的儿童按成人全票价的50%付费。未满两周岁的婴儿按成人全票价的10%付费，不单独占一座位。

（7）乘机。乘国际、地区航班的旅客，必须在规定的时间到达指定的机场，凭机票、有效的护照、签证及旅行证件办妥乘机及出境等各项手续。旅客因没有按规定的时间到达指定机场或携带的护照、签证及旅行证件不符合规定，而未能办妥乘机和出境等各类手续所引起的一切损失和责任由旅客自负。

（8）机场费。对每一个从中华人民共和国国际机场出境的国际旅客，收取机场费人民币 90 元。对持有外交护照的旅客，24 小时内过境的旅客以及 12 周岁以下的儿童，免收机场费。

（9）退票。由于承运人及旅客本人原因，旅客未能按客票列明的航程旅行，旅客申请退票，可按规定办理退票。退票只限在原购票地点或经航空公司同意的地点办理。

（10）计重免费行李额。在国际地区航线上，按旅客票价等级，每一全票或半票旅客免费交运的行李额为：头等票价客票 40 千克，公务票价客票 30 千克，经济客票 20 千克。持婴儿票的旅客，无免费行李额。

（11）计件免费行李额。计件免费行李额适用于中美、中加国际航线上的行李运输。按旅客所购票票价等级，对每一全价票或半价票的旅客交运的免费行李额为：一级和公务票价，免费交运行李件数为两件，每件最大体积不得超过 62 立方英寸。经济和旅游折扣票价，免费交运的行李件数为两件，每件最大长度（三边之和）不得超过 62 英寸，但两件之和不得超过 107 英寸，每件最大重量不得超过 32 千克。持婴儿票的旅客可免费交运一件行李，但长度（三边之和）不得超过 45 英寸，另外还可免费交运全折叠式或轻便婴儿车或婴儿推车一辆。超过规定的件数及超过规定的最大体积的行李，应交付逾重行李费。

（12）随身携带物品。除计重免费交运的行李外，每一持有全价或半价客票的旅客，还可免费随身携带下列物品：女用手提包一个，大衣或雨衣一件或旅行用毛毯一条，手杖一根或伞一把，在飞行途中用的少量读物，小型照相机一架，小型望远镜一具，婴儿食物（限旅途中食用），婴儿摇篮（限一个），供病人行动的可折叠的轮椅或坐椅或一副拐杖或撑架或假肢。另除根据舱位等级按计件免费交运的行李外，旅客还可随身携带一件适合放置于旅客座位下的手提行李，但所有这些手提行李的三边之和均不得超过 45 英寸。

（13）行李包装。随机交运的行李应有承受一定压力的包装，应封装完整，锁扣完善，捆扎牢固。对包装不符合要求的交运行李，承运人可拒运或不负担损坏、破损责任。

（14）不准作为行李运输的物品。旅客的交运行李和自理行李内不得夹带易燃、爆炸、腐蚀、有毒、放射性物品，可聚合性物质，磁性物质及其他危险物品。旅客不得携带中华人民共和国和运输过程中有关国家法律、政府命令和规定禁止出境、入境或过境的物品及其他限制运输的物品。旅客乘坐飞机不得携带武器或随身携带利器和凶器。交运行李内不得装有货币、珠宝、金银制品、票证、有价证券和其他贵重物品。

（15）旅行证件。国际旅客在办理乘机及出境手续前，应办妥护照、签证及旅行证件等一切手续。旅客的护照、签证及旅行证件应随身携带，不得放在交运行李中运输。由于旅客旅行证件不完备而受到的损失和支付的费用，承运人不承担责任。但对于由此使承运人受到的一切损失和支付的费用，包括（但不限于）罚金，旅客应当负责赔偿。

（16）货物托运。托运国际货物，应先交海关检验，货物应附有一切必要证明，并应符合货物运输过程中入境、出境和过境国家的有关规定。

（17）禁运货物。禁止运载文物、毒品及易燃、爆炸、腐蚀、有毒等危险物品，以保证运输安全，承运人对托运的货物须进行检查。

（18）危险货物。国际航线上可载运危险货物，其品名、数量和包装等须按照承运人有关规定办理。

二、铁路客运

（一）旅客列车的种类

旅客列车分为国内旅客列车和国际旅客列车。

对不同的客流和不同的线路设备条件需开行不同等级的列车。目前，我国现行铁路列车运行图将旅客列车分为动车组列车、特快旅客列车（含直达特快旅客列车）、快速旅客列车和普通旅客列车（含普通旅客快车和普通旅客慢车）。

旅客列车，根据其运行速度、运行范围、设备配置、列车等级及作业特征等基本条件的不同，主要分为10类。

（1）高速动车组旅客列车。高速动车组旅客列车指运行于时速250千米及以上客运专线上的动车组列车，列车开行最高速度达到350千米/小时。

（2）城际动车组旅客列车。城际动车组旅客列车指在城际客运专线上运行，以"公交化"模式组织的短途旅客列车，列车开行最高速达到350千米/小时。

（3）动车组旅客列车。动车组旅客列车是指运行于既有铁路线的动车组列车，列车开行最高速度达到250千米/小时。

（4）直达特快旅客列车。列车由始发站开出后，沿途不设停车站，即（一站）直达终到站的超特快旅客列车，列车运行速度一般可达160千米/小时。

（5）特快旅客列车。特快旅客列车是目前我国铁路运营线上运行速度较快的旅客列车，区间运行速度常达到140千米/小时。特快旅客列车有跨局运行和管内运行之分。

（6）快速旅客列车。快速旅客列车的运行速度仅次于"直达"和"特快"旅客列车，一般区间运行速度为120千米/小时，快速旅客列车也分跨局运行及局管内运行之分。

（7）普通旅客列车。普通旅客列车可分为普通旅客快车和普通旅客慢车，又可分为直通的和管内的普通旅客列车。列车的运行速度一般在120千米/小时以下。

（8）通勤列车。为方便沿线铁路职工上下班（就医、子女上学）而开行的旅客列车。

（9）临时旅客列车。依据客流的需求或特殊需求（救灾），临时增开的旅客列车。

（10）旅游列车。依据旅游客流的需求，在大中城市和旅游点之间不定期开行的旅客列车，其车次前冠以"Y"符号。

小贴士

旅客列车分类及代码

G——高速铁路动车组。

D——动车组列车。

Z——直达特快列车。

T——特快列车。

K——跨局快速列车。

N——管内快速列车。

L——临时旅客列车。

A——按需开行列车。

S——市郊列车。

(二) 车票

车票是旅客乘车的凭证，也是旅客加入铁路意外伤害强制保险的凭证。

1. 车票的种类

车票的基本种类有客票和附加票两种。

(1) 客票。包括软座、硬座、市郊、篷车客票。

(2) 附加票。包括加快票（特别加快、普通加快）、卧铺票（高级软卧、软卧、包房硬卧、硬卧）、空调票。附加票是客票的补充部分，除儿童外，不能单独使用。

车票票面主要记载以下内容：发站和到站站名、座别、卧别、径路、票价、车次、乘车日期、有效期等。

2. 加快票

旅客购买加快票必须有软座或硬座客票。发售加快票的到站，必须是所乘快车或特别快车的停车站。发售需要中转换车的加快票的中转站还必须是有同等级快车始发的车站。

3. 卧铺票

旅客购买卧铺票必须有软座或硬座客票，乘坐快车时还应有加快票。卧铺票的到站、座别必须与客票的到站、座别相同。中转换车时，卧铺票只发售到旅客换车站。购买卧铺票的旅客在中途站上车时，应在买票时说明，售票员应在车票背面注明"××站上车"。乘坐其他列车到中途站时，应另行购买发站至中途站的车票。

4. 站台票

到站台上迎送旅客的人员应买站台票。站台票当日使用一次有效。对经常进站接送旅客的单位，车站可根据需要发售定期站台票。随同成人进站身高不足1.1米的儿童及特殊情况经车站同意进站的人员，可不买站台票。未经车站同意无站台票进站时，将被加倍补征站台票款，遇特殊情况时，站长可决定暂停发售站台票。

5. 儿童票

随同成人旅行身高1.1~1.4米的儿童，享受半价客票、加快票和空调票（以下简称儿童票），超过1.4米时应买全价票。每一成人旅客可免费携带一名身高不足1.1米的儿童。超过一名时，超过的人数应买儿童票。儿童票的座别应与成人车票相同，其到站不得远于成人车票的到站。免费乘车的儿童单独使用卧铺时，应购买全价卧铺票，有空调时还应购买半价空调票。

6. 学生票

在普通院校，军事院校，中、小学和中等专业学校、技工学校就读，没有工资收入的学生、研究生，家庭居住地和学校不在同一城市时，凭附有加盖院校公章的减价优待证的学生证（小学生凭书面证明），每年可享受四次家庭至院校（实习地点）之间的半价硬座客票、加快票和空调票（以下简称学生票）。新生凭录取通知书，毕业生凭学校书面证明可买一次学生票，华侨学生和港澳台学生按照上述规定同样办理。

下列情况不能享受学生票：学校所在地有学生父或母其中一方时，学生因休学、复学、转学、退学时，学生往返于学校与实习地点时，学生参加夏令营或其他社会实践活动时。

(三) 车票有效期

车票票面上印有"限乘当日当次车，×日内有效"的字样。"限乘当日当次车"，就是要按票面指定的日期，乘坐指定的列车；"×日内有效"，指的就是车票有效期。广州到北京车票的有效期是6天，广州到上海车票的有效期是5天，武汉到北京车票的有效期是4天。铁路规定，各种车票的有效期以指定乘车日起至有效期最后一日的24时止计算。各种车票有效期，从指定乘车日起到有效期最后一天的24时止计算。以武汉到北京的车票为例，如果车票上指定的乘车日期是2月4日，票面上注明"4日内到有效"，就是说持有这张车票的旅客，必须在2月7日的24点以前到达北京。如果车票改签后提前乘车，有效期就要从实际乘车日起计算。比如2月4日的车票改签在2月2日上车，那就必须在2月5日24点以前到达北京。如果改晚乘车，有效期仍然按原票指定的乘车日起计算，也就是说，当2月4日的车票改签为2月5日时，旅客仍必须在2月7日的24点以前到达北京。

因列车满员、晚点、停运等铁路责任不能按客票有效期到站时，车站可适当延长客票的有效期，延长天数从客票有效期终了的次日起计算。旅客因病，在客票有效期内出具医疗证明或经车站证实，可以延长实际医疗天数，但最多不能超过10天。卧铺票不能延长，但可以办理退票手续。同行人同样办理。卧铺票则必须按照指定的乘车日期和车次使用，另外，空调票、加快票、变径票、补价票随同原票使用有效。

(四) 退票

2016年起，铁路部门调整火车票退票和改签办法，同时实行火车票梯次退票方案。

火车票退票手续费新规定实行梯次退票，网上退票手续费和其他退票方式扣费无异。对开车前15天（不含）以上退票的，不收取退票费，票面乘车站开车前48小时以上退票的，退票时收取票价5%的退票费；开车前24小时以上、不足48小时退票的，退票时收取票价10%的退票费；开车前不足24小时退票的，退票时收取票价20%的退票费。

(五) 旅客携带品的有关规定

1. 旅客携带品由自己负责看管

每位旅客免费携带品的重量和体积是：儿童（含免费儿童）10千克，外交人员35千克，其他旅客20千克。每件物品的外部尺寸长、宽、高之和不超过160厘米。柱状物品不超过200厘米，但乘坐动车组列车时不超过130厘米；重量不超过20千克。残疾人旅行时代步的折叠式轮椅可免费携带，并不计入上述范围。

2. 禁止带入车内的物品

（1）国家禁止或限制运输的物品。

（2）法律、法规、规章中规定的危险品、弹药和承运人不能判明性质的化工产品。

（3）动物及妨碍公共卫生（包括有恶臭等异味）的物品。

（4）能够损坏或污染车辆的物品。

（5）规格或重量超过规定的物品。

（6）可能危及旅客人身安全、存在重大安全隐患的利器、钝器等被列为禁止携带的物品。例如，除管制刀具以外的，可能危及旅客人身安全的菜刀、餐刀、屠宰刀、斧子等利器、钝器、射钉枪、防卫器、弓、弩等其他器具，都禁止携带进站上车。

3. 限量携带的物品

（1）普通打火机2个，安全火柴2小盒。

（2）旅客可携带的指甲油、去光剂、染发剂均不超过20毫升①；冷烫精、摩丝、发胶、杀虫剂、空气清新剂等自喷压力容器均不得超过120毫升。

4. 对旅客违章携带物品的处理规定

（1）在发站禁止携带违章物品的旅客进站上车。

（2）在车内或下车站时，对超过免费重的物品，其超重部分应补收四类包裹运费。对不可分拆的整件超重、超大物品、动物，按该件全部重补收上车站至下车站四类包裹运费。

（3）发现危险品或国家禁止、限制运输的物品，妨碍公共卫生的物品，按该件全部重加倍补收乘车站至下车站四类包裹运费。危险物品交前方停车站处理，必要时移交公安部门处理。对有必要就地销毁的危险品应就地销毁，并且不承担任何赔偿责任。

（六）对旅客要求变更的规定

（1）旅客不能按票面指定的日期、车次乘车时，在不延长客票有效期的前提下，可以办理一次提前或改晚乘车签证手续，办理改晚乘车签证手续时，最迟不超过开车后2小时，团体旅客必须在开车48小时以前办理。往返票、联程票、卧铺票不办理改签。

（2）旅客可要求变更高于原票等级的列车或铺位、座席。办理时核收变更票价差额，核收手续费，不足起码里程按起码里程计算。变更低于原票等级的列车、铺位、座席时不予办理。旅客中途自行变更低一等级的列车、铺位、座席时，票价差额部分不予退还。

（3）因承运人的责任使旅客不能按票面记载的日期、车次、座别、铺别乘坐时，站、车应重新妥善安排，重新安排的列车、座席、铺位高于原票等级时，超过部分票价不予补收。低于原票等级时，应退还票价差额，不收退票费。

（4）旅客在车站和列车内可要求变更一次路径，但须在客票有效期内能够到站时方可办理。办理时，原票价低于变径后的票价时，应补收新旧径路里程票价差额，核收手续费。原票价高于或等于变更的径路票价时，持原票乘车有效，差额部分（包括列车等级不符的差额）不予退还。

（5）旅客在车票到站前要求越过到站继续乘车时，在有运输能力的情况下列车应予以办理，核收越站部分的票价和手续费。

（七）旅客误购车票、误乘列车的处理

旅客发生车票误购时，在发站应换发新票，在中途站、原票到站或列车内应收票价时，换发代用票，补收票价差额。应退还票价时，站、车应编制客运记录交给旅客，作为乘车至正当到站要求退还票价差额的凭证，并应以最方便的列车将旅客运送至正当到站，均不收取手续费或退票费。对旅客因误购或误乘需送回时，承运人应免费将旅客送回。在免费送回时，旅客不得中途下车，如中途下车，对往返乘车部分补收票价，核收手续费。

旅客由于误购、误乘坐过了站时，应根据折返站至正当到站间的里程，重新计算车票有

---

① 1毫升=1 000立方毫米。

效期。

（八）不符合乘车条件的处理

1. 对有下列行为的旅客，除应让其按规定补票、核收手续费以外，还必须加收应补票价50%的票款

（1）无票乘车时，补收自乘车站（不能判明时自始发站）起至到站止车票票价。持失效车票乘车按无票处理。

（2）持用伪造涂改的车票乘车时，除按无票处理外，要送交公安部门处理。

（3）持站台票上车并在开车20分钟后仍不声明时，按无票处理。

（4）持用低等级的车票乘坐高等级列车、铺位、座席时，补收所乘区间的票价差额。

（5）旅客持半价票没有规定的减价凭证或不符合减价条件时，补收全价票与半价票的差额。

2. 对下列情况的旅客，只补收票价，核收手续费

（1）对应买票而未买票的儿童只补收儿童票。身高超过1.4米的儿童使用儿童票乘车时，应补收儿童票价与全价票价的差额。

（2）对持站台票上车送人未下车但及时声明的旅客，只补收至前方停车站的票款。

（3）经站车同意上车补票的旅客。

3. 下列情况只核收手续费

（1）旅客未按票面指定的日期、车次乘车（含错后乘车2小时以内的），但乘坐票价相同的列车时，列车换发代用票，超过2小时均按失效处理。

（2）旅客所持车票日期、车次相符但未经车站剪口的应补剪；中转换乘或中途下车应签证的面未签证的应补签。补剪、补签只核收手续费，但已使用至到站的车票不用补剪、补签。

三、水路客运

（一）乘船旅行常识

中国的水路客运分为沿海航运和内河航运两大类。按照运营形式又可分为水路游览运输和水路旅客运输两种形式。

以旅客运输为主要功能的近海、内河客运，多利用天然水道和载运量大的客船，因而降低了运输成本，价格较为低廉。中国内河航运以长江、漓江和大运河最为发达。沿海航运主要以大连、天津、烟台、青岛、上海、厦门、广州、海口等沿海城市以及香港地区最为活跃。长江三峡地区以及香港、广州、海口之间的近距离客运已向高速化发展，如水翼船等快速客船。航行在沿海和内河的客轮大小不等，其设备、设施和服务也有差别，但大都将舱室分为不同的等级。如大型客轮的舱室一般分为二等舱（2人）、三等舱（4~8人）、四等舱（8~12人）、五等舱（12~24人），还有散席（无床位）。随着水路客运向旅游方向的发展，客轮在设备方面有了较大的改进，如有些客轮的舱室已分为一等舱（1人，套间）、二等舱（2人，带卫浴、彩电）、三等甲（2~4人，带卫浴）、三等乙（4~6人，带卫浴）、四等舱（6~12人）。

以水路游览运输的现代远洋游船和内河豪华游船在很大程度上超越了传统意义上的单一客运功能，成为集运输、食宿、游览、娱乐、购物等为一体的豪华旅游项目。游船一般定期或不定期沿一定的水上线路航行，在数个观光地停泊，以方便游客登岸参观游览。游船的种类很多，按照内部设施和装修档次、服务的不同，我国内河游船采取不同的星级予以区别。按照航行水域的不同又可分为远洋游船、近洋游船、沿海游船和内河游船。

远洋、近洋、沿海游船一般吨位较大、性能优越、内部设施豪华、造价昂贵。如目前亚洲最大的游轮处女星号（丽星游轮公司），造价3.5亿美元，拥有各类客房1 000间，载客量2 019名。拥有的服务设施有歌剧院、电影院、卡拉OK酒廊、图书馆、棋牌室、夜总会、游戏室、健身中心、美容美发室、露天泳池、日光浴场、网球场、会议室、购物廊、商务中心等，仅在饮食方面便有十几种风格的餐厅。

内河游船在内陆天然河道或运河以及湖泊中航行，一般吃水浅、吨位小。游客既可以观赏沿途风光，也可以在停泊地登岸游览。我国长江、漓江、太湖、西湖等地开设有水上旅游专线。其中，长江三峡以其雄、奇、秀的自然风光，吸引着成千上万的中外宾客慕名而来，而观赏这奇特风光的最好工具目前只有豪华旅游船。长江豪华旅游船自长江海外旅游总公司1977年"昆仑号"开创三峡旅游之先河算起，发展到现在已近60多艘。根据1995年《内河涉外游船星级的划分及评定》中的有关规定，豪华游船的等级有三星、四星和五星。三星级的标准与三星级饭店的标准相同，即：两人一间的标准间，房间内有彩电、闭路电视、有独立卫生间、24小时供应热水、中央空调（冷气或暖气）；有中餐厅、西餐厅、镭射放映厅、舞厅、酒吧、卡拉OK、洗衣房、美容美发室、医务室和商品部等。而四星、五星级豪华游船的差别只是在船的整体设计上的新颖程度、家具的新颖、房间的大小、公共娱乐设施的齐备程度等方面。

（二）船票

普通客轮的船票分成人票、儿童票和优待票（学生票、残疾军人票），且分为一等、二等、三等、四等、五等和散席几个级别。旅客可到当地港口所设航运售票处购票，目前长江上的船票已采取长江沿线电脑联网售票。游客在购买船票时，须认清船票，并按船票票面所注明的"船名""日期""开航时间"和"码头编号"，提前40分钟检票上船（旅客应提前到码头候船，特别是在中途站候船，更要注意，因为船舶在航行时受到风向、水流的影响，到港时间没有把握）。上船时，一定要等船安全靠稳，待工作人员安置好上下船的跳板后再上船，上船后，旅客可根据指示牌寻找票面上规定的等级舱位。持船票到服务台换取对等的铺位卡，找好铺位，以避免上错船或漏乘船，造成经济损失和延误旅程。旅客购买了船票后，因故改变行程或行期，需要退票时，应在开船时间前2小时，团体票应在规定开船前24小时办理退票，超过规定时限不能退票。退票按票面价的20%收取退票费。

我国长江游船的船票现多采取预定，船票有淡季和旺季、上水和下水、标准房间和总统套间等区别。船票费用包括船上餐费和长江沿岸游览费，不包括在船期间的酒吧饮料、洗衣、理发、邮电、医疗、按摩、购物等用于私人目的的费用。行业内多称为一票制。

（三）行李

乘坐沿海和长江客船，每一成人随身携带物品不得超过30千克，儿童不超过15千克；

每件物品体积不得超过 0.2 立方米,长度不超过 1.5 米,重量不超过 30 千克。行李包裹托运应凭船票提前一天或开船前两小时向上船码头行李房办理手续。船舶托运行李的计算办法按品种不同而定。所以在托运时,行李、包裹最好不要将不同性质的物品混合包装,以免增加托运费用。其每件行李、包裹的重量不能大于 50 千克,长度不能超过 2.5 米,体积不能超过 0.5 立方米。托运的行李中不得夹带违禁物品,以及有价证券、贵重物品等。

下列物品不准携带上船:法令限制运输的物品,有臭味、恶腥味的物品,能损坏、污染船舶和妨碍其他旅客的物品,爆炸品、易燃品、自燃品、腐蚀性物品、杀伤性物品以及放射性物质。

第四节 货币、保险知识

一、货币知识

(一)外汇知识

1. 外汇概念

外汇,是指以外币表示的用于国际结算的一种支付手段,我国外汇管理条例规定的外汇有:外国货币(钞票、铸币等)、外币有价证券(政府债券、公司债券、公司股票等)、外币支付凭证(票据、银行存款凭证、邮政储蓄凭证等)、特别提款权以及其他外汇资产。

外汇并不等于外国钞票,在我国境内收兑的外钞或存入银行的外钞,只有在我国银行把这些外钞运到国际金融市场上卖掉,存入外国银行的存款账户上,才能在国际进行支付,形成外汇。我国外汇管理的方针是国家统一管理、集中经营。

2. 在我国境内可兑换的外币

世界各国或地区发行的货币有 150 多种,在我国境内能兑换的币种现有 17 种:英镑、港币、美元、瑞士法郎、新加坡元、瑞典克朗、挪威克朗、日元、丹麦克朗、加拿大元、澳大利亚元、欧元、菲律宾比索、泰国铢、韩国元、澳门元、新台币。

3. 外汇兑换

我国境内居民通过旅行社组团出境旅游,都有资格在银行兑换外汇。以前采取的方式是由旅行社集体办理兑换外汇手续,2002 年 9 月国家外汇管理局在全国范围内正式启动了境内居民个人购汇管理信息系统,将出境游个人零用费由旅行社代购调整为由游客自行购买。游客可在出境前持相因私护照及有效签证、身份证或户口簿即可到开办居民个人售汇业务的银行办理个人零用费的购汇手续,也可以委托他人代为办理。如由他人代办,除需提供原规定证明材料外,还应当提供代办人的身份证或户口簿。其兑换标准为:赴香港、澳门地区可兑换 1 000 美元的等值外汇;赴香港、澳门地区以外的国家和地区可兑换 2 000 美元的等值外汇。

外国游客来华携入的外币和票据金额没有限制,但入境时必须如实申报。根据我国现行的外汇管理法令规定,在中华人民共和国境内,禁止外币流通,并不得以外币计价结算。为了方便来华旅游的外宾和港澳台同胞用款,中国银行及其他外汇指定银行除受理外币旅行支票、外国信用卡兑换人民币的业务外,还受理多种外币现钞和中国台湾新台币的兑换业务。

另外，为了尽量对持兑人给予方便，除了银行以外，一些机场、饭店或商店也可办理外币兑换人民币的业务。兑换时要填写"外汇兑换水单"（俗称水单，有效期为半年），导游人员应提醒游客妥善保存该单。兑换后未用完的人民币在离境前可凭本人护照和六个月内有效期的外汇水单兑换成外币（其兑换金额不得超过水单上注明的金额），携带出境。不同情况兑换时使用不同的牌价即货币兑换率，由中国银行决定，全国统一。兑换旅行支票、信用卡、汇款使用买入价；兑出外汇，包括兑出外币现钞，使用卖出汇价；兑入外币现钞，使用现钞买入价。

（二）信用卡知识

1. 信用卡概念

信用卡是消费信用的一种形式，是由银行或其他专门机构向客户提供小额消费信贷的一种信用凭证。持卡人可依据发卡机构给予的消费信贷额度，凭卡在特约商户直接消费或在指定的银行存取款或转账，然后及时向其发卡机构偿还消费信贷本息。信用卡一般采取特殊塑料制作，上面凸印有持卡人的卡号、账号、姓名、有效期等，背面有持卡人的预留签字、防伪磁条和银行简单声明。

由于信用卡携带方便，又可赊购，因而自1915年在美国问世以来，很快风行全世界。对旅游业的发展，贸易、金融业的活跃均起到了促进作用。为了适应经济发展的需求，我国的银行业已大多发行了信用卡，并办理信用卡国际的兑付业务。国内已有很多饭店、酒楼及商店接受信用卡的使用，但有些机构会加收2%的附加费。

2. 信用卡种类

信用卡的种类很多，按发卡机构的性质分为信用卡（银行或金融机构发行）和旅游卡（由旅游公司、商业部门等发行），按持卡人的资信程度分为普通卡和金卡（白金卡），按清偿方式的不同分为贷记卡和借记卡，按流通范围不同分为国际卡（如外汇长城万事达卡、维萨卡）和地区卡（如牡丹卡、人民币长城万事达卡）。为避免经营风险，发卡机构往往对其发行的信用卡规定了使用期限、每次取现和消费的最高限额。

贷记卡是指持卡人无须事先在发卡机构存款就可享有一定信贷额度的使用权，即"先消费，后还款"。境外发行的信用卡一般属于贷记卡。借记卡是持卡人必须在发卡机构存有一定的款项，用卡时需以存款余额为依据，一般不允许透支，即"先存款，后消费"。中国银行发行的人民币长城卡及国内其他各行发行的人民币信用卡均属借记卡。

小贴士

我国目前受理的外国信用卡

（1）万事达卡（Master Card）。主由美国的加利福尼亚银行、克罗克国家银行、香港的汇丰银行、东亚银行等发行，总部设在美国的纽约。

（2）维萨卡（Vise Card）。世界上有13 000多家银行发行这种信用卡，其总部设在美国的旧金山。

（3）运通卡（American Express Card）。由美国运通公司及其世界各地的分公司发行，分为金卡和绿卡两种。

（4）JCB卡。1981年由日本最大的JCB信用卡公司发行，每年发行额达几十亿美元。

（5）大莱卡（Diners Card）。该卡是世界上最早发行的信用卡，由大莱卡国际有限公司统一管理，世界各地均有其分公司办理发行。

（6）发达卡（Federal Card）。由香港南洋商业银行发行。

（7）百万卡（Million Card）。由日本东海银行发行。

（三）旅行支票知识

旅行支票是由银行或旅行支票公司为方便游客，在游客交存一定金额货币后签发的一种定额票据。购买旅行支票后，旅客可随身携带，在预先约定的银行或旅行社的分支机构或代理机构凭票取款；若丢失，可在遗失所在地的银行办理挂失手续，即可免受损失。

世界上流通的旅行支票和票面内容各不相同，各自有自己的标记，但都具有初签和复签两项内容及相应的空白位置。初签是持票人购买支票时，当着旅行支票或代售机构经办人员的面签的名；复签是持票人在兑付或使用旅行支票时，当着兑付机构经办人员的面签的名。付款机构将两个签名核对无误后方予付款，以防假冒。

购买旅行支票时，购买人除向银行交纳票面金额款外，还要交纳票面金额1%的手续费。中国银行在兑付旅行支票时收取7.5‰的贴息。

二、保险知识

（一）旅游保险

旅游保险是保险业中的一项业务，是保险业在人们旅游活动中的体现，游客可以通过办理保险部分地实现风险转移。办理保险本身虽不能消除风险，但保险能为遭受风险损失的游客提供经济补偿。旅游保险是指投保人（游客或旅游经营者）根据合同的约定，向保险人（保险公司）缴纳一定数额的保险费，保险人对于合同约定的在旅游活动中可能发生的事故因其发生所造成的财产损失承担赔偿保险金责任，或当被保险人在旅游活动中疾病、伤残、死亡时承担赔偿保险金责任的商业保险行为。投保人与保险人之间的旅游保险关系需要以契约或合同的形式加以确定才能生效，具有法律的效力。

1. 保险契约中有关概念的含义

（1）保险人。指接受旅游保险的人，即接受投保人保险的保险公司。

（2）投保人。指要求旅游保险的人（法人和自然人），在保险单据中称为被保险人。

（3）保险费。指投保人按照保险公司或法律规定的参加某项保险应向保险公司缴纳的一定数额的货币。

（4）保险对象。指投保人要求保险人保证安全的人身或财物，即保险标的。

（5）保险期限。指保险合同的有效时间。

（6）保险金额。指在保险合同中约定的，由保险人对被保险人因灾害受损的赔偿金额。

（7）保险责任。指保险人承担经济损失补偿或人身保险金给付的责任范围。

（8）理赔。即赔案，指保险人对投保人在保险期内遇到灾害或事故，对该案件进行调查处理的过程。

2. 旅游保险的种类

旅游保险并不是一种险种，它是与旅行游览活动密切相关的各种保险项目的统称。根据不同的标准旅游保险，可分为国内旅游保险和涉外旅游保险，旅游人身保险和旅游财产保险，强制保险和自愿保险等。目前旅游保险有以下几种：

（1）旅游救助保险。

旅游救助保险是中国人寿、中国太平洋保险公司与国际（SOS）救援中心联手推出的旅游救助保险种，它将原先的旅游人身意外保险的服务扩大，将传统保险公司的一般事后理赔向前延伸，变为事故发生时提供及时的有效的救助。

（2）旅游求援保险。

这种保险对于出国旅游十分合适。有了它的保障，旅客一旦发生意外事故或者由于不谙当地习俗法规引起了法律纠纷，只要拨打电话，就会获得无偿的救助。

（3）旅客意外伤害保险。

旅客在购买车票、船票时，实际上就已经投了该险，其保费是按照票价的5%计算的，每份保险的保险金额为人民币2万元，其中意外事故医疗金1万元。保险期从检票进站或中途上车（上船）起，至检票出站或中途下车（下船）止，在保险有效期内因意外事故导致旅客死亡、伤残或丧失身体机能的，保险公司除按规定付医疗费外，还要向伤者或死者家属支付全数、半数或部分保险金额。

（4）旅游人身意外伤害保险。

现在多数保险公司都已开设这种险种，每份保险费为1元，保险金额1万元，一次最多投保10份。该保险比较适合探险游、生态游、惊险游等。

（5）住宿旅客人身保险。

该险种每份保费为1元，一次可投多份。每份保险责任分三个方面：一为住宿旅客保险金5 000元，二为住宿旅客见义勇为保险金10 000元，三为旅客随身物品遭意外损毁或盗抢而丢失的补偿金200元。在保险期内，旅客因遭意外事故、外来袭击、谋杀或为保护自身或他人生命财产安全而致身死亡、伤残或身体机能丧失、或随身携带物品遭盗窃、抢劫等而丢失的，保险公司将按不同标准支付保险金。

随着我国旅游业的发展，2001年5月15日国家旅游局发布了《旅行社投保旅行社责任保险规定》，自2001年9月1日起施行。这种在全国强制性实施的旅行社责任保险由旅行社为自己投保的责任险，将为旅行社防范经营风险提供有利的条件。从事旅游业务经营活动的所有旅行社，不得再强制为游客购买"旅游人身意外险"，改由游客自愿购买。新的旅行社责任保险，是指旅行社根据保险合同的约定，向保险公司支付保险费，保险公司对旅行社在从事旅游业务经营活动中，致使游客人身、财产遭受损害应由旅行社承担的责任，承担赔偿保险金责任的行为。旅行社责任保险的投保范围包括：游客人身伤亡赔偿责任；游客因治疗支出的交通、医药费赔偿责任；游客死亡处理和遗体遣返费用赔偿责任；对游客必要的施救费用，包括必要时近亲属探望需支出的合理的交通、食宿费用，随行未成年人的送返费用，旅行社人员和医护人员前往处理的交通、食宿费用，行程延迟需支出的合理费用等赔偿责任；游客行李物品的丢失、损坏或被盗所引起的赔偿责任；由于旅行社责任争议引起的诉讼费用；旅行社与保险公司约定的其他赔偿责任。

《旅行社投保旅行社责任保险规定》还明确了旅行社投保责任险的金额不低于国内旅游每人责任赔偿限额8万元，入出境游每人责任赔偿限额16万元。国内旅行社每次事故和每年累计责任赔偿限额人民币 200 万元,国际旅行社每次事故和每年累计责任赔偿限额人民币 400 万元。

(二) 旅游保险的索赔与理赔

在旅游活动过程中发生了属于保险责任范围内的事故,造成被保险人的人身伤亡或财产损失时,被保险人或收益人有权依照旅游保险合同的规定向保险人要求赔偿经济损失并给付相应赔偿金,这种行为就是索赔。索赔人必须具备一定的资格,有一定的索赔有效期。

理赔是指保险人受理索赔申请人的索赔申请,对保险责任范围内发生的旅游安全事故进行调查,核定后处理有关保险赔偿责任的程序和工作,理赔工作是旅游保险的重要组成部分,直接关系到索赔申请人的利益和保险职能的发挥。一般而言,保险公司的理赔工作是被动的,只有在索赔申请人正式向其提出索赔要求时才会发生。

第五节 旅游卫生保健、安全知识

人们离开居住地参加旅游团到各地旅游,打破了日常生活的规律,加上气候、饮食、起居的改变,容易引起身体不适和疾病的发生。游客生病不仅会造成生理上的痛苦,而且会使游兴大减,甚至不得不中断旅游,同时还会给导游人员的工作带来很多麻烦。因此,为了保证旅游的顺利进行,导游人员要十分重视游客的健康,对游客时常提醒关照,向他们介绍一些旅游保健知识和简单易行的方法。导游人员自己也应掌握一些旅游常见病及急症的防治知识。

一、旅游卫生保健常识

(一) 一般保健常识

1. 导游人员自用常备药品

导游人员在带团期间因工作繁忙、精神紧张、起居不定、休息不好等原因,较平日容易患病,从而影响工作。因此,导游人员在带团前要根据自己的身体状况,带些常用的药品,以备自己不时之需。一般可携带的常用药品有:速效伤风胶囊、感冒清、黄连素、乘晕宁、胃舒平、创可贴、云南白药等,夏季还应带上人丹、十滴水、风油精、清凉油等。

2. 旅游衣物

旅游,突出一个"游"字,也就是说要"轻装",在保暖、对身体健康有利的前提下,衣着越少、越轻越好。旅游服应具有材质轻、通风好、吸热少、吸水性强、耐脏、易洗等特点。旅游时最好穿旅游鞋或休闲鞋,它们具有透气、耐磨、轻盈、柔软等特点,有利于登山和长途行走。

此外,在旅游活动中,"旅游四宝"(扇子、雨伞、墨镜、太阳帽)也是游客必不可少的。

(1) 扇子。盛夏,天气十分炎热,登山、涉水、穿林越岭,游客会长时间流汗,备一把扇子,既能驱热,又有风度。

(2) 雨伞。雨伞不仅可以避免旅游途中降大雨而挨淋,还可以遮阳,也可作为留影拍照的美妙道具。

（3）墨镜。墨镜能为游客增加风度，还可避免强光刺激及风沙吹进眼内。

（4）太阳帽。太阳帽不仅可使游客避免烈日暴晒面部皮肤、使头发不被风吹乱，还不失为很好的装饰品。

3. 保持旅行中的身心健康

出门旅游，一定要量力而行，要保持良好的身心健康，才能玩得高兴，游得有意义。旅游时一般应注意：

（1）旅行计划量力而行，注意劳逸结合，避免过度劳累。团队或两三人旅行时，一定要有整体观念，一切安排都应以体弱者作为基点。

（2）努力缩小旅行生活与平时生活之间的差距。从出发之日起，要尽可能维持正常的生活规律。如定时休息、睡眠与起床，定时进食与排便，使人体内存在（或建立起来的）的饮食起居节律（条件反射）不遭破坏。

（3）饮食要讲求营养。旅行时身体消耗大，营养补充一定要足。住宿休息时，在可能的情况下要考虑选择良好的酒店，睡个安稳舒适的觉，以使劳累一天的疲惫身体能得到充分的恢复。

4. 注意缓解旅游疲劳

外出旅游常使人感到疲劳，体力不支。医学专家指出，一个人如果常在疲劳情况下，会引起机体抵抗力下降，会出现头晕、失眠、精神紧张、乏力、记忆力下降等现象。消除疲劳，除了合理安排旅游计划、量力而行外，合理饮食也非常重要。人们在疲劳的时候，应该适当多吃一些碱性的食物，如各种新鲜蔬菜，各种水果，豆制品，乳类和含有丰富蛋白质与维生素的动物肝脏等，这些食物经过人体消化吸收后，可以迅速地使血液酸度降低，中和平衡达到弱碱性，使疲劳消除。

另外，也可喝热茶消除疲劳，茶中含有咖啡因，它能增强呼吸的频率和深度，促进肾上腺的分泌而达到抗疲劳的目的。咖啡、巧克力也有类似的作用。维生素 B 和维生素 C 有助于把人体内积存的代谢产物尽快处理掉，因此食用富含维生素 B 和维生素 C 的食物，能消除疲劳。还可喝活性水，活性水中含有大量的氧气，能快速缓解机体的疲劳感。在没有活性水时，喝点纯净水也会有同样的效果。

5. 住空调房的健康保健

现在旅游住宿一般都选择空调房，住宿时需注意的是离开房间外出时开机放进冷气，旅行归来住宿休息时关闭，这样房间内空气清新凉爽；睡前调好温度的高低，睡时切忌开冷风；室内温度与室外温度不宜相差太大，一般差幅5℃左右为宜，当然也要适当考虑个人的生活习惯和要求；无论在什么时候，都要避免冷风直吹身体；旅行归来满身是汗或刚洗完澡时，都不要吹冷风，否则极易感冒。

（二）饮食卫生

旅途中保持身体健康的首要问题就是时刻注意饮食卫生，防止"病从口入"。旅行中的饮食卫生，主要有以下几个方面：

1. 注意饮水卫生

一般来说，生水是不能饮用的，旅途饮水以开水和消毒净化过的自来水为最理想的选择，其次是山泉和深井水，江、河、塘、湖水千万不能生饮。无合格水可饮时，可用瓜果代水。

2. 瓜果一定要洗净或去皮吃

吃瓜果一定要去皮。瓜果除了受农药污染外，在采摘与销售过程中也会受到病菌或寄生虫的污染。

3. 慎重对待每一餐，饥不择食要不得

高中档的饮食店一般可放心去吃，大排档的可有选择地吃，摊位或沿街摆卖（推车卖）的不要去吃。旅行中虽然饥肠辘辘的情况不少，但小摊小贩的食物不能去碰。

4. 学会鉴别饮食店卫生是否合格

饮食店卫生合格的一般标准应是：有卫生许可证，有清洁的水源，有消毒设备，食品原料新鲜，无蚊蝇，有防尘设备，周围环境干净，收款人员不接触食品且钱票与食品保持相当的距离。

5. 在车船或飞机上要节制饮食

乘行时，由于没有运动的条件，食物的消化过程延长、消化速度减慢，如果不节制饮食，必然增加胃肠的负担，引起肠胃不适。

二、旅游安全知识

（一）旅游安全一般注意事项

（1）搭乘飞机时，应注意飞行安全，扣好安全带，不带危险或易燃品，不在飞机升降期间使用手提移动电话等相关电子产品。

（2）贵重物品请放置酒店保险箱，如随身携带，应注意保管，切勿离手。

（3）出入酒店房间请随手关门，勿将衣物披在灯上或在床上抽烟，听到火警铃响，请由紧急出口迅速离开，切勿搭乘电梯。

（4）搭乘快艇、漂流木筏，参加水上活动时，请按规定穿着救生衣，并遵照工作人员的指导。

（5）海边戏水，请勿超越安全警戒线，不熟悉水性者，切勿独自下水。

（6）行程中或自由活动时若见有刺激性活动项目，身体状况不佳者请勿参加。患有心脏病、肺病、哮喘病、高血压者切忌从事水上、高空活动。

（7）搭车时请勿任意更换座位，头、手勿伸出窗外，上下车时请注意来车方向，以免发生危险。

（8）搭乘缆车时，请依序上下，听从工作人员指挥。

（9）行走雪地、陡峭山路时，请小心谨慎。

（10）团体旅行时不可擅自脱队，若想单独离队，请征得全陪同意，并随身携带当地所住宿酒店的地址、电话，以免发生意外。

（11）抵达景区游览前，谨记导游人员交代的集合地点、集合时间、所乘游览巴士的车号。万一脱团，请于集中地点等候导游返回寻找。

（12）外出旅行期间，注意身体健康，切勿吃生食、生海鲜、已剥皮的水果，光顾路边无牌照摊档，暴饮暴食；要多喝开水，多吃蔬果类，少抽烟，少喝酒。

（13）夜间或自由活动时间自行外出时，请告知全陪或团友，应特别注意安全。

（14）切勿在公共场所露财，购物时也勿当众清数钞票。

（15）每次退房前，请检查自己所携带的行李物品，特别注意证件和贵重财物。

（二）旅途遇险的急救措施

旅行过程中，交通工具一旦遇到意外事故，不要惊慌失措，掌握以下的一些办法可助你转危为安或减少伤害。

1. 火车遇险

火车发生意外，往往都是因讯号系统发生问题所致，因此大多在火车进出站时发生。此时车速不快，伤害也较轻。如果是你乘坐的车厢发生意外，应迅速下蹲，双手紧紧抱头。这样可以使你大大减少伤害。

2. 汽车遇险

在所有交通工具中，汽车的事故率最高，伤亡的人数也最多。为避免意外，乘坐汽车时应注意，节假日及假日后一天乘汽车时要格外小心。因为此时人们都比较兴奋，警觉性也较低，容易发生意外。乘坐大客车万一发生事故，千万不要急于跳车，否则很容易造成伤亡。此时应迅速蹲下，保护好头部，看准时机，再跳离车厢。若乘坐的汽车有安全带，应不嫌麻烦，及早戴上，这样一旦遭遇意外，受伤害的程度会较轻。

3. 飞机遇险

相对于其他交通工具，乘坐飞机遭遇意外的机会并不多，但一旦发生意外，伤害程度却往往是最高的。乘坐民航机没有降落伞包，应将身上的硬物除下（如手表、钢笔甚至鞋等），以求尽量减少对身体的伤害。另外，一些旅客乘坐飞机时，在空中突发急病或猝死的现象时有发生，为避免此类事故，旅客在乘机前，一定要弄清楚自己的身体状况是否适宜空中旅行。

4. 轮船遇险

乘坐轮船是最安全的交通工具。因为就算发生意外，也不会使你直接受害，而且还有时间逃生。乘船的危险性只在于当时轮船的所在位置和附近有没有救援。为了增强安全感，在乘船前你要做好一些准备工作，如学会游泳；知道如何找到救生工具；尽量多穿衣服，以保持体温。

第六节　其他知识

一、国际时差

英国格林尼治天文台每天所报的时间，被称为国际标准时间，即"格林尼治时间"。

人们在日常生活中所用的时间，是以太阳通过天体子午线的时刻——"中午"作为标准来划分的。每个地点根据太阳和子午线的相对位置确定的本地时间，称"地方时"。

地球每24小时自转一周（360°），每小时自转15°。自1884年起，国际上将全球划分为24个时区，每个时区的范围为15个经度，即经度相隔15度，时间差1小时。以经过格林威治天文台的零度经线为标准线，从西经7度半到东经7度半为中区（称为0时区）。然后从中区的边界线分别向东、西每隔15度各划一个时区,东、西各有12个时区,而东、西12区都是半时区,合称为12区。各时区都以该区的中央经线的"地方时"为该区共同的标准时间。

我国是以位于东八区的北京时间作为全国标准时间。

小贴士

北京与世界主要城市的时差

表8-2为北京与世界主要城市的时差对比,"+"表示比北京时间早,"-"表示比北京时间晚。各地时间均为标准时间。

表8-2 北京与世界主要城市时差表 小时

城市名称	时差数	城市名称	时差数
香港、马尼拉	0	赫尔辛基、布加勒斯特、开罗、开普敦、索非亚	-6
首尔、东京	+1		
悉尼、堪培拉	+3	斯德哥尔摩、柏林、巴黎日内瓦、华沙、布达佩斯	-7
惠灵顿	+4		
新加坡、雅加达	-0.5	罗马、维也纳、雅温得	
河内、金边、曼谷	-1	伦敦、阿尔及尔、达喀尔	-8
仰光	-1.5	纽约、华盛顿、渥太华、哈瓦那、巴拿马	-13
达卡	-2		
新德里、科伦坡、孟买	-2.5	里约热内卢	-11
卡拉奇	-3	芝加哥、墨西哥	-14
迪拜	-4	洛杉矶、温哥华	-16
德黑兰	-4.5	安克雷奇	-17
莫斯科、巴格达、内罗毕	-5	夏威夷(檀香山)	-18

二、摄氏温度、华氏温度换算

世界上温度的测量标准有两种:摄氏(℃)、华氏(℉)。我国采用摄氏测量温度。导游人员应掌握摄氏与华氏之间的换算公式。

(一)℃ = 5/9 × (℉ - 32)

例如:将90℉换算成摄氏度数。

5/9 × (90 - 32) = 5/9 × 58 = 32.2

即:90℉等于32.2℃。

(二)℉ = ℃ × 9/5 + 32

例如:将30℃换算成华氏度数。

30 × 9/5 + 32 = 54 + 32 = 86

即：30℃等于86 ℉。

三、度量衡换算

(一) 长度

1 千米 = 2 市里 = 0.621 4 英里。

1 米 = 1 公尺 = 3 市尺 = 3.280 8 英尺 = 1.093 6 码。

1 海里 = 3.704 0 市里 = 1.15 英里。

1 市里 = 0.5 公里 = 0.310 7 英里。

1 英里 = 1 760 码 = 5 280 英尺 = 1.609 3 公里 = 3.218 7 市里。

1 市尺 = 0.333 3 米 = 1.093 6 英尺 = 10 市寸。

1 英尺 = 0.304 8 米 = 0.914 4 市尺 = 12 英寸。

1 码 = 3 英尺 = 0.914 4 米 = 2.743 2 市尺。

(二) 面积

1 平方千米 = 1 000 000 平方米 = 0.368 1 平方英里 = 100 公顷 = 4 平方市里。

1 平方英里 = 640 英亩 = 2.590 0 平方公里 = 10.360 0 平方市里。

1 公顷 = 10 000 平方米 = 100 公亩 = 15 市亩 = 2.471 1 英亩。

(三) 容积

1 升 = 1 公升 = 1 立升 = 1 市升 = 1.759 8 品脱（英）= 0.220 0 加仑（英）。

1 加仑（英）= 4 夸脱 = 4.546 1 升 = 4.546 1 市升。

1 市斗 = 10 市升 = 10 升。

(四) 重量

1 吨 = 1 公吨 = 1 000 千克 = 0.984 2 英吨 = 1.102 3 美吨。

1 千克 = 2 市斤 = 2.204 6 磅（常衡）。

1 磅 = 16 盎司 = 0.453 6 千克 = 0.907 2 市升。

1 盎司 = 16 打兰 = 28.349 5 克 = 0.567 0 市两。

1 克拉（宝石）= 0.2 克。

本章实训任务

实训任务如表 8-3、表 8-4 所示。

实训任务一：熟悉交通知识

表 8-3　熟悉交通知识

实训项目	熟悉交通知识
实训要求	掌握旅游交通方面的知识
实训地点	教室或模拟导游实训室
实训材料	多媒体等

续表

实训内容与步骤	一、实训准备 学生分组。教师拟定相关知识点，学生介绍 二、实训开始 1. 航空客运知识：航班、班次、时刻、客机型号、机舱等级、行李要求、机票（购票、退票等规定） 2. 铁路客运知识：车票、行李要求、列车类型 3. 水路客运知识：船票、行李要求、舱位 三、实训考核、点评 指导老师点评，小组互评，总结任务要点。指出和纠正实训过程中存在的不足，并强化学生了解和掌握旅游交通相关知识

实训任务二：旅游常见疾病的防治

实训项目	旅游常见疾病的防治
实训要求	掌握旅游常见疾病的防治
实训地点	教室或模拟导游实训室
实训材料	多媒体等
实训内容与步骤	一、实训准备 学生分组。分别扮演游客、导游人员。 二、实训开始 教师拟定相关情境： 1. 晕车、晕船、晕机的防治 2. 腹泻的防治 3. 骨折的防治 4. 中暑的防治 5. 虫咬皮炎和蜂蜇蛇咬的防治 6. 外伤出血的防治 7. 心脏病猝发的防治 三、实训考核、点评 指导老师点评，小组互评，总结任务要点。指出和纠正实训过程中存在的不足，并强化学生了解和掌握旅游常见疾病的防治

知识归纳

在旅游活动的开展中，导游人员除了需要提供精彩的景点讲解外，还需要掌握旅行的相关知识，只有这样才能保障旅游活动能够顺利地开展。通过本章的学习，学生可了解旅行社主要业务和旅游产品的类型，熟悉入出境应持有的证件和需要办理的手续以及我国海关对有关入出境物品的规定；熟悉航空、铁路、水运购票，退票和携带物品的规定；了解我国可兑换人民币的外币种类、旅行支票和信用卡的使用规定，熟悉旅游保险的种类及相关知识；了解和掌握旅游常见疾病的防治；了解国际时差、摄氏温度与华氏温度、度量衡的换算。

案例解析

【案例】 导游人员小洪带领一个团队乘飞机来到某个海滨城市,到达后马上被接到某个餐馆用晚餐。游客大吃海鲜,大饱口福。餐后游客直接赶赴所下榻的酒店。小洪分完房间,把分房名单拿到后,就向游客告别并进房休息了。后半夜,总台服务人员把小洪叫醒,告诉他有几个游客突然感到腹痛,有的还伴有腹泻、呕吐等症状。小洪赶紧前去查看,据小洪分析可能是游客当晚食用了不新鲜的海鲜而导致食物中毒。小洪马上打电话给地接社和地陪。在地接社的安排下,患病游客被送往医院。由于抢救及时,没有产生更严重的后果,不过大部分游客已元气大伤,后面的行程安排只得取消。

【问题讨论】 如果你是导游人员小洪,面对这种情况应该怎么办?

【分析参考】 正确处理方法:在旅游过程中,面对游客食物中毒的现象,导游人员应该首先对有食物中毒症状的游客采取应急措施。首先应设法催吐,并让食物中毒者多喝水,以加快排泄,缓解毒性;其次将患者送往就近医院抢救,并请医生开具证明;再次立即报告旅行社,追究供餐单位的责任;最后协助旅行社帮助游客向有关部门索赔。此外,导游人员还应照顾其他游客,关心他们的健康,安抚他们的情绪,努力设法使旅游活动继续进行下去。如果事故比较严重,导游人员还需要写出书面报告。

食物中毒事故属于旅游安全事故,如果处理不当,不但会给游客本身造成重大伤害,而且会给旅行社带来严重的经济和名誉损失。本案例中的食物中毒事故,虽没有造成严重后果,但也给游客带来了一定的肉体伤害和精神伤害,使旅游活动不能继续进行下去,给旅行社也带来了经济损失。本案例中的导游人员小洪在游客用餐时没有采取预防措施,没有检查餐厅的卫生情况,没有对游客进行及时提醒,对事故负有一定的责任。当游客出现中毒现象后,小洪是事故的第一知情者,理应采取果断措施,阻止事态的扩大,而他是先报告地接社后再送食物中毒者去医院,耽误了医治的时间。事后,他也没有向其他游客说明情况,安抚其情绪,造成旅游活动中断。

复习思考

一、单项选择题

1. 外国游客来中国旅游,发给团体旅游签证的团队须( )。
   A. 3 人以上   B. 6 人以上   C. 9 人以上   D. 15 人以上
2. 中国铁路部门规定,旅客随身携带物品的长、宽、高总和不超过( )。
   A. 160 厘米   B. 200 厘米   C. 180 厘米   D. 150 厘米
3. 乘坐火车的普通游客可以携带_____的免费行李。( )
   A. 40 千克   B. 35 千克   C. 25 千克   D. 20 千克
4. 北京的长途电话区号为( )。
   A. 0086   B. 010   C. 021   D. 001
5. 世博园的占地面积为 218 公顷,请问有多少亩?( )
   A. 3 270   B. 21 800   C. 3 600   D. 2 616

6. 一位外国游客在大理游览的时候，想购买15英尺的扎染布料，请导游人员向当地的售货人员翻译。如果你是导游人员，你应该告诉售货人员，该游客要买_____米的布料。( )
   A. 5.23   B. 4.57   C. 30   D. 49
7. 一名外国游客想购买3磅面包，应该是_____千克。( )
   A. 1.50   B. 6   C. 1.36   D. 2.42
8. 中国通用的交通事故报警电话是( )。
   A. 119   B. 120   C. 122   D. 110
9. 中国通用的火警报警电话是( )。
   A. 119   B. 120   C. 122   D. 110
10. 游客被蝎、蜂蜇伤时，导游人员不能采取的方法是( )。
    A. 设法将毒刺拔出   B. 用盐水洗敷伤口
    C. 用口或吸管吸出毒汁   D. 让游客服用其自备的止痛药

二、多项选择题

1. 下列哪些人出境时，可选择"绿色通道"？( )
   A. 持外交护照者   B. 持礼仪签证者
   C. 12岁以下的儿童   D. 专业考察团的成员
2. 中国游客入出境的有效证件包括( )。
   A. 身份证   B. 护照   C. 旅行证   D. 入出境通行证
3. 因公出境的中国公民使用的护照由_____颁发。( )
   A. 公安部   B. 外交部
   C. 公安部授权的地方公安机关   D. 外交部授权的地方外事部门
4. 中国旅游者有下列哪些情形之一的不批准出境？( )
   A. 刑事案件的被告人和正在服刑、劳动教养的
   B. 公安机关、人民法院或人民检察院认定的犯罪嫌疑人
   C. 人民法院通知有未了结民事案件的
   D. 涉及过国家经济、科技和政治秘密的
5. 下面有关旅游保险说法正确的有( )。
   A. 保险人是指接受旅游保险的人，即接受投保人保险的保险公司
   B. 投保人是指要求旅游保险的人（法人和自然人），在保险单据中称为被保险人
   C. 保险公司的理赔工作是主动的，只要出现旅游事故都会赔偿
   D. 游客可以通过办理保险部分地实现风险转移
6. 国内旅行社投保的旅游险种有( )。
   A. 旅行社责任险   B. 旅游意外险
   C. 企业商业险   D. 员工大病医疗险
7. 关于外汇知识，下列说法正确的有( )。
   A. 我国外汇实行国家统一管理、集中经营的方针
   B. 我国境内居民通过旅行社组团出境旅游，都能持护照及有效签证在银行兑换外汇

C. 外国人来华旅游的外币金额没有限制
D. 在我国境内禁止外币流通
8. 民航航班一般分为（　　　）。
 A. 固定航班　　　B. 加班飞机　　　C. 包机　　　D. 专机
9. 如果发现游客中暑，导游人员应该采取的措施有（　　　）。
 A. 将游客带到阴凉通风处　　　　B. 让游客平躺
 C. 解开游客的衣带　　　　　　　D. 让游客多喝水
 E. 将游客头微微抬高，如果其心搏暂停，应采取其心肺复苏措施
10. 如何避免游客的旅行性精神疾病？（　　　）
 A. 应尽量减少长途旅行　　　　　B. 游客的座位不要安排得太拥挤
 C. 尽量保持游客的睡眠充足　　　D. 对车辆打扫干净

三、判断题

1. 我国普通护照的有效期是10年。（　　　）
2. 《港澳居民来往内地通行证》是港澳同胞来往于中国香港、澳门与内地之间的证件。由香港中国旅行社签发，有效期为10年。（　　　）
3. 旅游签证属于普通签证，6人以上可以办理团体签证。（　　　）
4. 遇到晕车的游客，导游人员可以安排其坐在客车中部，以避免头尾两处颠簸加重晕车。（　　　）
5. 32℃等于88 ℉。（　　　）

四、简答题

1. 导游人员带领游客到高原或高山地区游览时，为防止游客产生高原反应，导游人员应做哪些事？
2. 请写出摄氏温度和华氏温度的换算公式。
3. 中国民航规定的禁止旅客随身携带但可作为行李托运的物品有哪些？
4. 当游客中暑后，导游人员该如何处理？
5. 当游客发生骨折时，导游人员应如何处理？
6. 当游客心脏病猝发时，导游人员该如何处理？
7. 当游客被蝎、蜂蜇伤，或被蛇咬伤后，导游人员应如何处理？

参 考 文 献

[1] 全国导游人员资格考试教材编写组．导游业务［M］（第5版）．北京：旅游教育出版社，2013．

[2] 国家旅游局人教司．导游业务［M］．北京：旅游教育出版社，1999．

[3] 杜炜，张建梅．导游业务［M］．北京：高等教育出版社，2002．

[4] 王平，于英丽．导游实务［M］．北京：中国轻工业出版社，2012．

[5] 方海川．导游原理与实务［M］．成都：西南财经大学出版社，2009．

[6] 叶娅丽．导游业务［M］．上海：上海交通大学出版社，2011．

[7] 窦志萍．导游技巧与模拟导游［M］．北京：清华大学出版社，2006．

[8] 陈乾康．四川导游实务［M］．北京：中国旅游出版社，2015．

[9] 曾艳，濮元生．模拟导游实训教程［M］．北京：中国轻工业出版社，2014．

[10] 易婷婷．导游实务［M］．北京：北京大学出版社，2013．

[11] 胡华．导游实务［M］．北京：旅游教育出版社，2012．

[12] 陈巍．导游实务［M］．北京：北京理工大学出版社，2010．

[13] 冯霞敏．导游实务［M］．上海：上海财经大学出版社，2008．

[14] 陈乾康．导游实务［M］．北京：中国人民大学出版社，2013．

[15] 臧其猛．导游业务［M］．北京：清华大学出版社，2014．

[16] 张琼霓．导游业务［M］．北京：旅游教育出版社，2011．

[17] 鲍彩莲．导游业务［M］．北京：旅游教育出版社，2014．

[18] 匡健．导游业务［M］．上海：复旦大学出版社，2011．

[19] 陶汉军，黄松山．导游业务［M］．天津：南开大学出版社，2005．

[20] 国家旅游局人事劳动教育司．导游业务［M］（第7版）．北京：旅游教育出版社，2013．